高森明勅

JN284313

日本の10大天皇

GS
幻冬舎新書
216

はじめに――「天皇」というミステリー

この本では、日本史上に大きな存在感をしめす10人の天皇を取りあげます。

だから、これを読めば、その10人の天皇のことがよくわかる――というだけの本には、したくありません。

だって、その手前の「天皇」そのものが、よくわからないじゃないですか。

「天皇って何?」って聞かれて、スラスラ答えられる人がどのくらいいるでしょう。もっとも、スラスラ答えられたら答えられたで、それもちょっぴり気味が悪いというか……。

あらためて考えてみると、天皇って、現代でもけっして小さくない、それもなかなか明快には解きにくい「謎《なぞ》」のひとつではありませんか。

じつは天皇って、今の日本でもあんがい大きな役割をはたしているんですね。マスコミなんか、そのあたりをわかりやすく伝えてくれないし、学校の先生とかも、けっこうウヤムヤにしている気配がありますが。

たとえば、内閣が新しく立ちあがる時のことを想像してみてください。まぁこのところ、思い出すのもウンザリするくらい、めまぐるしく新しい内閣が登場しては——消えていきましたけど。

首相を指名するのは、もちろん国会。でも、その指名にもとづいて、じっさいに首相を任命するのは誰？　天皇ですね。憲法にきちんと、そう決めてある（第6条）。

閣僚は言うまでもなく首相が任命します。でも、首相の任命だけではことが完結しない。かならず天皇の「認証」を必要とします（第7条）。

認証って、むずかしい言葉ですね。この場合、首相による任命を、天皇があらためて認め、公的に証明し、オーソライズ（権威づけ）すること。とでも言えばよいでしょうか。

だから、内閣の発足にあたって、首相以下閣僚になる面々は、首相官邸ではなく、皇居《こうきょ》に全員集合することになります。ビシッとした礼装に身をかためて。官邸ならもっとラフなカッコになるかも。

首相の親任式の時、正面の天皇陛下《へいか》から「任命します」とお声をかけていただき、脇にひかえる前任の首相から任命書を受けとります。閣僚の認証式では、同じく脇にいる新任の首相から任命書を受けとり、陛下から「重任《じゆうにん》（重要な職務）ご苦労に思います」とお声をかけていただきます。場所はどちらも、皇居の宮殿「松の間」。

どうみても主役は天皇陛下。前任・新任の首相は脇役感がモロ漂っていますね。そもそも陛下のいらっしゃる皇居に一同、呼びつけられている形ですから、それも当然と言えば当然なんですが。

あれって、いったい何なのか？　どうしてこんな手続きが必要なんでしょうか？

「国権の最高機関」（第41条）とされる国会についても、天皇の占めるウェートは意外と重い。国会の召集（招集ではない！）、衆議院の解散、総選挙の公示、国会で成立した法律の公布など（第７条）。「国政に関する権能を有しない」（第４条）という天皇の役割は、じつはけっして小さくないんですね。

司法をめぐっても、最高裁判所の長官は天皇が任命していますし（第６条）。

あるいは、外国からの大使・公使を迎えるなど、国際社会に向かってわが国を代表しているのも、じつは天皇なんです。

「でも、そんなの形式だけじゃん」とか言う人が、かならずいるはず。たしかにそのとおり。

「形式」だけです。でもどうして、そんな形式が必要不可欠なものとして憲法にまで書かれているのか？　そこが問題の核心でしょう。

この世の中、形式ってけっしてバカにはできません。というより、きわめて大切。ってことは、一人前《いちにんまえ》の大人《おとな》なら誰でも知ってますよね。

たとえば、社長名儀の挨拶状や礼状。実際は秘書課や社長室のスタッフが書いていたりします。だったら、そのスタッフ本人の名前とか、いちおうチェックする秘書課長や社長室長の名前で出せばいい。なんて言う人は、まずいないでしょう。もしいたら、社会人としてかなりアブナイ人かも。

ですから、日本という国を動かすのに、とりわけ重要なパートを天皇が一手に引き受けるような「形式」になっていること。それは何故なのか？　これは本質的な「謎」です。

そもそも法律の頂点にある憲法の、第1章は「天皇」。今の憲法の「目玉」のように語られることが多い「戦争の放棄」は、そのうしろの第2章にまわされています。「ハジメに天皇ありき」という構成になってるんですね。どうしてここまで重視されるのか？

しかも、いっぽうで「法の下《もと》の平等」を謳《うた》う憲法が、平気で「皇位は世襲」（第2条）と明記しています。これもひとつの「謎」でしょうか。

憲法は「世襲」の天皇に、さっき述べたような非常に大きな役目をわり当てているのです。なにしろ天皇は「日本国の象徴」であり、さらに「日本国民統合の象徴」でもあるんですから（第1条）。

天皇が「日本国」と「日本国民統合」の「象徴」って、みなさん学校で「耳タコ」で習ってますよね。でもそれは裏返して言えば、天皇以外は誰も、けっして「日本国」と「日本国民統合」の「象徴」にはなれない――ってことなんです。

それって、同意するにせよ、反発するにせよ、けっこうパンチの効いたメッセージじゃありませんか。何となく見すごされているようですけど。

どうして天皇だけが「日本国」と「日本国民統合」の「象徴」でありえるのか？　そのような「国のかたち」が、ふんわり定着しているように見えるのは何故なのか？

その「世襲」の天皇の血筋について言えば、現代の歴史学上、もっとも懐疑的な学説でさえ、かるく千年を超える長さを、当然のごとく認めています。これは、21世紀に現存する世界の君主国（28か国）中、最古の血統なんです。君主の家柄として、これだけ長く同じ血筋《ちすじ》でつづいているのも、やっぱり「謎」ですよね。

――といった具合に、天皇をめぐって「何なんだ？」と思うことはいっぱいあるはず。

そこでこの本では、10人の注目すべき天皇を具体的な手がかりとして、天皇をめぐるさまざまな謎に斬り込んでみたいと思っています。「天皇の歴史」のトータルな骨格をあきらかにし、日本歴史全体への展望を踏まえて、現代における「天皇の位置づけ」を再発見できる――そんな欲張りな本をめざします。

では、今まで書かれたことのない天皇の「謎解き」本、いざ開幕――。

日本の10大天皇／目次

第2章 皇統断絶か、継続か 継体天皇 63

第4章　「日本」という国名のおこり

第7章 ひまごが将軍になった 後鳥羽天皇 261

第8章 歴史上もっとも貧しかった後奈良天皇

第9章 強大な江戸幕府と向き合った後水尾天皇 337

第1章

「大悪天皇」と呼ばれた雄略天皇

ゆうりゃくてんのう【雄略天皇】

●記紀系譜上の第二一代天皇。五世紀後半頃の在位という。大泊瀬《おおはつせ》幼武《わかたけ》天皇と称する。允恭天皇の第五子。母は忍坂大中姫命《おしさかおおなかつひめ》。兄の安康天皇が眉輪王《まゆわ》に殺されると、兄弟を疑い、同母兄の八釣白彦《やつりのしろひこ》皇子を斬り、坂合黒彦《さかあいのくろひこ》皇子を眉輪王とともに葛城円大臣《かずらきのつぶらのおおきみ》の家で焼き殺した。さらに履中天皇の子で、安康天皇が後継者に考えていた市辺押磐《いちのべのおしは》皇子を殺し、泊瀬朝倉宮に即位したと伝える。「宋書」倭国伝にみえる倭王武《ぶ》に比定される。武は四七七年、安東大将軍を称して将軍号を授けられ、翌年に大将軍、翌々年には鎮東大将軍に進められた。また埼玉県の稲荷《いなり》山《やま》古墳から出土した鉄剣銘文にみえる「獲加多支鹵大王《わかたけるのおおきみ》」にあてられる。

(山川出版社『日本史広辞典』より。以下同)

雄略天皇からスタート

はじめに取りあげるのは、5世紀（古墳時代）の雄略《ゆうりゃく》天皇（21代）。

それは誰？　という人もいるでしょう。

いやいや、最初はやっぱり神武《じんむ》天皇（1代）でなきゃ。という人もいるかもしれません。

でも、とりあえず雄略天皇からはじめます。

何故？　と言われても……。

わが国で現存最古の歌集『万葉集《まんようしゅう》』を手本にしたいから——と言えば、ちょっとカッコいいですか。

『万葉集』巻一、いの一番に「泊瀬《はつせ》の朝倉《あさくら》の宮《みや》に天《あめ》の下知《したし》らしめしし天皇《すめらみこと》の代《みよ》（大泊瀬稚武《おおはつせわかたけるの》天皇《すめらみこと》）」とあるんですよね。この「天皇」って、雄略天皇のことなんです。

ついでだから、雄略天皇の作と伝える巻頭歌も紹介しちゃいましょうか。ご存知の人も、けっこういるはずです。

籠《こ》もよ　み籠持ち　掘串《ふくし》もよ　み掘串《ぶくし》持ち　この岡に　菜摘《なつ》ます子　家告《の》らせ　名告らさね　そらみつ　やまとの国は　おしなべて　我れこそ居《お》れ　しきなべて　我れこそ坐《ま》せ　我れこそは　告らめ　家をも名をも

「あー、学校でやったなぁ」と思い出した人もいるでしょ。古文の先生、キライだったとか。それはともかく、この和歌《わか》（長歌）の作者と伝えられているのが雄略天皇です。サービスで現代語訳も（新潮日本古典集成本から、一部訂正）。

「ほんにまあ、籠《かご》も立派な籠、掘串《ふくし》もりっぱな掘串を持って、この岡で菜をお摘みの娘さんよ。家をおっしゃい。名をおっしゃいな。このやまとの国は、すっかり私が支配しているのだが、隅から隅まで私が治めているのだが、この私の方から打ち明けよう。家をも名をも」——

要するにナンパの歌です。春の岡に天皇が出かけていって、そこで籠と掘り串《ほぐし》を持って菜（葉やクキ・根などを食用にする草）を摘んでいる地元のきれいな女のコに声をかけている場面を思い浮かべてください。何ともほのぼのとする明るい情景ではありませんか。

ナンパしてそのまま……

雄略天皇って、『古事記《こじき》』にもナンパの話が出てきます。そのなかにこんな話が——。

今の奈良県桜井市の三輪山のふもとを流れる初瀬川《はつせがわ》の下流のほとり。天皇は一人の「童女《おとめ》」と出会います。名は引田部赤猪子《ひけたべのあかいこ》。輝くばかりのかわいらしさです。「お前は結婚しないで待っていなさい。私がいずれ召してやるから」そう声をかけて、宮に帰って行きます。

ところが、そのまま忘れて「八十歳《やそとせ》」も、うっちゃってしまったというのです。この「八十歳」というのは、『古事記』によく出てくる類型的な誇張した表現で、「長い年月」というほどの意味です。ピッタリ80年ということではありません。それにしても、ずいぶんヒドイ話であることには変わりありませんが。

でも、いちずに待ちつづけた赤猪子も、黙って泣き寝入りはしません。どっさり結納品《ゆいのうひん》を持って、朝廷に押しかけていきます。——で、結局どうなったのか。

当初、「老女」が押しかけて来たのにめんくらった天皇も、事情をすっかり了解し、心を込めた慰めの歌を贈ります。もはや自分が年老いてしまったので、残念ではあるが今さら結婚はできないことも、正直に伝えました。天皇の真情に触れた赤猪子はハラハラと涙を流し、着ていた赤っぽい衣《ころも》の袖《そで》が濡《ぬ》れます。

やっと気持ちがふっ切れた赤猪子は、天皇を祝福する歌を献上。天皇からたくさんの贈り物をいただいて帰って行ったとさ。メデタシ、メデタシ——とも単純には言えないながら、ひとつの区切りのつけ方を示したエンディングにはなっているのかも知れません。

それにしても、こんな説話をフツーに載せた『古事記』の書き手のセンスも、なかなか捨てがたい気がしますね。

ってところで、もう一度、『万葉集』巻頭歌に大急ぎでもどります。

同時代と「古い」時代

さきほど巻頭歌について、その内容に照らして「ナンパの歌」と言いました。中身としては、たしかにそのとおりなんですよね。

でも『万葉集』では、これを私的な恋の歌（相聞歌《そうもんか》）とは分類していません。儀礼歌、公的な歌（雑歌《ぞうか》）のなかの一首とされているのです。そこが面白い。

このことから、この歌について「雄略天皇を主人公とする原始的な歌劇の中で、天皇の春の国見歌《くにみうた》として身振りや所作を伴いながらうたわれた歌と見なされる」（伊藤博氏『萬葉集釋注』）といった見方がされたりもしているのです。

では、この歌が『万葉集』の巻頭を飾ることになったのは何故か？　どうして『万葉集』は、ほかでもない雄略天皇からはじまることになったのでしょう？　単なる偶然とは思えません。そこには、かならず何らかのハッキリした理由があったはずです。

それは――『万葉集』の一番もとになる形がまとめられた時、それ以前の、わが国の歴史上の君主のなかで、雄略天皇がもっとも代表的な存在と考えられていたから。こう考えるのが自然でしょうね、やっぱり。

『万葉集』の原型が最初に姿を現したのはいつか。およそ7世紀末から8世紀のごくはじめ（飛鳥時代）のころと考えられています。当時、だいたい舒明《じょめい》天皇（34代／629～641年在位）から以降が、いわば「現代」、自分たちと地つづきの時代と受けとられていたようです。というのも、『万葉集』の原型のなりたちに大きな役割をはたしたと見られている持統《じとう》天皇（41代／686〜697年称制《しょうせい》、在位）にとって、舒明天皇は夫（天武《てんむ》天皇、40代）の父にあたるからです。義理の父親の時代なら同時代と思って当然でしょう。

しかも、舒明天皇の一代前は、日本で最初の女帝《じょてい》、推古《すいこ》天皇（33代／592〜628年在位）で、世代的には2世代、上になります。つまり、世代としても切れ目があるわけです。ですから、もうとても「同時代」ではありえません。

代表的な君主

推古天皇以前は、地つづきではない「古い」時代と見られていたらしい。そのことを裏づけるのが、『万葉集』の原型がはじめにまとめられたのとほぼ同じ時期に、書きすすめられていた『古事記《こじき》』です。『古事記』がカバーしているのは、まさに推古天皇まで。この天皇の時代までのことが「古事」と考えられていたということです。

その7世紀末〜8世紀はじめごろの時点に立って、推古天皇以前の「古い時代」を代表する君主が雄略天皇でした。

そのことは、『日本書紀《にほんしょき》』編修のプロセスを見ても、強く感じられます。というのも、全30

巻の『日本書紀』は、第1巻から順番にまとめられたのではないことが分かっています。まず、後半から作業がすすめられています。そのさい、一番はじめに手をつけたのが第14巻でした。雄略天皇の巻です（森博達氏「古代の文章と『日本書紀』の成書過程」、同『日本書紀の謎を解く』）。じつは、『日本書紀』も雄略天皇から書きはじめていたのです。

もうひとつ、言っておきましょう。8世紀末から9世紀はじめのころ（平安時代）に成立した、わが国初の仏教説話集『日本霊異記《にほんりょういき》』の冒頭の話も、やっぱり雄略天皇をめぐるものなんですよ（この話は、天皇がエッチしている最中、いきなり側近の1人が部屋に入ってきて、現場を見られてしまう……という突飛な場面から語りはじめている）。

このように、古代から見て、さらにもう一段「古い時代」（古代の古代）を代表する君主が雄略天皇その人であったことは、ほぼ疑う余地がないでしょう。

そうすると次に、雄略天皇がそのような存在と見られるようになったのは何故か――当然、気になってきますよね。

でもこれについては、雄略天皇の具体的な人物像とか、この天皇をめぐる時代相を探ることで、おのずと解答を見つけられるはず。

――ということで、そろそろそっち方面の探索に移りましょうか。

雄略天皇は新しい血統？

まず、お断りしておかなくては。

それはこの当時、いまだ正式には「天皇」という君主の称号（君主号）は成立していません。公式の君主号は「王」。敬称として「大王」という言葉も使われていました。そこで、人によっては「雄略大王」と言ってみたりしています。

でも、それもヘンなんですね。「雄略」というおくり名（漢風諡号《かんぷうしごう》）は、「天皇」よりもっと遅く決められているからです。『古事記』や『日本書紀』が完成したのよりさらに後で、8世紀後半のことです。

だったら、同時代の呼び方にこだわると、ワカタケル大王とか、そんな表現になってしまう。ますます「それ誰のこと？」って感じでしょう。さらに、ほかの人物にもすべてその原則で押し通せるのかって話です。そんなのムリです。

だから、この本では諡号の雄略天皇で統一します。ほかの天皇についても同様です。諡号・追号《ついごう》で表記するのが一番、わかりやすく、自然ですから。

そのことを断ったうえで、この天皇の出自から見ていきましょう。

父親は允恭《いんぎょう》天皇（19代／5世紀中頃）。母親は忍坂大中姫《おしさかのおおなかつひめ》です。第5皇子《おうじ》として生まれました。

ところで、ここにさっそくひとつ、軽視できない問題があります。それは、允恭天皇は、それ以前の皇族と血筋がつながっていないのでは――という疑問が出されているのです。こんな意見です。

『古事記』『日本書紀』の書きぶりではもちろん、つながっています。允恭天皇は仁徳《にんとく》天皇（16代／5世紀はじめ頃）の皇子となっていて、まったく断絶はみとめられません。でも、それをそのまま信用するのは、学問的な慎重さに欠ける、というのです。

シナの歴史書『宋書《そうじょ》』倭国伝《わこくでん》を見ると、どうなっているか。そこには、5世紀のわが国の5人の君主の記事が出てきます。讃《さん》・珍《ちん》・済《せい》・興《こう》・武《ぶ》の5人。有名な「倭の五王」です。

このうち、済は允恭天皇、興は安康《あんこう》天皇（20代／5世紀後半）、武は雄略天皇のことだと考えられています。問題は、ここから先です。

『宋書』では讃と珍は兄弟、済と興・武は父子とはっきり血縁関係が書かれているのに、珍と済の関係だけは書かれていない。これは、両者が実際の血縁関係をもたなかったのを示しているのではないか、というんです（藤間生大氏ほか）。

ウーン、そう言われてみると、そうかも……と感じる人も多いのではないでしょうか。

もしそのとおりなら、雄略天皇は新しい血統につながる君主だったということになります。

はたしてどうなのか？　すこし詳しく吟味してみたいと思います。

『宋書』倭国伝

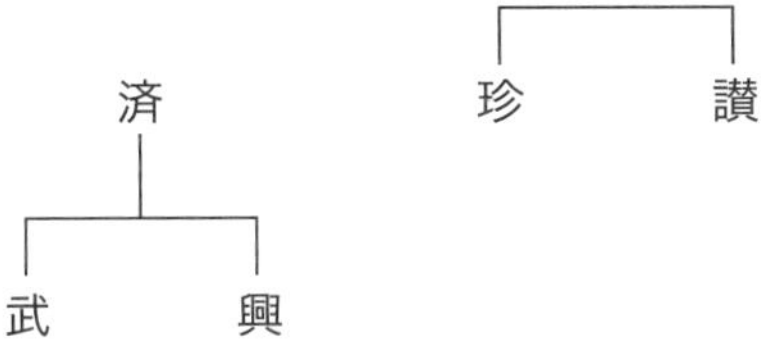

それまでの皇統につながる

はじめに『宋書』の記事を読み直してみます。すると、讃について「倭讃」と書かれています（倭国伝）。当時、対外的に皇室の血筋を示すために「倭」という姓《せい》を名乗っていたのです。

いっぽう、済についても「倭済」と出てきます（文帝紀）。つまり、讃も済も、同じ「倭」の姓を名乗る同一の血筋だったことになります（武田幸男氏「平西将軍・倭隋の解釈」、吉村武彦氏「倭国と大和王権」）。これなら、雄略天皇も、父の允恭天皇（済）を介して、それまでの皇統とつながっていると見てよい、ということで、めでたく一件、落着。

と思いきや、百済《くだら》で王統が断絶していても、『宋書』では同じ「余」姓になっているので、「倭」姓の連続性だけでは、まだまだそのまま信用できない――という反論があります（仁藤敦史氏「王統譜の形成過程について」）。あーメンドくさい。

そこでもう一度、『宋書』に目を通すと、４７８年に倭王の武、つまり雄略天皇が宋の皇帝に出した上表文《じょうひょうぶん》（君主に献じる文書）が載っています。これはじっさいに当時、書かれたものとして信用できます（坂元義種氏「『宋書』倭国伝の史料的性格」、堀敏一氏『中国と古代東アジア世界』）。そこに、シナの文献の表現を下敷きにして文章の格調を整えつつ書かれた、「昔からわが祖先は自《みずか》らよろいかぶとを身に着け、山野をこえ川を渡って……東方では毛人《もうじん》の55か国を征服し、西方では衆夷《しゅうい》の66か国を服属させ、海を渡っては北の95か国を平定した」（藤堂明保氏監修「中国の古典」本）という件《くだ》りがあります。祖先の国内統一と、外征の偉業を誇示しているわけですね。

もし雄略天皇が允恭天皇からの新しい血統なら、いくら漢文でカッコつけた表現でも、こんな書き方にはならなかったはずです。

さらにもうひとつ。

埼玉県行田市《ぎょうだし》の稲荷山古墳《いなりやまこふん》から出土した鉄剣に見えている銘文《めいぶん》です。これは雄略天皇の時代の471年に書かれたもの。そこには、雄略天皇の朝廷に仕えたオワケの臣《おみ》の8代にわたる系譜があり、「世々《よよ》」朝廷に奉仕して今にいたった——と誇らしげに記されています。

この「世々」がミソ。これは、オワケの一族の代々というより、代々の君主の治世と見るべきです（平野邦雄氏『大化前代政治過程の研究』）。つまり、代々の君主にかわらず仕えて今の雄略天皇の時代までできたと述べているわけ。そうすると、その「代々の君主」は同じ血筋であ

った と考えるのが自然ではないですか。もしも雄略天皇以前、父の允恭天皇の代で君主の血筋が交替していたら、こんな表現にはならなかったでしょうね。

ここまで見てくると、すこしゴタゴタしちゃいましたが、雄略天皇がそれまでの皇統につながっていたことは、とくに疑う必要はない、と結論づけてよいだろうと思います。

何だか「ふりだしにもどれ」みたいになりましたけど。で、つぎに取りあげなくちゃならんのは、この天皇が即位するまでのいきさつ。凄惨《せいさん》というか、壮絶というか。とにかく、もうハンパじゃない――。

すべては「天皇暗殺」から

この天皇の兄で、一代前の君主だった安康天皇は、何と弑逆《しいぎゃく》されています。「弑逆」って、あまり聞いたことがない言葉でしょう。それは当然。めったに起こらないできごとですからね。主君などを殺すこと。「しぎゃく」というのが正確なよみ方です。

天皇が殺されるなんて。もちろん歴史上、はじめてのできごとでした。

この後も、たった1例あるだけ。10代ほどあとの崇峻《すしゅん》天皇（32代／587〜592年在位）のケースです。

そのほか、幕末の孝明《こうめい》天皇（121代／1846〜1866年在位）の急死をめぐり、暗殺説が根強くささやかれています。でも、この天皇については、通説のとおり疱瘡《ほうそう》（天然痘《てんねんとう》）による病死と見てまちがいないでしょう（原口清氏「孝明天皇の死因について」、佐々木克氏『岩倉具視』ほか）。

このように、わが国の歴史ではたった2度しかなかった天皇弑逆。その最初の例が、安康天皇の暗殺でした。

殺したのは皇族です。名は眉輪王《まよわのおおきみ》（『古事記』によれば当時、七歳）。眉輪王はなぜ安康天皇を殺したのか。

ことの発端は坂本根使主《さかもとのねのおみ》による讒言《ざんげん》でした。

根使主は、忠実な大草香皇子《おおくさかのみこ》（安康天皇のおじ）の本心をいつわり、天皇に反抗したかのように伝えます。これを信じた安康天皇は、怒って兵をつかわし、皇子を殺してしまいます。この大草香皇子の子どもが眉輪王でした。

父が天皇に殺されたことを知った眉輪王は、父のうらみを晴らすため、天皇が寝ているところを狙って殺害したのです。

したがって眉輪王の安康天皇暗殺は、ひとまず父の仇討《かたきう》ちだったわけです。

『日本書紀』には、允恭天皇のあとに即位した安康天皇の在位は、早く殺されたため、わずか3年足らずだったと伝えています。さきに触れた『宋書』に収める倭王武（雄略天皇）の上表

『古事記』『日本書紀』

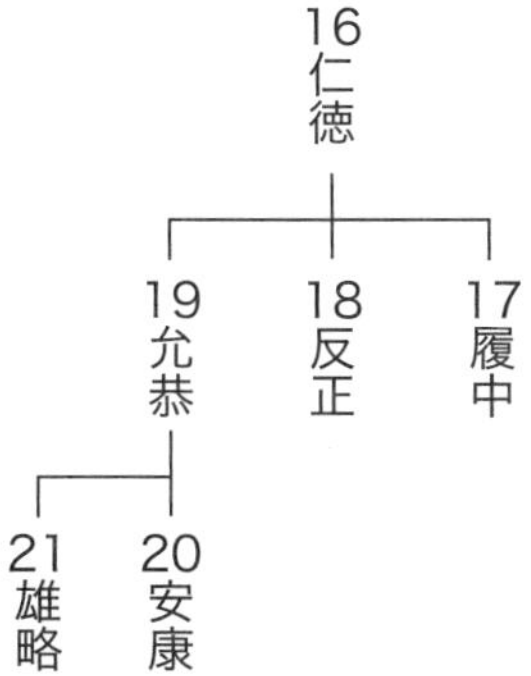

文にも、「父と兄をたてつづけに亡《な》くした」と書いてあります。父は允恭天皇、兄は安康天皇のことです。ぴったり符合《ふごう》しますね。

ところが、前代未聞《ぜんだいみもん》の安康天皇弑逆事件じたい、この後くり広げられる惨劇《さんげき》の序幕でしかなかったのです。

惨劇をひき起こした主役こそ――雄略天皇その人でした。

安康天皇暗殺の報に接した雄略天皇（もちろん、まだ即位してないが）は、瞬時に行動を開始します。この機敏さは、並じゃありませんね。『古事記』によれば、当時、まだ少年だったといいますが。

この暗殺は、けっして眉輪王の単独犯ではあるまい。こう疑ったんです。たしかに、天皇暗殺なんて大それたことを、おさない一皇族の思いつきだけで決行するとは、普通は考えにくいでしょう。

まず、目をつけたのが、安康天皇のすぐ下の弟（允恭天皇の第4皇子）で、雄略天皇には兄にあたる八釣白彦皇子《やつりのしろひこのみこ》。有力な皇位継承候補者のひとりでした。雄略天皇は甲《よろい》を着込み、刀《かたな》を腰にさし、みずから兵を率いて、この皇子の屋敷に向かいます。

葛城氏の策謀

『古事記』によると、雄略天皇は兄に「天皇が殺された。どう対処すべきか」と迫ったといいます。

これに対し、八釣白彦皇子は、決然と眉輪王討伐《とうばつ》に立ち上がる気配はありませんでした。そこで一味《いちみ》であると判断され、その場で斬り殺されてしまいます。直接、手を下したのは、雄略天皇本人でした。苛烈《かれつ》です。それほど危険を感じていたのです。

何の危険か？　あってはならない天皇暗殺事件の背後に、巨大な豪族が介在した政治的な策謀を直感したのでしょう。そのことは、このすぐあとの展開を見れば、あきらかです。

雄略天皇は、さらに安康天皇の兄の坂合《さかいの》（境）黒彦皇子《くろひこのみこ》（允恭天皇の第2皇子）のもとを訪れ、同じように詰問《きつもん》します。しかし、やはりはかばかしい返事はありません。その上、雄略天皇が討《う》とうとしている眉輪王と相談して、朝廷の有力者だった葛城円《かずらきのつぶらの》大臣《おおみ》の邸宅に、一緒に逃げ込んでいるのです。

さぁ、ここまでくれば、雄略天皇が見破った事件の構図は、おのずとあきらかでしょう。

『古事記』では、眉輪王は天皇暗殺後、そのまま円大臣にかくまわれたことになっています。こっちのほうが、事態の真相をより鮮明に伝えているでしょう。

要するに、当時、朝廷の最大勢力であった葛城氏が眉輪王のバックにいたのです。坂合黒彦皇子や八釣白彦皇子たちが、眉輪王討伐に二の足を踏んだのも、その事実を知っていたからでしょう。あるいは、葛城氏からすでに何らかの働きかけがあったのかも知れません。『日本書紀』では、坂合黒彦皇子は眉輪王と行動をともにしていますし。『古事記』では、驚天《きょうてん》動地《どうち》というべき天皇暗殺の事実に接しても、2人の兄たちはとくに驚いたようすもなかったと伝えています。かなり怪しげですよね。

「外戚の地位」を守るために

では、葛城氏の思惑《おもわく》は何だったのか？

葛城氏の最大の権力基盤は、君主の外戚《がいせき》（母方の親類）の地位にある——ということでした。のちの蘇我《そが》氏や藤原《ふじわら》氏も、外戚として大きな政治権力を手に入れます。その先駆けが、じつは葛城氏だったのです。

5世紀の葛城氏の権力の巨大さから、当時の大和朝廷は皇室と葛城氏の「両頭政権」だったとまで見る意見がありました。でも、それはいくらなんでも言いすぎです。君主の外戚の地位を前提とした権力だったということは、君主の権威には、どう逆立ちしても及ばないのは自明でしょう（「両頭政権」論への批判は田中卓氏『日本国家の成立と諸氏族』参照）。

ところが、葛城氏はその外戚の地位を失ってしまいかねない事態に直面します。

これまで、仁徳天皇には、葛城襲津彦《かずらきのそつひこ》の娘、磐之媛《いわのひめ》が皇后《こうごう》になっています。その次の履中《りちゅう》天皇（17代／5世紀前半）にも、おなじく葛城氏の葦田宿禰《あしたのすくね》の娘、黒媛《くろひめ》がとついでいます。

しかし、反正《はんぜい》天皇（18代／5世紀前半）・允恭天皇はともに磐之媛の所出ながら（履中天皇もおなじく）、その皇后や妃《きさき》に葛城系の女子はいませんでした。ですから、安康天皇は、磐之媛の孫ではあっても、葛城氏との血縁は遠ざかっています。

いっぽう、履中天皇と葛城系の黒媛との間に生まれた市辺押羽《いちのへのおしは》（磐）皇子《のみこ》は、やはり葛城系の荑媛《はえひめ》と結婚しています。

はっきり言えば、葛城氏はこの市辺押羽皇子を皇位につけたかったのでしょう。

安康天皇が目の上のタンコブ

問題は、市辺押羽皇子のほうが安康天皇より年齢が上だったらしいことです。

市辺押羽皇子は、允恭天皇のお兄さん（長兄）である履中天皇の第1子。これに対し、安康天皇は逆、履中天皇の2番目の弟である允恭天皇の、しかも第4子（第3皇子だが姉がいる）。

であれば、市辺押羽皇子のほうが安康天皇より年上だった可能性が高い。

そうすると、安康天皇の在位の間に、葛城氏にとっては「トラの子」というべき市辺押羽皇子は亡くなってしまう——という絶対に避けたい事態が、彼らの目の前に突きつけられていたわけです。そんなことになったら、外戚の地位を取り戻すのにどれだけ手間ヒマがかかるか分かりません。さらに、その間に他の豪族に権力を横取りされることだって十分、予想されます。サー、こまった。

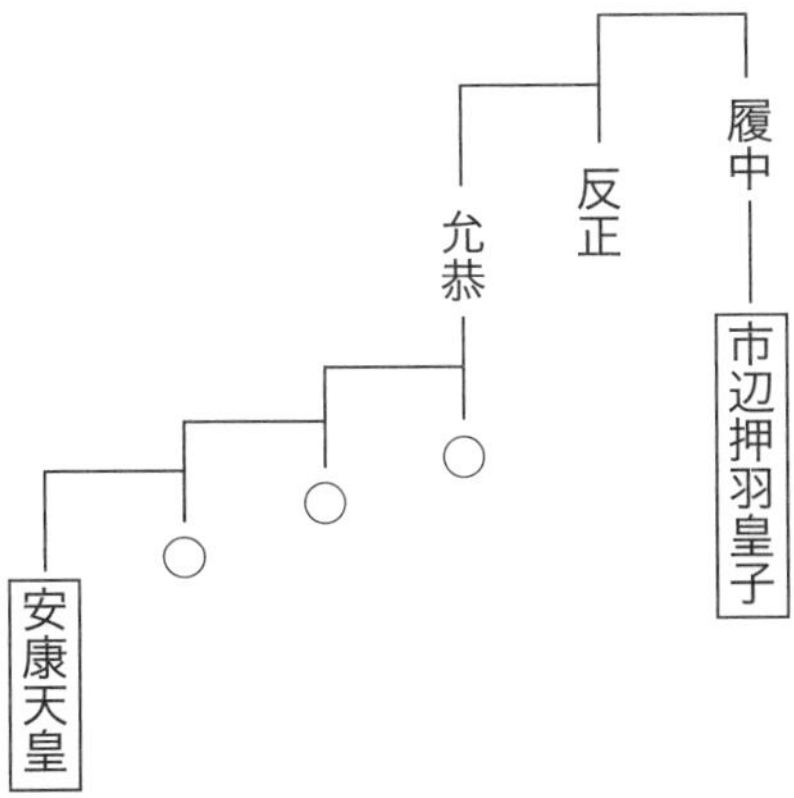

葛城氏とすれば、安康天皇には極力早く、君主の地位を市辺押羽皇子に明け渡してもらうしかありません。でも、このころ、譲位《じょうい》という慣行そのものが、まだありませんでした。安康天皇が健在な間は、市辺押羽皇子がその地位を受けつぐという選択肢は、そもそもないのです（『日本書紀』には、安康天皇自身が市辺押羽皇子への譲位を考えていたかのような記事があるものの、そのまま信用できない）。ズバリ言えば、葛城氏としては、安康天皇にすこしでも早く死んでもらう

しかなかったのです。

そこに、葛城氏にとってはまさにおあつらえむきに、眉輪王という人物がいました。これを利用しない手はない。となったのは、たやすく想像できますよね。

眉輪王本人は、自分が天皇になろうなどとは、ツメの先ほども考えていません。ひたすら父の仇討ちがしたかったのです。葛城氏にとって、これほど好都合な存在はないでしょう。彼を焚《た》きつけ、その念願を果たさせてやれば、それでみずからの権力基盤は安泰となり、さらに勢力の拡大だって望むことができるのですから。

で、眉輪王は空前の天皇弑逆を実際にやってのけます。

允恭天皇の年長の皇子たちには、すでに手を打っておきました。また、みずからの勢力を誇示して、朝廷内を威圧する用意もあったはずです。ですから天皇暗殺の暴挙に対しても、リアクションは最小限度におさえ込めると踏んでいました。

しかし、そこに重大な誤算がひそんでいたのです。

それは何か？

言うまでもありません。年少の雄略天皇の存在を見落としていたことです。この少年皇族の洞察力と行動力をあなどっていました。そのことが、まさに致命的なミスとなったのです。

葛城氏の打倒

葛城氏の野望を木《こ》っ端微塵《ぱみじん》に打ち砕いたもの。それは、雄略天皇の透徹《とうてつ》した洞察に裏うちされた、迅速果断《じんそくかだん》な行動でした。

巨大な政治勢力を敵に回しての、国の将来を賭けた一大決戦です。血なまぐさい惨劇をまねいたのは、必然だったかも知れません。

雄略天皇はたちまち精強な兵をあつめて、坂合黒彦皇子と眉輪王の2人をかくまう、主敵・葛城円大臣の邸《やしき》をとりかこみます。このあたり、年少ながら、みごとな手際《てぎわ》です。

当時、政界屈指の実力者だった円大臣も、邸を包囲した軍団がさらに膨張していくのを見て、さすがにこれはまずいと感じたのでしょう。娘の韓媛《からひめ》と所領の「葛城の宅《いえ》、七区《ななところ》」（『古事記』では「五処《いつところ》の屯宅《みやけ》」）を差し出すので、2人の命を助け、罪も見逃してほしいと言って、謝罪しました。

この時、雄略天皇はどうしたでしょう？　謝罪を受けいれて許してやるか。それとも断固討伐するか。決断のしどころです。

雄略天皇は、いささかのためらいもなく兵に指示を下します。邸に火が放たれました。メラメラと燃える業火《ごうか》のなか、2人の皇族も円大臣も、もろともに焼け死んでしまいます。

こうして、葛城襲津彦からはじまり、5世紀の朝廷でならぶ者のない強大な勢力を誇ってきた、さしもの葛城氏も、ついに没落の日をむかえたのです。

さかのぼると、円大臣の父は葛城玉田宿禰《たまたのすくね》。彼は反正天皇が亡くなった時、不埒《ふらち》なふるまいをした上に、天皇の使者まで殺害し、結局、誅殺《ちゅうさつ》されています。このころから、朝廷内での葛城氏をめぐる軋轢《あつれき》は、すでに表面化していたのです。

葛城氏最大の実力者、円大臣を滅ぼしたことで、対決の勝敗は決しました。でも、雄略天皇は追撃の手をゆるめません。

葛城氏のリベンジの芽をつむのです。

「リベンジの芽」とは何か？

葛城系皇族の存在です。

円大臣をうしない、所領も没収された葛城氏は、たしかに政治的・経済的に甚大《じんだい》な打撃をこうむりました。でも、一族の息の根が完全に止められた状態ではありません。まだ、復活・逆襲の余地は、たとえわずかでも残っているのです。

とくに、葛城氏の血をひく皇族は、復活の足がかりとなる可能性があります。

雄略天皇はそのことも、しっかり頭に入れていました。

何より市辺押羽皇子は放置できません。さらにその同母弟の御馬皇子《みまのみこ》もいます。結局、この2人も殺されました――。

あまりにも凄惨な殺戮《さつりく》の連続でした。同母兄の坂合黒彦皇子・八釣白彦皇子をはじめ、じつに5人の皇族を次々に殺したのです。皇室の歴史のなかでも希有《けう》な事例と言ってよいでしょう。だがこれによって、君主弑逆という最大のタブーまで織り込んだ葛城氏の政治的策謀は粉砕され、葛城氏の没落も決定づけられたのでした。雄略天皇の一見、狂気じみた行動の目的が、その一点にあったことを見誤ってはならないでしょう。

「天下」を治める君主

以上が、雄略天皇の即位に至るいきさつです。もうこれだけで、この人物が生半可《なまはんか》なリーダーではなかったことがお分かりでしょう。

事態の本質を見抜く洞察力。敏速かつ大胆な行動力。大きな目的のためには、じつの兄でも容赦なく殺す冷厳な決断力。どれを取ってもずば抜けています。恐ろしいまでに。

おそらく当時の人々も恐ろしかったにちがいありません。そもそも一連の皇族殺害の真の目的についても、ほとんどの人は理解できなかったでしょうし。

とにかく、結果としては、朝廷最大の政治勢力だった葛城氏を打ち破って即位することになったわけです。スタートの時点から、それまでの君主たちよりはるかに巨大な権力が、雄略天皇に集中したと考えてよいでしょう。

そのことを念頭におくと、この天皇が泊瀬の朝倉の地（今の奈良県桜井市）に「壇《たかみくら》」をもうけて即位の式を挙行している事実に注目する必要があるのでは。

というのは、即位にあたって壇をもうけるのは、これが史料に見える最初の例だからです。

もちろん、それ以前に史料に出てこないからといって、それだけでこれが事実としても最初だったと断定はできません。残念ながら、史料はけっして完全無欠ではありえないからです。

でも――雄略天皇の即位までのいきさつを思いうかべると、この時、即位をめぐる儀礼そのものにも何らかの変化があってもおかしくないはずです。と言うより、何の変化もなかったら、むしろそっちの方がヘンじゃあないですか。

壇の実態がどんなものだったか。それはわかりません。でも、ほかより高く作った場所であることは、まちがいない。何のためにそんなものをこしらえたのかと言えば、当然、即位する人物がその上に立つため以外には考えられないでしょう。

そうすると、雄略天皇は、はじめて目立って高い場所をもうけ、そこに立って、朝廷に結集した豪族たちを見おろしつつ、即位の式をあげた――のではないでしょうか。

それは、君主の地位と権威が、これまでより高まったことの反映でしょう。ただし、それも当初は、雄略天皇という強烈なキャラクターに多分に依存してのことでしょうが。

また、それに関連して、この天皇の時代から「天下」を治める君主という考え方が現れていたことを史料上、確かめられるという事実も、けっして軽視できないでしょう。さきに取りあげた稲荷山古墳出土の鉄剣銘とか、熊本県の江田船山《えたふなやま》古墳出土の大刀銘にも「治天下」（天下を治める）との語が、しっかり認められます。

しかも、これら関東地方の埼玉県と九州の熊本県から見つかった鉄剣・大刀に、「天下」を治めるとされた同じ君主の名前が出てきます。「ワカタケル（獲加多支鹵）大王」。雄略天皇のことです。

この天皇は、日本列島の埼玉方面から熊本方面に至る広い領域を、大きくまとめあげていたのです。まさに「天下」を治める「大王」の名に恥じない統治領域と言えるでしょう。

ただし、対外関係も視野に入れると、「天下」を治める君主という観念は、じつは大きな歴史の転機を予想させるものです。つぎにその話題について述べましょう。

シナへの服属をやめる

当時の正式な君主の称号は、前にも述べたように「王」。それを尊んで「大王」と呼ぶ敬称が、あわせて使われていたことも、すでに触れました。

「王」というのは、シナの最高君主である「皇帝」より下位の称号です。「大王」も王に対応した敬称なので、当然、皇帝より下の地位です。

というより、王は一般に皇帝の家来《けらい》の称号でした。ただ家来のなかでは一番、位《くらい》が高いというにすぎません。

わが国の君主が「王」（大王）を称していたのも、そのころ形式上、名分《めいぶん》上は、シナ皇帝の家来だったからです。

よく知られている女王ヒミコも、シナ三国時代の魏《ぎ》の皇帝から「倭王」に任命されています。いわゆる倭の五王も、シナ南北朝時代の宋《そう》の皇帝から「倭国王」（倭王）ほかのポストを与えられています。

「王」というのは、総じてそうした属国的な立場を前提とした君主号なんですね。

問題はここからさきです。

シナの政治的な世界観では、「天下」を治めるのは最高君主である「皇帝」ただ一人でなければなりません。その皇帝に服属する周辺諸国の「王」たちの支配範囲は、皇帝から委ねられた特定の限定的領域である「国内」にとどまるべきものとされていたのです（佐立春人氏「日本古代の『天下』と『国内』」）。

雄略天皇も、宋の皇帝から「倭王」ほかのポストを授けられています。だから、シナの政治的世界観では、「天下」を治めることなど、望むべき立場ではなかったはずです。

しかし、それはあくまでシナ側の言い分にすぎません。シナ皇帝とわが国の君主との間の形式上、名分上の君臣関係については、実態としては両国の国力と国益と国際情勢などの「連立方程式」の、とりあえずの「解《かい》」として設定された暫定的な政治上の取りきめでしかありません。ですから、変動の可能性をつねにはらんでいました。

雄略天皇の時代になって、ついに長年のシナへの服属関係を解消すべき局面を迎えたのです。そのことをストレートに表現しているのが、信用できる金石文《きんせきぶん》（金属器や石碑などに刻まれた文字や文章）に確認できる「治天下」の文字でしょう。

詳しくはのちほど見ていきますが、国内の統一にもはやシナ皇帝の威光を借りる必要がなくなりました。それだけ君主の権威が確立し、統治が成熟したのです。

さらに、対外的にも朝鮮半島対策上、シナとの服属関係を継続して得られるメリットよりもデメリットのほうが大きい――との判断に傾きました。

こうして、478年を区切りとして、わが国の君主がシナ皇帝の臣下《しんか》（君主の家来）と位置づけられる状態にピリオドが打たれたのです。こののち、シナ皇帝と日本の君主の間に君臣関係が復活することは、二度とありません。ですから、このことは日本の歴史上、きわめて大きな画期《エポック》だったと言ってよいでしょう。

もうこれだけで、雄略天皇は「古代の古代」を代表する君主の資格は十分、ありそうですね。でも、そうしたシナとの服属関係を転換させることができたのは、国内統治の発展があったたからです。今度はそっちに目を向けましょう。

「開府儀同三司」を名乗る

まず頭に入れておきたいこと。それはこのころ、すでに日本列島の広範な政治的統一が達成されていた事実です。これは外国の史料、考古学上の発見、国内の文献などでクロス・チェックしてもまちがいのない史実と判定できます。

外国史料は、さきにも引用した『宋書』倭国伝に収められた倭王武（雄略天皇）の上表文。そこには「わが祖先は……東方では毛人の55か国を征服し、西方では衆夷の66か国を服属させた」とありました。多少、オーバーな表現になっていたとしても、まったく架空の内容だったと見るのはあたりません。

そのことを裏づける物証が、すでに紹介した埼玉県の稲荷山古墳出土の鉄剣銘と熊本県の江田船山古墳出土の大刀銘です。東は関東方面、西は九州方面にまで大和朝廷の勢力がおよんでいたことがわかります。

さらに、国内の文献からも、関東（北関東も含む）や山陰地方などの豪族が、雄略天皇以前のころから朝廷の外交活動でも重要なはたらきをしていたことが推知できます（長山泰孝氏「国家と豪族」）。こうした地方豪族の活躍の前提に、幅広い国内の統一があることは言うまでもありません。

その上で注目すべきは、さきに述べた倭王武の上表文中、みずから「開府儀同三司《かいふぎどうさんし》」なる破格のポストを自分に与えたと表明していることです。いわゆる倭の五王のなかで、武以前には、このポストを宋サイドに求めたり、自称したりした例は、まったくありません。

開府儀同三司というのは、いかにもいかめしそうな呼び名ですが、格式が最高位の大臣である「三司（太尉・司徒・司空）」と同じで、府（役所）を開くことができる、位のきわめて高い武官のポストです。東アジアでは、当時、わが国と対抗関係にあった高句麗《こうくり》の王が４５９年に名乗っているのが、唯一の前例です（『宋書』高句麗伝）。

何故こんなことをわざわざ取りあげるのか？

それは、こういうことです。このころのわが国の朝廷では、君主が仲介して部下の王族や豪族たちにも、宋のさまざまなポストが分け与えられていました。ところが従前、その部下たちのポストのランクが、君主のそれと大きな差がなかったのです。

『宋書』百官志や礼志によると、ポストのランクが大きく9つに分けられるなかで、君主も部下も同じ3番目であるとか、せいぜい君主がそのひとつ上にすぎないというのが実情でした。

これは、当時の君主の地位がけっして卓越したものではなかったことを示しているでしょう。

多くの有力豪族のなかでもっとも優勢であるとか、同列者のなかの第一人者というレベルを大きく越えていなかったのでしょう。

ところが興味深いのは、それまで部下に与えられた最高のポストであっても、そのポストから開府儀同三司の地位を望むことはできなかったという、はっきりとした「壁」があったことです。その開府儀同三司を、雄略天皇がみずから名乗ったのは、重要な事実です。これは、さきに述べた君主の地位の上昇が、ほかの豪族の位置を大きく凌駕《りょうが》したことの反映でしょう。

さらに雄略天皇がこのポストをとくに宋側に要請していないとみて、シナ皇帝の後ろ楯に頼らない独自の国家運営へのうごきに注目する意見もあります（鈴木英夫氏『古代の倭国と朝鮮諸国』）。

並びなき君主

国内統治について大切な事実に触れておきましょう。

君主に対抗できる力をもった葛城氏が没落したあと、かわりに朝廷で重い立場を与えられたのが、大伴《おおとも》氏と物部《もののべ》氏だったことです。

これは、単なる豪族の勢力交替《こうたい》というだけの話ではありません。葛城氏と大伴氏・物部氏では、豪族としての性格がまったくちがいます。独立色がつよかった葛城氏に対し、大伴氏・物部氏はともに君主の「手足」として朝廷の職務にあたる立場の豪族だったのです。こうした豪族が朝廷で勢力をふるうことは、君主の地位をより強固なものにします。

こうして、国内の広範な政治的統一は、その中心に並びなき君主の地位を、今やくっきりと浮かびあがらせることになったのです。

この天皇の時代には、「史部《ふひとべ》」「掃部《かにもりべ》」「膳部《かしわでべ》」など、朝廷のさまざまな職務を分担し、支える仕組みが整えられたことをうかがわせる史料もあります（『日本書紀』『新撰姓氏録《しんせんしょうじろく》』）。あるいは、同じくこの時に「大蔵《おおくら》」がはじめて設けられたことを伝える記事も（『古語拾遺《こごしゅうい》』『新撰姓氏録』）。「大蔵」の特立によって、祭祀《さいし》関係の財源となる「斎蔵《いみくら》」と、君主の家政をまかなう「内蔵《うちくら》」、そして国家の財政を支える「大蔵」の三蔵の区別が明確になったようです。稲荷山鉄剣銘には武官の「杖刀人《じょうとうじん》」、江田船山大刀銘には文官の「典曹人《てんそうじん》」という役職名も確認できます。

これらから考えると、雄略天皇の時代が、シナ王朝への服属関係の解消という対外面での転機であっただけでなく、国内統治の発展においても、めざましい飛躍を示していたことを認めるべきでしょう。むしろ、こうした内政上の成熟こそ、外交の場での新局面の打開をうながしたと見るほうが正確でしょうね。

以上のようであれば、この時代に、皇室の祖先神をまつる伊勢神宮《いせじんぐう》（三重県）に新しい展開があったと伝えられているのも、なおざりにはできないのでは。

伊勢の神宮には、皇祖《こうそ》の天照大神《あまてらすおおみかみ》をまつる「内宮《ないくう》」と、食物をつかさどる豊受大神《とようけのおおかみ》をまつる「外宮《げくう》」があります。このうち、内宮は垂仁《すいにん》天皇（11代）の時代に現在の伊勢の五十鈴《いすず》川のほとりに鎮座したという伝承があります（『日本書紀』『皇太神宮儀式帳《こうたいじんぐうぎしきちょう》』ほか）。いっぽう、外宮は雄略天皇の時代に、その神霊をよそから伊勢の地にうつしたと言います（『止由気宮儀式帳《とゆけぐうぎしきちょう》』『太神宮諸雑事記《だいじんぐうしょぞうじき》』ほか）。

これを単なる伝説にすぎないとする見方も、もちろんあります。確証がない、と。それはそのとおりです。でも古い時代については、ただでさえ史料が乏しいなかで、確証だけで歴史の復元をめざしても、なかなか難しいのも事実です。

さきに見たように、雄略天皇の時代には、君主の権威が目立って向上しました。統治の仕組みにも発展がありました。それとちょうど同じころ、君主の祖先神をまつる聖地で、祭祀をより丁重《ていちょう》におこなうための新展開があっても、けっして不自然ではないでしょう。

大悪天皇と有徳天皇

さて、ここまで述べてくれば、どうして雄略天皇が「古代の古代」を代表する君主と見られていたのか、もうおわかりですよね。

これまで、「雄略天皇」ってあんまり印象なかったけど、もう忘れられないくらいインパクト受けたよ――って人もいてほしいもんですが、どうでしょう?

では、しめくくりに、『日本書紀』に出てくる2つの評言《コメント》の「謎《なぞ》解き」をしてみましょうか。

「大悪天皇」と「有徳天皇」。およそ真逆《まぎゃく》ではないかと思える、この2つの評言が、雄略天皇への当時の人々の見方として『日本書紀』に出てくるのです。これをどう考えたらいいのでしょうか。

とくに国家の正史《せいし》とされる『日本書紀』に、「大悪天皇」なんて表現がストレートに出てくるなんて、かなり意外ではありませんか。

具体的にはこんな記事です。

「天皇は、おのれの心を手本として、他人にご相談なさらなかった。そのため、誤って人を殺すことが多かった。天下の人々は悪口を言って、『大変悪い天皇である』(原文では「大悪天皇」)とした」(雄略2年10月「この月」条)――

唐突に出てくる記事です。これ以前、皇位継承をめぐる例の連続殺害をのぞけば、1例だけ、理不尽と思える斬殺の場面が描かれています。天皇が出した難問に即答できない部下を斬ったのです。たしかに「おのれの心を手本として……誤って人を殺す」との表現にピッタリです。でも「大悪天皇」とまで言うのは、すこし誇大な気もします。それとも「多かった」事例が記事になっていないのでしょうか。あるいは、即位をめぐる殺害をカウントしているのか。

私の考え方は以下のとおり。

武烈《ぶれつ》天皇（25代／5世紀末）のケースが参考になるのではないでしょうか。『日本書紀』を読むと、この天皇は、それこそ雄略天皇など比べものにならないくらい、悪逆非道のかぎりを尽くしています。

妊婦の腹を割《さ》いて胎児を覗《のぞ》いてみたり、人の生ヅメをはがして山イモを掘らせたり、人を木に登らせ、その根もとを斬り倒して墜落死させたり——などなど。

この天皇、いったいどうしちゃったの？　と言いたくなるでしょう。『日本書紀』の編者も、よくぞここまで記事にしたものだと感心する人がいるかもしれません。

ところがじつは、武烈天皇の暴虐をめぐる記事は、どうやら『日本書紀』編者のデッチ上げらしいのです（日本古典文学大系本ほか）。

と、言うと、「そんなバカな！　わざわざ天皇をおとしめるために記事を捏造《ねつぞう》するなんて」と思いますよね。でも、ありえるんです。ヒントは、仁徳天皇以来の血統がこの武烈天皇で途《と》絶《だ》えてしまったこと。

つまり、シナで夏《か》王朝が徳を失った桀《けつ》を最後に血統が絶えたのに対比して、血統を断絶させてしまった武烈天皇をあえて暴君にしたてた、と考えられているのです（津田左右吉『日本古典の研究』下ほか）。

仁徳天皇の血統断絶の張本人

武烈天皇のケースから類推すると、雄略天皇の「悪」も『日本書紀』編者の立場からは当然、必要になってくるのではありませんか。だって、武烈天皇は直接、仁徳天皇の血統を途絶えさせてしまいましたが、それはこの天皇がたまたま子どもがいないまま、若くして亡くなったからです。でも断絶をまねいた本当の張本人は、雄略天皇にほかならないのです。

思い出してください。葛城氏を打ち倒し、そのリベンジを封じ込めるために、雄略天皇は皇位継承候補の皇族を5人も殺したのです。それはたしかに、やむをえない事情があったのです。しかし、どんな理由があったにせよ、これだけ若い皇族を殺せば、血統の継承が至難になるのはあたりまえです。

雄略天皇のつぎは息子の清寧《せいねい》天皇（22代／5世紀末頃）が即位します。でも、子どももなく、早く亡くなってしまいました。こうなるともう万事《ばんじ》休す、です。都周辺には皇統をつぐ者がいなくなってしまいます。

ようやく播磨《はりま》（兵庫県西南部）方面から、例の市辺押羽皇子の子どもが兄弟で身の危険を避けるために、地方豪族のもとに落ちのびていたのを見つけ、順番に（弟から）即位してもらいました。顕宗《けんぞう》天皇（23代／5世紀末）と仁賢《にんけん》天皇（24代／同）です。武烈天皇はその仁賢天皇

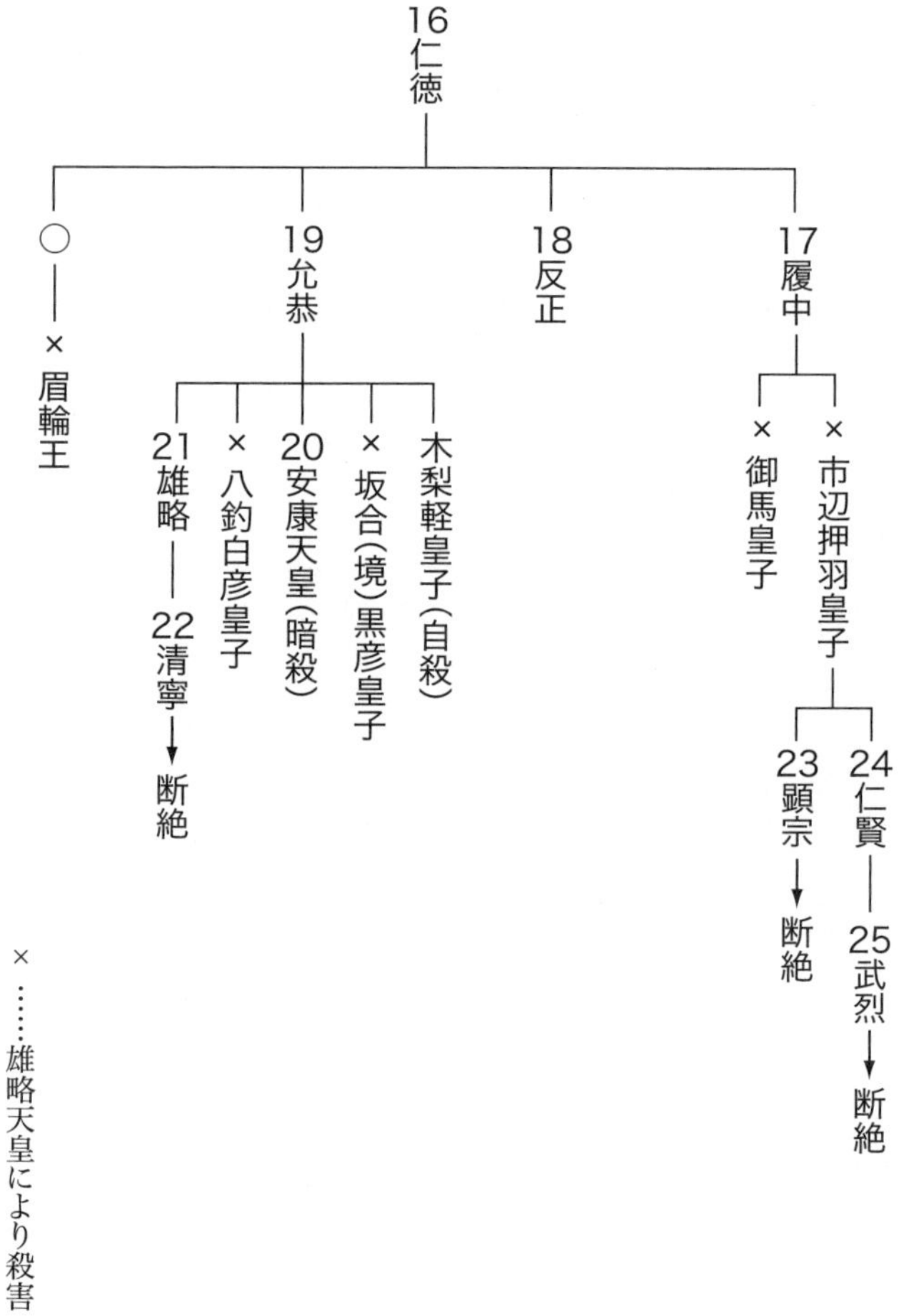
16仁徳
17履中
18反正
19允恭
○
×眉輪王
木梨軽皇子(自殺)
×坂合(境)黒彦皇子
20安康天皇(暗殺)
×八釣白彦皇子
21雄略
22清寧
断絶
×市辺押羽皇子
×御馬皇子
24仁賢
25武烈
断絶
23顕宗
断絶
×……雄略天皇により殺害

の子どもでした。

こう見てくると、仁徳天皇の血統を途絶えさせたのは、じつは雄略天皇だったとわかります。そのことは『日本書紀』の編者が誰よりもよく知っていたはず。

そうであれば、『日本書紀』に「天下の人々が悪口を言った」という形で書かれている「大悪天皇」との評言は、編者の筆先から生み出されたと考えてまちがいないでしょう。そもそも「天皇」という君主号そのものが当時、いまだ成立していなかったことは、さきにも述べました。さらに、のちに出てくる「有徳天皇」という言葉とも、ピッタリ対応していて、いくら何でも話がうまくできすぎです（別に「悪行の主」との表現もあるが、やはり同様に考えられる）。

では、もういっぽうの「有徳天皇」についても見てみましょう。こちらは、つぎのような物語のなかで現れます。

打ち倒した葛城氏のかつての本拠にある葛城山で天皇が狩りをした時、この山の神である一《ひと》事主神《ことぬしのかみ》（『古事記』では葛城の一言主の大神《ひとことぬしのおおかみ》）に出会い、いっしょに楽しく狩りをしたあと、天皇が帰路につくと神は天皇をお送り申しあげた。このとき民衆はみな、「徳《いきおい》のある天皇（原文では『有徳天皇』）」とたたえたという（4年2月条）。

まさに真逆。これはどうなっているのか。ポイントは「葛城山」でしょう。

やまとの国は、おしなべて

つまり、葛城氏の旧本拠地の「聖なる山」に、雄略天皇は足を踏み入れ、狩りをしているわけです。もし葛城氏の勢いが衰えていなければ、ちょっとありえないことでしょう。

ここでの雄略天皇は、神にへりくだった姿勢は見せているが、ほとんど神と等しい位置にあり、最後は葛城氏がまつる神がわざわざ天皇を送っていく話になっています。『古事記』にも似たような話があり、やはり最後は同様で、より天皇の宮殿近くまで送る形です。

「神のごとき」、あるいは「神すらうやまう」天皇が描かれているのです。

こうなると、『書紀』の編者が民衆に仮託して「徳のある天皇」と書きつけたのも、ごく自然なことだったと思えてきます。

朝廷で最大の勢力を誇っていた葛城氏。その葛城氏がうやうやしくまつっていた「葛城の一言主の大神」(『記』)。その大神さえ天皇をお送りしたのだ——と。

こうながめてくると、面白い事実に気づきます。「大悪天皇」と「有徳天皇」という、まったくアベコベに思えた評言が、じつは同じできごとにもとづくコインの裏と表のような関係だった、ということです。だって考えてみてください。どっちも葛城氏の打倒という、たったひとつの事実から派生しているのですから。

「大悪天皇」は、そのために多くの皇族を殺し、結果として仁徳天皇の血統を途絶えさせたことから、ことさら暴君視されたための評言でした。

いっぽう「有徳天皇」は、葛城氏の打倒によって、君主の地位がめざましく上昇したことを反映した伝説だったのです。

『書紀』は一事主神を「現人之神《あらひとがみ》」と表現しています。雄略天皇もほぼ同様の存在と受けとめられていたのかも知れません。

さらに『古事記』には、葛城山で雄略天皇が神にたいして発した言葉のなかに「わが国には私以外に君主はいない」とあった、としています。これぞ、この天皇によって打ち立てられた国内統一の〝並びなき中心〟としての君主の地位の、まさにそのものズバリの表現です。

さぁここまでたどりつきました。すると、あらあら不思議。はじめに紹介した『万葉集』の巻頭歌が、もう一度、思いおこされてくるではありませんか。

――そらみつ　やまとの国は　おしなべて　我れこそ居れ　しきなべて　我れこそ
坐せ……

第2章
皇統断絶か、継続か
継体天皇

けいたいてんのう【継体天皇】

●記紀系譜上の第二六代天皇。六世紀初頭の在位という。男大迹《おおど》天皇・彦太《ひこふと》尊と称する。「古事記」「日本書紀」は応神天皇五世孫と伝え、父を彦主人《ひこうし》王、母を垂仁天皇七世孫の振媛《ふりひめ》とする。近江国高島郡に生まれ、父の死後は、母の故郷である三国(現、福井県三国町)で育ったが、武烈天皇の死後、後継者として擁立され即位したと伝える。在任中、朝鮮半島南西部のいわゆる任那《みまな》四県についての百済《くだら》の支配を承認する問題が生じ、また筑紫では新羅《しらぎ》と結んで大和政権に反抗した磐井《いわい》の反乱がおこった。死亡年に異説があることから、天皇の死後、安閑・宣化両天皇と欽明天皇との異母兄弟間に対立がおこり、二王朝の並立または内乱の可能性を主張する説もある。

重大な岐路

「天皇暗殺」という前代未聞《ぜんだいみもん》のできごとからスタートしながら、国内統一の中心として〝並びなき〟君主の地位を確立した雄略《ゆうりゃく》天皇。

それは「天皇の歴史」のうえで偉大な転機だったかもしれません。

だが同時に、とんでもない災いのタネも残すことになりました。それまでの血筋を受けつぐべき皇族が、相つぐ殺戮《さつりく》によって激減してしまったのです。

その結果——武烈《ぶれつ》天皇を最後に、仁徳《にんとく》天皇以来の血統は途絶《とだ》えてしまったのです。

さぁ、わが国の君主の血筋《ちすじ》そのものがここで断絶し、あたらしい王朝にバトンがうつるのか、それとも何らかの打開策があるのか。

重大な岐路《きろ》に立たされます。

この時、一番の政治権力をにぎっていた人物は大伴金村《おおとものかなむら》。

仁賢《にんけん》天皇が亡《な》くなった時、政界の頂点に君臨して権力をほしいままにしていた「大臣《おおおみ》」の平《へ》群真鳥《ぐりのまとり》らを滅ぼし、武烈天皇を即位させ、自分は「大連《おおむらじ》」に就任した大立者《おおだてもの》です。

彼がどんな行動に出るか。みずから王家をあたらしく立てようとするのか。どこかから新王朝をひらくにふさわしい人物をさがして君主につけるのか。それとも何とかそれまでの君主の血筋につながる跡つぎを見つけだすのか。その判断がどう傾くかで、事態はずいぶん違ったものになったはずです。

金村のとった行動は、きわめてシンプルでした。とにかく、それまでの君主の血筋につながる人物を、手をつくしてさがすこと。ただそれだけ。

では、その判断の背景は何だったのでしょう。

皇統の「権威」

もちろん、金村じしんが忠誠な人物で、君主の血筋をとくに重んじていた——という事情もあったかもしれません。でも、金村がいかに強力な指導者だったとしても、このような場面での重大な決断を、個人の特性だけに還元して説明するのはどんなものでしょう。

むしろ金村が朝廷で重責をになっていたならば、それだけ朝廷に結集した有力豪族たちの合意形成に十分、気をくばらなければならなかったにちがいありません。

現に、『日本書紀《にほんしょき》』の記事を見ると、武烈天皇が崩御《ほうぎょ》したあと、中央豪族の面々におよそ以下のように諮《はか》ったといいます。

「まさに今、君主の地位を受けつぐ跡つぎがいなくなってしまった。天下の人民はどこに心のよりどころを求めればよいのか。このままでは国内に災いがおこりかねない。さいわい仲哀《ちゅうあい》天皇（14代／4世紀）の5世の孫、倭彦王《やまとひこのおおきみ》が丹波《たんば》の桑田《くわた》方面（京都府の旧北桑田郡と亀岡市あたり）にいらっしゃる。威儀をととのえてお迎えし、われらが君主にお立てしたいと思うが」と。

一同、これに同意します。

この展開を見ると、すくなくとも朝廷につどう豪族たちの間では、仁徳天皇の血統だけに限定されない「君主の血筋」（皇統）を尊ぶ態度が、すでに共有され、定着していたことがわかります。でなければ、とてもこんな話にはならなかったはず。

そうであれば、仁徳天皇じしんもそれ以前からの君主の血筋を受けついだ人物であり、それゆえに即位も正当化されると見られていたと考えてよいでしょう。なにしろ仁徳天皇からさらに2代も前の君主（仲哀天皇）の血をひく人物を、はるばる遠方から迎えて即位してもらおうとしているわけですから。

倭彦王、姿をくらます

「皇統」の権威はすでに中央豪族たちに共有されていた——ということでしょう。

朝廷ではさっそく、護衛のための兵たちに倭彦王を迎えるため、出発させます。ところが、その兵の姿をはるかにながめた倭彦王は恐れをなし、たちまち姿をくらましてしまいます。

学者のなかには、こんなこと本当にあったのかと、疑う人もいます。トンマな対応をした人物をまずこしらえて、あとに出てくる「本命《ほんめい》」のカッコよさをきわ立たせる。そんな見えすいた演出じゃないのか。『日本書紀』の編者のデッチ上げだろう、というのです。「倭彦王」という名前からして、いかにもウソっぽいとか。

そう言われてもねぇ。学問的には否定も肯定もできない、と答えるしかありません。だって、「いや、倭彦王の件はたしかな史実だった」と言いはるだけの証拠がないからです。でも、そうかといって「ウソだった」と決めつける十分な根拠も、同じようにないのです。

ただ、こういうことは言えるでしょうね。仁徳天皇より前の血筋にまでさかのぼると、何人かの候補者がいてもおかしくないって。ひとりだけだったと考えるほうが、ムリではありませんか。

それに血筋が「5世」(息子が1世で孫が2世、ひまごが3世……という数え方)とか遠くはなれて、地方に長年、住んでいて、突然、武装した兵たちが自分をめざしてやってきたら、あわてふためいて逃げるのが、むしろ普通じゃないですか。べつにトンマでも何でもないですよ。その兵たちにゆったり自分をあずけて、ノコノコ都に出てくるほうが、はるかに架空のつくりごとめいた設定でしょう。

これ以前、5世も血のはなれた人物が君主になった例はありません。これ以後も、この時の継体《けいたい》天皇(26代/6世紀はじめ)のケースをのぞいて、まったくそんな例はありません。

明治《めいじ》天皇（122代／1867〜1912年在位）の5世の孫が、今の敬宮愛子《としのみやあいこ》内親王とか悠仁《ひさひと》親王の世代です。その途中の世代が「皇族」じゃなく、田舎で大工さんをやったり、八百屋さんをやったり、サラリーマンをやったりしていたと仮定してみてください。そんな人物のところに朝廷から兵が派遣されているんですから、うろたえて当然なんですね。

倭彦王の名前だって、雄略天皇のワカタケルなんかと比べて、とくにウソっぽいとも言えないんじゃないですか。たまたま雄略天皇の場合は、たしかな金石文で裏づけられましたけど。史料がすくない古代では、そんなこと、めったにあるもんじゃありませんよ。

「身分の貴賤を論ずるな」

で、とにかく倭彦王というカードはなくなりました。そのあとも、記事はありませんが、何人かうまくいかなかった可能性もあるでしょう。

そしていよいよ候補として名前があがったのが、この章の主人公、継体天皇です。本名はオホド王《のおおきみ》。応神《おうじん》天皇（15代／4世紀後半から5世紀前半）の5世の孫とされています。

即位までのいきさつは次のとおりでした。

倭彦王が姿をかくしてのち、金村がオホド王を推薦。これに、「大連」の物部麁鹿火《もののべのあらかひ》と「大臣」の許勢男人《こせのおひと》ら朝廷の首脳部が賛成します。そこでさっそく、そのころオホド王がいた三国《みくに》

（福井県坂井市、旧三国町あたり）に迎えの使者が威儀をととのえて派遣されました。このあたり、倭彦王の時の失敗をまったく教訓として生かしていませんね。鈍感というか、何というか……。

あんのじょう、オホド王はことのなりゆきを疑って、たやすく君主になることに同意しません。さきにも述べたように、当然の反応です。逆にホイホイ都にのぼってくるような思慮分別のないキャラクターだったら、とても君主にはふさわしくないでしょう。

ここで、たまたまオホド王とつながりのあった河内馬飼首《かわちのうまかいのおびと》荒籠《あらこ》という人物が、ひそかに使者を送って、朝廷の意図をくわしく伝えます。これによって、オホド王はついに疑いを晴らし、即位の決意をしました。その時の王の言葉というのが、『日本書紀』に載っています。

「よかった、馬飼首よ。おまえが使いを送ってくれなかったら、私は天下の笑い者になるところだった。世に『身分の貴賤《きせん》を論ずるな。ただその心だけを重んじるべきだ』と言うのは、まさに荒籠のような者のことをさすのだろう」

こうして即位した継体天皇は、荒籠のことをとくに大切にしたといいます。

いい話ですよね。

荒籠は、そのころ河内（大阪府東部）にあった朝廷の馬の飼育場の責任者のような立場でしょうか。まぁ、当時の感覚で言えば「卑しい身分」ということになるでしょう。だからこそ

「身分の貴賤を論ずるな……」という言葉がでてくるわけで。そんな卑賤の人物が、みごと国家の危機を救ったんですから。

ところが、オホド王はもともと応神天皇の血なんて引いてなかった、という意見がだされたことがあります。すると、たんなる地方豪族だったってことになりますね。もしそれが正しければ、話はまったくちがってきます。いったい、どうなんでしょう。

「応神天皇5世の孫」ウソ？　ホント？

オホド王を地方豪族とする意見から、1例ご紹介してみましょうか。こんな感じです。

武烈天皇が亡くなると、朝廷に分裂がおこり、中央の統制権力がよわまって、各地で動揺が生じ、地方の動乱までひきおこされました。「この形勢に乗じ、風を望んで北方より立った豪族の1人が、応神天皇5世の孫を自称する継体であったのではなかろうか」（直木孝次郎氏『日本古代国家の構造』）――と。

「小説」的でおもしろい想像ですね。でも「なかろうか」と言われても……。何の根拠もないし。はっきり言って、勝手な思いつき以上のものではありません。

「朝廷の分裂」だの「地方の動乱」だの、どれひとつとして、たしかな事実はないのです。

そもそも当時、地方に大伴金村の勢力を上まわる豪族がいたのかどうか。オホド王がもし一《いっ》介《かい》の地方豪族にすぎなかったのであれば、たとえ応神天皇5世の孫を「自称」しても、最高権力者の金村がそのまま君主にかつぐようなことは、とても考えられません。

さきに、すこし堅苦しく「皇統」の権威という表現をしました。一地方豪族が、根拠のアヤフヤな「自称」だけで、たやすく君主の地位につくことができるのなら、あたらしい「血筋」を宣言して、金村こそ、まっさきに君主になってもおかしくないはずです。やはり、それ以前からの君主の血筋、つまり「皇統」という強い「しばり」があったと考えなくては。

オホド王が応神天皇の「5世の孫」だったというのは、『古事記《こじき》』『日本書紀』にそう書いています。

「でも、そんなの信じられるのか」と疑う人もいるでしょうね。たしかに『記』『紀』の記事には、そのまま事実だったと考えるわけにはいかない内容も、たくさんふくまれています。では、この場合はどうなんでしょうか。

あっさり言って、事実と信じていいでしょう。だって、金村をはじめ、同時代の朝廷につどう豪族たちが事実として受けいれていたんですから。彼らは、すくなくとも今のわれわれより、はるかに情報をもっていたはずでしょ。

それを、千数百年もたって「ウソだった」と言いはるんだったら、よほどしっかりした証拠を用意しなくては。でも、そんな証拠、どこにもないんですね。

ただ『記』『紀』は疑わしいゾって思いこみだけじゃ話になりません。

ウソをつく必要なんてない

そもそも『古事記』『日本書紀』が何故、ウソを書く必要があるんでしょうかね。

日本をとりまく東アジアでは、王朝の交替《こうたい》なんて、めずらしくありません。とくに異常なことでも、許しがたい悪事でも、恥ずべき汚点でも、何でもないし。だからシナなどの歴史書で、血筋がとぎれたのをウソで隠したり、ゴマカすなんてことは、まったくありません。そんなことをする動機も必要もないからです。

『記』『紀』だって同じです。オホド王がそれまでの王朝にかわって、めでたく新王朝を打ちたてたのであれば、そのことを大いに讃美し、顕彰して、今につづく血筋のゆるぎない権威を強調すればいいだけのことです。「5世の孫」なんて、はるかに遠い血縁を捏造《ねつぞう》して、言い訳みたいに血筋のつながりを主張する、そんなケチなことをする理由はどこにもありません。だいたい、「5世の孫」ですよ！　どうせウソを書くなら、もっと近い血縁にできたんじゃないですか。

『記』『紀』がまとめられた当時、最高法規の令《りょう》では皇族（皇親《こうしん》）の範囲は「4世」まででした。臨時立法でぎりぎり「5世」まで範囲を広げた時期に『記』『紀』は完成していますが、だからといってわざわざ「5世の孫」をデッチ上げたりしないでしょ、普通。

天皇の歴史のなかで、こんなに血縁のはなれた人物の即位は、前にも後にも、まったく例がありません。例外的にどんなに遠くても「3世」以内です。ウソ書くんだったら、もうすこし気のきいたウソ書くんじゃないですか。もっと近い天皇のかくし子（1世）がいたとか。せいぜい3世くらいまででしょうね、ウソで書くなら。いくらなんでもウソで「5世」はないでしょ。


しかも——『記』『紀』の記事を補強する有力な史料があるんです。

『上宮記《じょうぐうき》』一云。

鎌倉時代に卜部《うらべ》兼方《かねかた》が書いた『釈日本紀《しゃくにほんぎ》』という『日本書紀』の注釈書があります。この本には、古い貴重な文献の引用がいろいろ見られます。そのひとつが『上宮記』一云です。

『釈日本紀』に「『上宮記』いわく、一《ある》に云《い》う……」という形で引用されています。『上宮記』に、ある文献にこう書かれていますよ、と引用していたのを、『釈日本紀』がさらに再引用（まご引き）しているんですね。だから『上宮記』そのものの記事ではないってことで、『上宮記』一云」と呼んでいるんです。ちなみに「上宮」って聖徳太子《しょうとくたいし》のこと。

これが、その漢字のつかい方とか文体などの分析によって、『記』『紀』より古い文献であることがわかっています（黛弘道氏『律令国家成立史の研究』）。おそらく7世紀はじめから中ごろまでの史料だろうと見られています。

それにオホド王が応神天皇の「5世」の孫ってことが、バッチリでてくるんです。

『上宮記』と隅田八幡人物画像鏡

『上宮記』一云には、オホド王の父方・母方それぞれの系譜がくわしく書かれています。で、父方を5代さかのぼるとホムツワケ（凡牟都和希）王。つまり応神天皇にたどりつくのです。

いっぽう、母方を8代さかのぼるとイクムニリヒコ（伊久牟尼利比古）大王。こちらは垂仁《すいにん》天皇（11代）にいたります。

オホド王は父方も母方も、それまでの君主の血筋を引いていたんです。でも、どっちもかなり遠いですよね。

まぁそれでも、遠くてもとにかく「皇統」につながっていたことは、たしかです。それで武烈天皇崩御のあと、倭彦王が姿をくらましたので、つぎの君主候補として、白羽《しらは》の矢《や》が立ったのです。

このことを、さらに裏づけてくれそうな史料がもうひとつ。

和歌山県橋本市の隅田八幡神社《すだはちまんじんじゃ》につたわる人物画像鏡《じんぶつがぞうきょう》に刻まれた銘文《めいぶん》です。

そこには「癸未年《きびねん》（みずのとひつじのとし）」という年紀が見えます。これはいったい、いつのことなんでしょうか。443年か、503年と考えられています。エト（干支）なんで、60年ごとに同じ「癸未年」がめぐってくるんですね。どっちなんでしょう？

近年の研究では、503年と見るほうがよさそうです（車崎正彦氏「隅田八幡人物画像鏡の年代」）。そうするとこれは、継体天皇が即位する507年のすこし前の大変、貴重な史料ということになります。

しかも、銘文中には「男弟《オホド》（孚弟《フト》）王」という人名まで書かれているのです。このオホド（フト）王は継体天皇その人と見てまちがいないでしょう（平野邦雄氏『大化前代政治過程の研究』、鈴木靖民氏「倭国と東アジア」）。

注目すべきなのは、人名表記が男（孚）弟「王」となっていることです。オホド王と同時代の503年に書かれた文章のなかで、はっきり「王」つまり君主の血筋につながる人物とされているのです。これは信頼性が高いですよ。

しかも、この文章はどうやら、前年の502年に即位したばかりの百済《くだら》の武寧《ぶねい》王（シマ〈斯麻〉王）が命じて書かせたらしい（山尾幸久氏『古代の日朝関係』）。ということは、オホド王が「皇統」につながるのは、当時の朝鮮半島でも知られていたってことですよね。

こう見てくると、どうですか。同時代の隅田八幡神社の人物画像鏡の銘文も、7世紀前半にさかのぼる『上宮記』一云も、しっかりハッキリ『古事記』『日本書紀』の記事を裏づけてくれます。しかも、『記』『紀』にはもともとウソを書く必要がなかったし、もしウソを書くなら「5世」なんてヘボいこと書くはずないし。

――ということで、やっぱりオホド王は応神天皇の「5世の孫」でオッケーでした。

「入りムコ」として即位

ところが。

さすがに「5世」という空前絶後の血縁の遠さでは、無条件に即位をみとめる朝廷内の合意はむずかしかったようですね。やはり、と言うべきか。

で、どうなったのか。と言いますと、それまでの仁徳天皇以来の血統をひく皇女《こうじょ》との結婚が求められました。

具体的には、仁賢天皇の皇女で、一代前の武烈天皇にとって姉にあたる手白香皇女《たしらかのひめみこ》です。仁徳天皇以来の血統を「女系《じょけい》」を介して、のちにつたえようということです。あるいは、直系からははるかに遠ざかっていた継体天皇の傍系の血筋を、女系によってそれまでの「皇統」に近づけようとしているのです。このあたり、女系も「皇統」として実際上の意味をもっていたことがわかりますね。

※仁徳天皇以来の血統につながる男性＝――
女性＝□

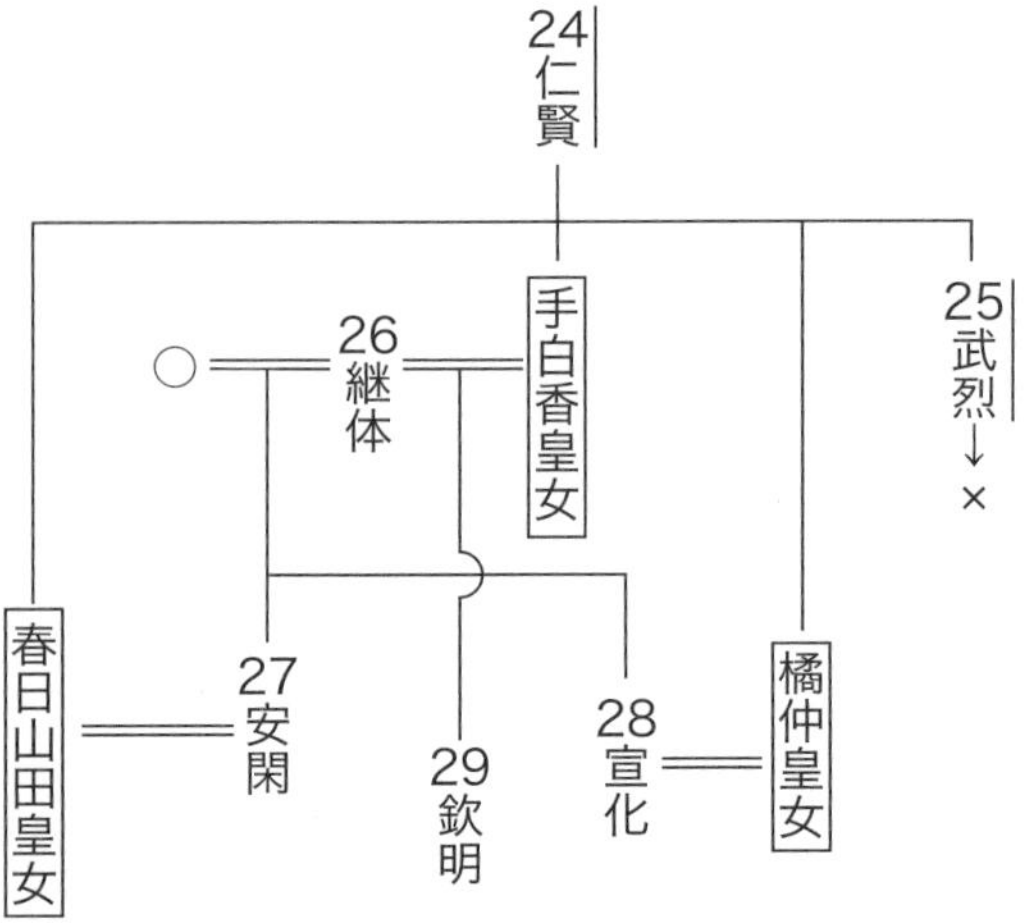

継体天皇には多くの后妃《こうひ》がいたとつたえられています。『古事記』に7人。『日本書紀』に9人です。手白香皇女はもちろん、そのなかで正妻たる立場で、『記』には「大后《おおきさき》」、『紀』には「皇后」と表記しています。

しかも『古事記』では、朝廷につどう豪族たちの合議で手白香皇女と結婚させて、それによって国内の統治権を認められることになった――との書きぶりです。まさに「入りムコ」的な即位と言うほかありません。そのことから、『古事記』は「継体ではなく、手白香皇女を王権の正統な後継者とみなしていた」と考える研究者もいます（塚口義信氏『ヤマト王権の謎《なぞ》をとく』）。

いっぽう『日本書紀』では、金村が朝廷を代表して手白香皇女との結婚を求め、つつがなく皇子が生まれるよう神に祈り、民の望みに答えてほしいとまで要請しています。その上で、母がちがう2人の兄（27代安閑《あんかん》天皇、28代宣化《せんか》天皇）をさしおいて、「嫡子《ちゃくし》」たる欽明天皇（29代／539〜571年在位）の誕生を特筆大書《とくひつたいしょ》。この書き方だと、継体天皇は女系によって「皇統」をうけつぐ欽明天皇の即位につなぐための「中継《なかつ》ぎ」的な印象が、かなり強いですね。

こう見ると、応神天皇の「5世の孫」という血縁の遠さは、ずいぶん大きなハンディキャップだったと認めざるをえません。

507年に河内の樟葉宮《くずはのみや》（大阪府枚方市《ひらかたし》）で即位してから、本拠を大和《やまと》の磐余玉穂宮《いわれのたまほのみや》（奈良県桜井市）にうつすまで、長い年月（7年とか20年など）を要したとつたえられているのも、そうした事情と無関係ではないでしょうね。

安閑天皇・宣化天皇も「入りムコ」

ここで関連して触れておきたいことがあります。継体天皇の「嫡子」とされなかった安閑天皇と宣化天皇の結婚相手について――です。

この2人の母親は、地方豪族の尾張《おわり》氏の娘。つまり、はるかな傍系の「皇族」と地方豪族の血を引く2人でした。が、「嫡子」の欽明天皇よりかなり年齢が上だったので、それぞれさきに即位することになったのです。

ところが、この2人の結婚相手は、そろって継体天皇の場合と同じように、仁徳天皇以来の血統をつぐ皇女でした。具体的には、やはり仁賢天皇の皇女の春日山田皇女《かすがのやまだのひめみこ》と橘仲皇女《たちばなのなかつひめみこ》です。このことは、やはりこの2人の血筋には君主としての権威に欠けるところがあって、女系を介してそれまでの「皇統」につなぐことで、それをおぎなう必要があったことを示しているのでしょう。それで父につづいて、「入りムコ」的な即位をすることになりました。

『日本書紀』では、継体天皇が亡くなる時、安閑天皇に君主の地位をゆずったといいます。もしこれが事実なら、はじめての「譲位《じょうい》」ということになります。それを疑う説もあります。でも継体天皇が安閑天皇の即位をねがっていたことは、たしかでしょう。

だがスムーズにことがはこぶかどうか。何しろ血筋の弱点がありましたから。

それでもどうにかしたい気持ちが、史上初の譲位をおこなわせた。そう考えることもできるんじゃないでしょうか。いや、『書紀』の編者がそこまで想像して、記事を作ったんだ、と言われちゃうと反論のしようがありませんが。

『書紀』の安閑天皇をめぐる記事を読むと、とにかく「皇后」の春日山田皇女の存在感がハンパじゃないですね。天皇と対等に近いというか、場合によっては天皇以上——みたいな。これにかかわって、こんな指摘もあります。

「安閑は系図的にいえば応神天皇6世孫になる……春日皇女は正当的な皇室の人であるから、

皇室・貴族は彼女に権力を集中していったであろう」（角林文雄氏『任那滅亡と古代日本』）――と。

つまり、同じ君主の血筋といっても、げんに代々、君主の地位を受けついできた血統と、そうでない場合とでは、おのずとその「権威」に大きな差が生まれていたということですね。当然といえば当然ですが。このあたり、『書紀』はけっこうリアルに当時の雰囲気をつたえてくれているような気がします。

「神器」を受けつぐ

さて、継体天皇の話にもどります。

優先的に取りあげたいのは、即位にあたって皇位のしるしの「神器《じんぎ》」を受けとっていること。『書紀』の記事では、オホド王が樟葉宮におちついてのち、大伴金村が「天子《すめらみこと》の鏡《かがみ》・剣《つるぎ》の璽符《みしるし》」を献上したといいます。これを2度、辞退したあと受けとって、同日、即位しています（継体元年2月4日条）。

似たような記事がこれ以前にも、允恭《いんぎょう》天皇・清寧《せいねい》天皇・顕宗《けんぞう》天皇の即位にからんで、でてきます。しかし、「鏡・剣」という神器の実体についてまで記述しているのは、これがはじめてです。

こうした即位にあたっての神器の受けつぎは、古くから本当におこなわれていたのでしょうか。

20世紀末もちかい、昭和64年1月7日。昭和天皇《しょうわ》（124代／1926〜1989年在位）が崩御され、ただちに今の天皇陛下《へいか》（125代／1989〜在位）が皇位を継承されました。その時、「剣璽等承継の儀《けんじとうしょうけいのぎ》」が憲法にさだめる国事行為としておこなわれました。しっかり覚えている人もいらっしゃるでしょう。当時、テレビでも放送されましたからね。

あの儀礼で直接、天皇陛下が受けとられたのは「剣」と「璽」およびその他（等）。「剣」はいわゆる「三種の神器」のひとつ、草薙剣《くさなぎのつるぎ》の分身です。本体は熱田《あつた》神宮《じんぐう》（愛知県）にまつられています。「璽」はやはり神器の八尺瓊曲玉《やさかにのまがたま》の本体。曲玉は、本体のみで分身はありません。その他は、天皇の正式なハンコである御璽《ぎょじ》と、日本国の正式なハンコの国璽《こくじ》。これらを一括して、昭和天皇からお受けつぎになりました。

三種の神器のなかでもとりわけ尊い「鏡」、すなわち八咫鏡《やたのかがみ》は、本体が伊勢《いせ》の神宮《じんぐう》、分身が皇居《こうきょ》のなかにある宮中三殿《きゅうちゅうさんでん》の中央の賢所《かしこどころ》に、それぞれおごそかにまつられています。ですから、儀式のために移動させるのはムリですね。

この「剣璽」をあたらしい天皇が受けつぐ儀礼は、まちがいなく古代にさかのぼります。平《へい》安遷都《あんせんと》をおこなったことで有名な桓武《かんむ》天皇（50代／781〜806年在位）の時からはじまりました(第6章参照)。

令の規定では、すこしちがう神器継承の儀礼がきめられていました。朝廷の祭祀《さいし》にかかわっていた忌部《いんべ》氏が神器の「鏡」と「剣」を献上し、同じく祭祀氏族の中臣《なかとみ》氏が「天神の寿詞《あまつかみのよごと》」という祝いの言葉を奏上《そうじょう》したのです。実例としては、持統《じとう》天皇の皇位継承のさいがはじめてです。で、それより前はどうだったのか? とくにここで取りあげている継体天皇のころの実際は?

やっぱり史実

このことについては、例によって『日本書紀』の記事なんて信用できるか、という意見がありました。

その根拠は、おおまかに言って2つ。

ひとつは、シナの文献に出てくる言葉で文章をかざっているから信用できない、ということ。

もうひとつは、『書紀』がまとめられた時代におこなわれていた儀式を、古くからあったように投影しているにすぎないと考えられること。

なるほどねぇ。

でも、文章を立派な手本をもとにかざっていても、その中身までウソとは断定できないでしよ。ラブレターにハイネの詩やら吉田拓郎の歌詞を借りてきて（いまどき、そんな若者いないか。たとえが古すぎ！）、カッコつけた愛の告白したからって、「信用できない」という話にはならんよね。

継体天皇の記事だと、金村が神器を献上するあたりは、『漢書《かんじょ》』文帝紀《ぶんていき》の即位記事を下敷きにしているのがミエミエ。でも神器そのものは、『漢書』ではただ「天子の璽」となっているのに、『書紀』だとさきにも紹介したように、「天子の鏡・剣の璽符」と書かれていて、あきらかにちがいます。「鏡・剣」という神器の実体をふまえた記述と、素直にみればいいんじゃないですか。

ところが、令には忌部氏による「鏡・剣」の献上の規定がありました。さっきも言いましたけど。だからこれを投影しただけなんだと。こんな見方もあったりして。

でも、まったく「投影」なんかじゃありません。だって令の規定は、忌部氏が神祇官《じんぎかん》という各地の神社の管理や朝廷の祭祀をつかさどる役所の役人として、神器の「鏡・剣」を献上する儀礼なんです。いまで言えば、宮内庁の式部職《しきぶしょく》の役人がおこなう儀式ってカンジですかねぇ（ただし現在の剣璽等承継の儀は、令制の儀礼とは性格がちがうため、側近につかえる侍従《じじゅう》が担当する）。

いっぽう、継体天皇の記事にあるのは、最高権力者の大伴金村が朝廷全体を代表して「鏡・

剣」を献上しているのです。だからこっちは、首相が全閣僚などを引きつれておこなう、かなり大がかりな儀式を思いうかべてみてください。

「鏡・剣」の献上という点で共通していても、令の規定とはまったくちがう儀礼が『書紀』の記事には書かれているのです（拙稿「神祇令践祚条の成立」）。しかも、その背景には、6世紀以前にさかのぼる、あたらしい君主の即位への、朝廷につどう豪族による「推挙のプロセス」があったようです（吉村武彦氏『日本古代の社会と国家』）。

ならば、やっぱりそれは史実だったと判断してよいことになるでしょう。なーんだ、ですね。はじめて史料にあらわれる允恭天皇のころには、すでにおこなわれていて、受けつがれる神器も同じものだったと考えるのが自然じゃないですか。

「磐井の乱」スケール壮大？

つぎに、継体天皇をめぐって、かならずと言っていいほど話題になる「磐井《いわい》の乱《らん》」と「2朝並立」説に、かんたんに言及しておきましょう。

「磐井の乱」って、ご存じでしょうか。けっこう有名なんですけど。これを書名にした本なんかもあったりして。

しかし、その実態は？

おもな手がかりは3つ。『古事記』『日本書紀』それに『筑後国風土記《ちくごのくにふどき》』逸文《いつぶん》とされるもの。「逸文」というのは、まとまった文献としては残っていないけど、ほかの本に部分的に引用されたりしてつたわる文章のこと。この風土記の逸文は、まえにもでてきた『釈日本紀』に引用されていました。

また、あまり重視できませんが『先代旧事本紀《せんだいくじほんぎ》』の「国造本紀」にも小さな記事があります(伊吉島造《いきのしまのみやつこ》の条)。それからもうひとつ、つけ加えると、考古学上の遺跡・遺物でしょうか。

『日本書紀』が描きあげる「乱」はスケールが壮大です。こんなぐあいですから。

527年。大和朝廷は、新羅《しらぎ》に併合された朝鮮半島南部のゆかりある地域を取りもどすべく、近江毛野《おうみのけぬ》を指揮官として6万人の兵を西にくだらせた。これに真正面から対決したのが筑紫《つくしの》国造磐井《くにのみやつこいわい》。新羅からワイロをもらって、日本軍が海をわたるのを阻止すべく、火《ひ》(のちの肥《ひ》前《ぜん》・肥後《ひご》、今の佐賀県・長崎県の一部から熊本県にかけて)と豊《とよ》(のちの豊前《ぶぜん》・豊後《ぶんご》、今の福岡県東部から大分県にかけて)の勢力までかり出した。こうして、朝廷は物部麁鹿比を大将軍に任じて鎮圧にあたらせることになった。両軍のたたかいは、1年半にもわたり、翌年11月にやっと官軍の勝利におわった――と。

これが事実なら大変な反乱ですよ。ですから、これをとても大きく見る意見があります。なかには、それまで朝廷による国内統一は実態がなく、この時のたたかいこそ事実上の国内統一戦争だった——みたいな見方までありました（吉田晶氏「古代国家の形成」ほか）。

でも、磐井の乱を「統一戦争」ってのは、いくら何でも言いすぎ。まえの章で見たように、すでに雄略天皇のころには列島内のかなり幅広い統一があったと考えないと、ツジツマがあいませんよ。

ふだん『書紀』の史料批判の必要性がやかましく言われているのに、ちょっと「乱」の記事をナイーブに信用しすぎでは。

そのまんま受けいれられないことが、いっぱいあります。そもそもこの記事だと、すべての起こりは、新羅による半島南部の地域（南加羅《ありひしのから》など）の併合ということになっています。でも新羅が南加羅（金官《こんかん》）をしたがえたのは、ずっとあとの532年です（『三国史記《さんごくしき》』新羅本紀）。スタートからつまずいちゃいます。

毛野が率いたという「6万人」の兵力も、そのとおり信じてよいのかどうか。

磐井が毛野に言ったというセリフは、「今、おまえは朝廷の使者となっているが……」というものです。とても6万人の大軍の最高軍事指揮官にむかって言うセリフではありませんね。

『古事記』『風土記』はどう書いたか

『書紀』は、磐井がかねて反乱の機会をうかがっていたと書いています。だったら、わざわざ

「6万」もの大軍が押しよせている一番、不利な時に決起しなくても。いくら新羅からワイロもらっても、はっきり言って自殺行為でしょ。大軍がみな半島にわたって、列島が軍事的な空白状態になったあと、反乱をおこせばよかったのに。不可解です。

何よりヘンなのは、磐井が殺されたあと。むすこの葛子《くずこ》が領地を献上して、ゆるしを求めています。ということは、彼は父といっしょに乱には加わっていなかったんですね。ともに抗戦していたら、とても死罪をまぬがれられるなんて考えられませんから。

でも、『書紀』では九州北部の一帯を総動員しての大反乱だったはず。父が1年半も生きるか死ぬかの激闘にあけくれているなか、むすこは何をしていたんでしょうね。これまた不可解です。

つまり、「磐井の乱」の実態は、むすこさえ参加していない程度の規模だった――そう考えるしかありませんね。それほど多くの勢力が結集したわけでもなければ、そんなに長くつづいたわけでもなかったのです。もちろん、新羅とのつながりもありませんでした。このように理解するのが素直でしょう。

それは、ちょうど『古事記』に書いていることと合致します。みじかい記事なので、全文まるごと引用してみましょうか。

「この天皇の時代に筑紫君《つくしのきみ》の石井《いわい》（磐井）が、天皇の命令にしたがわず、無礼なことが多かった。そこで、物部荒甲《もののべのあらかい》（麁鹿火）と大伴金村の2人をつかわして、石井を殺した」

たったこれだけです。

もちろん、そうかといって過小評価はできません。このあたりの『古事記』の記事は、全体に簡潔になっているからです。それに金村と麁鹿火は当時、朝廷の最高首脳です。この2人がそろって九州に派遣されたとは考えにくいので、金村が全体の指揮をとり、実際に現地に入ったのは麁鹿火だけだったかも知れませんが。それでもとにかく、朝廷としてはそれなりに力のはいった対応をしたということですから、磐井の反乱も、さほどちっぽけな話ではなかったでしょう。

にしても、新羅がバックにあったなんて、とても考えられませんね。「大和政権の国土統一の権力的な企てと、磐井の九州独立構想とが、正面から衝突した歴史的大事件」（山尾幸久氏『日本古代の国家形成』）とか。ファンタジックで楽しそうです。でも残念ながら事実とは思えません。

『筑後国風土記』も、乱についての古老の言いつたえを載せています。「勢力をたのんで反抗的だった磐井が、官軍の襲来に恐れをなして、さっさと逃げだしたとさ」――というくらいの中身。『古事記』の書き方につながる内容です。

考古学的にも、乱の前後で地元の豪族の勢力に「大きな栄枯《えいこ》盛衰《せいすい》はみられない」そうです

（佐田茂氏「磐井の乱をめぐって」）。要するに、めだつような変動はなかったってこと。

となると、この乱の実態もおのずと見えてきますよね。

『日本書紀』の大ゲサな記事をのぞくと、『古事記』も、『書紀』の葛子の領地献上記事も、考古学上の知見も、みんなほぼ重なる歴史像をしめしているんですから。

王朝の対立、あった？　なかった？

じゃあ「2朝並立」説はどうか。

って、この説じたい、知らない人が多いかも。ちょっとヤヤコシイですが、およそこんな意見です。

一部の文献によると、継体天皇の「嫡子」欽明天皇が即位したのは531年（辛亥年《しんがいねん》、かのといのとし）。ところがこの年は、継体天皇が安閑天皇に「譲位」して、その日に亡くなったと『書紀』がつたえているのと同じ年なんですよ。さらに『紀』が引用する『百済本記《くだらほんぎ》』には、この年に「日本の天皇と太子、皇子がともに亡くなった」という不気味な伝聞を載せています。

これらをつき合わせて、こんなシナリオが生まれました。蘇我氏が欽明天皇の即位をめざし、安閑・宣化両天皇の殺害をくわだてたクーデターをおこした（「辛亥の変」）。でも、殺害は失敗。大伴氏と物部氏が両天皇を支持し、ここに、のちの南北朝時代のような、安閑・宣化両天皇と欽明天皇の2朝が「並立」する時代がおとずれた。この2朝は最終的には欽明天皇のもとで合一する（林屋辰三郎氏『古代国家の解体』ほか）――と。

なかなかドラマチックです。

でも、年代のズレについては、その背景に2種類の暦《こよみ》の存在があったことが指摘されています（三品彰英氏「『継体紀』の諸問題」ほか）。

『百済本記』の記事はたしかに奇怪ですが、あくまで「――と聞きました」という伝聞記事です。しかも、70年以上ものちにならないと登場しない「天皇」の語が、平気でつかわれていますす。けっして同時代の史料ではないんですよね。ですから、その信用性も割り引いて考えないと。

で、あらためて前後の事情を見直してみますと、どうでしょう。「2朝並立」なんてフィクションとしか思えなくなってきます。

というのは、まず欽明天皇の后妃です。「皇后」は石姫皇女《いしひめのひめみこ》。宣化天皇のむすめですよ。そのほかにも2人、宣化天皇の皇女が妃《きさき》に入っています。「2朝」が対立していたら、こんなことはありえないでしょ。

また、さきにもでていたように安閑天皇も宣化天皇も、欽明天皇の母親の手白香皇女の姉妹たちを「皇后」にしているんです。この血縁の近さも軽視できません。

さらに、朝廷の指導者の推移を見てみましょう。「大臣」「大連」たちです。

㉕武烈天皇—大伴金村（大連）
㉖継体天皇—金村、許勢男人（大臣）、物部麁鹿火（大連）
㉗安閑天皇—金村、麁鹿火
㉘宣化天皇—金村、麁鹿火
㉙欽明天皇—金村、物部尾輿《おこし》（大連）、蘇我稲目《いなめ》（大臣）

どうですか。武烈天皇から欽明天皇まで、なだらかに移っていますよね。王朝の交替だとか、2朝並立なんてカケラも感じられません。

豪族が求めた「血筋」

では、この章も、そろそろしめくくりましょうか。

一番、印象に残ったのは、やはり「血筋」ってことでしょうか。

大伴金村って、ついさっきあげたように、武烈天皇から欽明天皇まで、ずっと朝廷のトップをつとめています（ただし、欽明天皇の治世のはじめに辞任）。ハンパなリーダーじゃなかった。でも「オレが君主になろう」なんて、ツメの先ほども考えた気配がないんです。

彼じしん、そんなことは思いもしなかっただろうし、またそんなことを思っても、まったく無意味だったでしょう。万一、そんなことを口にしたら、その瞬間、彼の政治生命はおわるくらい、君主の血筋、「皇統」というものの権威がすでに人々に共有されていたから。

　その血筋も、やはり現に代々、君主の地位を受けついでいる血統のほうが重い。そう見られていたんですね。だから、継体天皇も、安閑天皇も、宣化天皇もみんな「入りムコ」の形をとりました。そうやって、女系を介してでも、それまでの仁徳天皇以来の血統をつたえようとしたんです。

で、その仁徳天皇系の「皇統」をしっかり受けついだのが欽明天皇でした。くり返しますが、母親は仁賢天皇の皇女、手白香皇女でしたから。そして、これ以降の天皇はすべて欽明天皇の血をひいています。
　ですから、仁徳天皇以来の血筋も、じつはけっして途絶えていないんです。女系をなかだちとして、連綿《れんめん》と受けつがれているんですね（これま

での発言は訂正！）。

ただし、『日本書紀』の編者はすでに時代が移っていたし、シナ父系制、シナ男系主義の色メガネで記事を書いている部分があります。雄略《ゆうりやく》天皇を「大悪天皇」と評したり、武烈天皇を悪虐非道の暴君にしたてたりしているのが、それですね。仁徳天皇以来の血統が女系を介して受けつがれていることが十分、評価されていません。

それはともかく、これまでの君主の血統を、国内統合の中心となる君主の地位を受けつぐ「必要条件」として、きびしく求めたのは、むしろ朝廷に結集した豪族たちでした。

金村を先頭に、「5世」という遠い血縁でも、とにかく懸命にあちこち探しまわって該当する人物を見つけたのです。そのうえで、仁徳天皇系の血をひく皇女の「入りムコ」にさせたんですから。

でも、皇女たちが何人もいたのなら何故、彼女たちのなかから君主の候補者をださなかったのか。しっかり「血筋」はひいているのですから。

答えはかんたん。まだ「女帝《じょてい》」という発想そのものがなかったから。そう考えるのが一番、自然でしょう。

天皇の歴史のなかで、史上初の女帝があらわれるのは、もうすこしあと。それが推古《すいこ》天皇（33代／592～628年在位）でした。

何故、女性の天皇が登場することになったのでしょう？

推古天皇の時代、わが国は内外両面において、あたらしい歴史のステージに立つことになります――。

第3章 はじめての「女帝」推古天皇

すいこてんのう【推古天皇】

●554〜628・3・7

在位592・12・8〜628・3・7

記紀系譜上の第三三代天皇。額田部皇女・豊御《とよみ》食炊《けかしき》屋《や》姫《ひめ》天皇と称する。欽明天皇の皇女。母は蘇我稲目《いなめ》の女堅塩《きたし》媛《ひめ》。用明天皇の同母妹。異母兄の敏達《びだつ》天皇の皇后となり、竹田皇子らを生んだ。五九二年異母弟の崇《すし》峻《ゆん》天皇が蘇我馬子《うまこ》に殺された後をうけ、最初の女帝として即位。甥の聖徳太子や馬子を政治の中枢にすえ、中国の隋との国交を開くとともに、冠位十二階や憲法十七条を制定、それに対応する宮廷の制度・儀礼の整備につとめた。「天皇記」「国記《こっき》」などの史書の編修も行われ、飛鳥寺（法興寺）・斑鳩《いかるが》寺（法隆寺）なども造営されて、仏教を中心とする飛鳥文化がこの時期に開花した。また法隆寺の建設にも関与した。

これまで10代、8人の「女帝」

わが国の「天皇の歴史」のなかで女帝《じょてい》（女性天皇）は10代。そのうち2人は、天皇の地位に2度ついています（これを「重祚《ちょうそ》」という）。だから、人数としては8人、ということになります。

具体的には次のとおり。

①推古《すいこ》天皇（33代／592～628年在位）
②皇極《こうぎょく》 天皇（35代／642～645年在位。37代斉明《さいめい》天皇として重祚）
③斉明天皇（37代／655～661年在位）
④持統《じとう》天皇（41代／686～697年称制・在位）
⑤元明《げんめい》天皇（43代／707～715年在位）
⑥元正《げんしょう》 天皇（44代／715～724年在位）
⑦孝謙《こうけん》天皇（46代／749～758年在位。48代称徳《しょうとく》 天皇として重祚）
⑧称徳天皇（48代／764～770年在位）
⑨明正《めいしょう》 天皇（109代／1629～1643年在位）
⑩後桜町《ごさくらまち》天皇（117代／1762～1770年在位）

天皇の地位に2度つくというのは、現代の感覚だとヘンに思うかもしれませんね。天皇は終身、その地位にとどまる制度になっていますから。

でも明治より前は、天皇が生前、その地位を後継者に譲る「譲位《じょうい》」が普通におこなわれていました。『日本書紀《にほんしょき》』にでてくる譲位の最初は、前章で見た継体《けいたい》天皇から安閑《あんかん》天皇へのケースでした。でも、その史実性を疑う意見もあるので、一般には皇極天皇から孝徳《こうとく》天皇（36代／645〜654年在位）への例が、たしかなはじめと考えられています。

それはともかく、これまで10代、8人の女帝がいらっしゃいました。

へー、意外と多いナ、とか、歴代の天皇125代中、10代ならすくないネ、とか、人によって受けとめ方はさまざまでしょう。

でも、ひとつのモノサシとして東アジアの近隣の国々とくらべてみると、どうでしょうか。

朝鮮の「女王」、シナの「女帝」

まず朝鮮半島の場合。

古代の新羅《しらぎ》に3人の「女王《じょおう》」を確認できます。

①善徳《ぜんとく》王（27代／632〜647年在位）
②真徳《しんとく》王（28代／647〜654年在位）
③真聖《しんせい》王（51代／887〜897年在位）

これら以外は、ありません。高句麗《こうくり》や百済《くだら》、あるいは後代の高麗《こうらい》や李氏朝鮮《りしちょうせん》などにも女性の君主はいませんでした。

となると、朝鮮半島の場合とくらべると、わが国の10代、8人の女帝は、多いと言えるんじゃないですかねぇ、やっぱり。

しかし、このわずか3人の女王でさえ、シナ王朝からは、とんでもない異例にみえたようです。

と言うのも、善徳王の時、高句麗と百済の攻撃にこまりぬいて、唐《とう》に援軍をたのんだのに対し、当時の唐の皇帝、太宗《たいそう》は、こんな答え方をしているんですね（『三国史記《さんごくしき》』「新羅本紀」善徳王12年〈643〉9月条）。

「新羅は女性を王にいただいているために、近隣の国々からあなどられている。それは王をうしない、みずから敵をむかえいれているようなものだ。そんなことでは毎年、やすらかな時はないにきまっている」——と。

女性の君主なんて論外。そんなの王の喪失《そうしつ》とかわらない。こんな受けとめ方ですよ。まさに絵にかいたような「男尊女卑《だんそんじょひ》」。それが、東アジアで最大最強だったシナ王朝の態度だったんです。

ちなみにシナの場合は、女帝はただ1例のみ。

①則天大聖《そくてんだいせい》皇帝（則天武后《そくてんぶこう》、みずから「聖神皇帝」と称した。690～705年在位、唐の国号をあらためて周《しゅう》とした）

則天武后って、どこかで名前だけは聞いたことがあるナ——という人もいるかもしれません。「中国史上の3大悪女の1人」とか。

皇后《こうごう》時代から猛烈なやり手でした。病弱だった皇帝の高宗《こうそう》のほうが影がうすいありさま。高宗の死後、『大雲経《だいうんきょう》』という仏典《ぶってん》を利用したり、秘密警察で弾圧に乗りだしたり、とにかくあらゆる手だてを使って、シナの歴史上、空前絶後の女帝にまでのぼりつめたのです。

もちろん、例外中の例外。

しかもシナは、父系制《ふけいせい》（血筋は父方《ちちかた》のみが伝えられるというきまり）、男系《だんけい》主義（おなじく血統は男子から男子へと受けつがれるという考え方）にもとづく宗族《そうぞく》（父系の親族集団）制度の国。女帝の血筋は残せません。武后のオイが後継者になろうとしますが、ムリでした。則天武后が打ちたてた周王朝も、かくて一代かぎり。たちまち唐が復活しました。

前近代、東アジアの政治と文明の中心はシナでした。そのシナに女性君主を拒絶する体質（男系主義とそれにともなう男尊女卑の思想）があった事実は、軽視できないでしょう。

朝鮮半島には歴史のあゆみとともに、シナ文明の影響がしだいに強まっていきました。そのことと、9世紀の真聖王を最後に女王が途絶えてしまうのは、けっして無関係ではないはずです。

ちなみに、1代前の定康王《ていこう》（50代／886〜887年在位）が、あとつぎもなく亡《な》くなろうとした時に、真聖王は「骨相が丈夫《じょうぶ》（立派な男性）に似ている」から王位につけるよう遺言しています（『三国史記』「新羅本紀」定康王2年（887）5月条）。王は「男性」、という考えがいかに強かったかをうかがわせるエピソードですね。

双系（双方）的な社会

以上、シナや朝鮮半島の例をモノサシにすると、わが国にこれまで10代、8人の女帝がいたことは、けっこうユニークな事実だったことになります。ある意味、「日本らしい」できごととも言えるでしょう。

かつて武烈《ぶれつ》天皇（25代）が亡くなった時、複数の皇女がいても、すぐ女帝に――という展開にならなかったのも、ムリはありません。なにしろ、わが国の「天皇の歴史」に前例がなかったのはもちろん、シナや朝鮮半島でも、まったく類例がなかったのですから。

では、わが国だけでなく、東アジア全体でもはじめての女帝、推古《すいこ》天皇はどんないきさつで登場したのでしょうか。

まず、すべてのベースになる部分に目を向けておかなければならないでしょう。それは何か？

もともと日本は、シナとちがって父方ばかりでなく、母方《ははかた》との血のつながりも強い「双系《そうけい》（双方《そうほう》）」的な社会だったということです（吉田孝氏『律令国家と古代の社会』、田中良之氏『古墳時代親族構造の研究』、成清弘和氏『日本古代の家族・親族』ほか）。

シナ流の父系制、男系主義を前提とすれば、「同姓不婚《どうせいふこん》（おなじ姓の者は男系で同じ血をひいているから、結婚してはならない）」だから、皇族の女性はかならず他の氏族の男性にとつぐことになります。そうすると他氏の人間になってしまうので、君主の地位につくことはありえません（未婚の場合は「一人前」にはあつかってもらえませんし）。

また、后妃《ごうひ》にはかならず他氏の女性が入ってきます。でも、この場合は当然、君主の血筋をひいていないので、君主の地位は受けつげないのです。

つまり、どっちにしても、シナ父系制、男系主義のもとでは、女帝は登場する余地がありません。

「例外中の例外」だった則天武后のケースは、正当な血統にもとづく帝位の継承ではなかったのです。権勢をたのみにムリヤリ皇帝の地位を横取りしたにすぎません。だから李氏の血筋による唐王朝は、いったん途絶《とだ》え、かわって武《ぶ》氏の周王朝に交替《こうたい》したのです。まさに「姓」が「易《か》わる」（李氏↓武氏）易姓《えきせい》革命そのものでした。

しかも則天武后の子は、父系制、男系主義の原則により夫だった太宗の李姓を受けついでいます。その結果、武后のあとは息子《むすこ》の李哲《てつ》が帝位につき、唐王朝が復活したのでした。

このように、シナ父系制、男系主義のもとでは、「易姓革命」によらないかぎり、女帝はあらわれようがないのです（それも1代かぎり）。

その点、朝鮮半島の場合、すこし事情がちがいます。新羅などでは、しばらく王族どうしの「同姓」婚が、まったくタブーなく、普通におこなわれていたようです（武田幸男氏「朝鮮の姓氏」）。

このことと、新羅に3人の女王がみられる事実とは、ぴったり整合しますね。

「女王」ヒミコの例

わが国で皇族どうしの結婚が、普通におこなわれていたことは、言うまでもありません。ベースのところで、女帝を登場させる条件は、ととのっていました。双系（双方）制の存在です。

ただし、そのいっぽうで、朝鮮半島ほどではないにしても、しだいにシナ父系制、男系主義の影響がおよんできた事実も、見おとせません。とくにシナ南朝との本格的な通交がはじまり、帰化人《きかじん》がふえる5世紀以降、その傾向は、いっそう強くなったにちがいありません。

ですから、社会の基底にある「双系（双方）」制と、シナから流入した「父系」制（男系主義）と、その両方に目をくばりながら見ていく必要がありそうです。

女帝登場の「前史」をかんたんに振り返ってみましょうか。

まず「女王」ヒミコです。

『三国志《さんごくし》』魏書《ぎしょ》「烏丸《うがん》・鮮卑《せんぴ》・東夷伝《とういでん》」倭人条《わじんじょう》、つまりいわゆる『魏志』倭人伝によれば、もともと「倭国」は「男子」を「王」としていました。

倭国の形成は、外国史料による検討では、およそ2世紀はじめごろかと考えられていますます（西嶋定生氏『倭国の出現』）。それから70〜80年くらいたったころ、国内に争乱が生じました。これを『魏志』倭人伝は、何年にもわたって倭国が「乱れた」と書き、『後漢書《ごかんじょ》』倭伝は「倭国大乱」（原文）と記述しています。

そこで、この「大乱」をおさめるべく諸勢力がともに1人の女性を「王」のくらいにつかせます。この女性の本名はわかりません。ただ君主の地位についてからはヒミコと呼ばれるようになりました。

以上はあくまでシナの文献の記事によるものです。だから実態とのズレがどのていどあるのか気になります。ですが、いちおう外国から見て「王」とすべき人物が、この時すでに登場していました。

ヒミコのあと、もう1度「男王」にもどそうとしますが、うまくいきません。国内がまとまらず、また争いがおこります。しかたがないので、ヒミコと血のつながりがあるトヨ（あるいはイヨ）を王につけて、なんとかおさまったと言います。

ヒミコは、「鬼道《きどう》」（鬼はオニではなく、死者の霊）をつかさどるという宗教的な権威で、国内をまとめていたようです。

でも、ヒミコの政治権力とのちの大和朝廷がつながるのか、どうか。はっきりとしたことはわかりません。

前史の3人

『魏志』倭人伝だけでは、ほかにクロス・チェックできる史料がないので、きめ手になりません。そこで、考古学上の知見にたよると、つながっているように見えます（拙著『謎とき「日本」誕生』）。

でも、国内の文献をていねいに読むと、ヒミコの権力がそのまま大和朝廷へと発展していったという見とおしは、立てにくいようにも思えてきます（若井敏明氏『邪馬台国の滅亡』）。

そこでヒミコやトヨについては、「天皇の歴史」における女帝の直接の「前史」から、ひとまず除外しておきます。日本列島の社会が、女性の君主をむげに拒絶しない伝統をもっていたことだけを、ここで確認しておくにとどめましょう。

では、前史として取りあげるべきは、どんな人物でしょうか。

3人います。

1人は神功《じんぐう》皇后（14代仲哀《ちゅうあい》天皇の皇后）。2人目は飯豊青皇女《いいとよあおのひめみこ》（17代履中《りちゅう》天皇、もしくは市辺押羽皇子《いちのへのおしはのみこ》のむすめ）。3人目は春日山田皇女《かすがのやまだのひめみこ》（24代仁賢《にんけん》天皇の皇女）です。

神功皇后をめぐる『古事記《こじき》』『日本書紀』の記事は、新羅征討をはじめ伝説的な要素がかなり色こくあります。でも、478年当時の史料とみられる倭王武の上表文には、神功伝説とかさなる朝鮮半島南部の平定がかたられています。さらに神功皇后の同時代と見るべき4世紀中ごろ、新羅への大がかりな出兵記事が、朝鮮サイドの『三国史記』とわが国の『日本書紀』に共通してでてくるのも、見すごせないでしょう。

『日本書紀』は、神功皇后のことを、ほとんど「天皇」あつかいしています。唯一、天皇でもないのに、この皇后のために独立の巻（第9巻）を立てているのは、最大の異色でしょう。そのほか名前のミコトに「命」ではなく「尊」の字をあてたり、亡くなった時に「崩」の字で表現したり、墓を「陵《みささぎ》」と呼んでいるのも、すべて天皇に準じたあつかいです。あるいは、『魏志』や『晋起居注《しんききょちゅう》』などシナの文献を注として引用し、そこにでてくる「倭の女王」と神功皇后をかさねようとしています。これも、君主あつかいの例でしょう。

『古事記』も、「崩」や「陵」は『書紀』と同様です。そうすると、『記』『紀』共通の素材と考えられている「帝紀《ていき》」に、すでにそうした表記があったのかもしれません。すくなくとも、この皇后を特別あつかいするやり方は、すでにあったはずです。「帝紀」の成立は、だいたい欽明《きんめい》天皇（29代）のころだったと見られています（塚口義信氏「帝紀・旧辞とは何か」）。ならば6世紀には、そうした神功皇后を君主になぞらえる考えかたが、すでにあったのでしょう。

ひょっとすると、仲哀天皇がはやく亡くなって、その後の事実上の君主不在の状況下で、めざましい活躍をしたと伝えられる神功皇后じしん、伝説的要素はのぞいても、ほとんど君主にちかい役割をはたしていたかも。まだシナ父系制の影響がつよくない段階だったことも、考えておくべきでしょうね。

女帝まであと「半歩」

神功皇后をそのものズバリ「天皇」とか、「女帝」、「みかど（帝）」などとしるす文献もあります。

『記』『紀』と同時代の『常陸国風土記《ひたちのくにふどき》』をはじめ、のちの『日本年代記《にほんねんだいき》』（別名、王年代記）、『扶桑略記《ふそうりやつき》』、『水鏡《みずかがみ》』、朝鮮の『海東諸国記《かいとうしよこくき》』などです。

その神功皇后に近いあつかいをされているのが、5世紀の飯豊青皇女。清寧《せいねい》天皇（22代）のあと、顕宗《けんぞう》天皇（23代）が即位するまで統治を代行したとされる人物です。

『書紀』はこの皇女についても、神功皇后とおなじく、「尊」「崩」「陵」の字をつかっています。あきらかに天皇に準じたあつかいです。

『古事記』にのちに書き入れられた注記には、皇女も「天皇」のひとりにカウントされていました。また後代の『扶桑略記』や『本朝皇胤紹運録《ほんちょうこういんじょううんろく》』では「飯豊天皇」と書かれていました。後者はもともと後小松《ごこまつ》天皇（100代／1382～1412年在位）の命によってまとめられた代表的な皇室の系図。それに「天皇」としていることは、注目にあたいするでしょう。

こう見てくると、4、5世紀の時点で、ほとんど君主のようなポジションにいた女性のリーダーがいたらしいことは、ほぼ信じていいんじゃないですか。もちろん、2人とも皇室の血筋をうけていました。

神功皇后は開化《かいか》天皇（9代）の4世の孫と伝えられています。飯豊青皇女は履中天皇のむすめか孫とされています。この血統ゆえに、後世には「天皇」とも称されたのでした。

「女帝」まであと一歩——というカンジですね。

でも、その「一歩」がむずかしいんです。そのことは前章で見たように、武烈天皇が亡くなった時、複数の皇女がいても、懸命になって継体天皇（26代）をさがしだした事実からも、なっとくできるはず。

で、わずかに「半歩」踏みだしたのが、春日山田皇女のケースでしょうか。

それまで代々、君主の地位を受けついできた血筋からは遠かった宣化《せんか》天皇（28代）が亡くなった時、欽明天皇は、年若い自分ではなく、安閑《あんかん》天皇（27代）の皇后だった春日山田皇女こそ即位すべきだと発言しています。その理由は「さまざまな政務に通じているから」というのです。

この発言は、皇女が「皇后」として政務の手助けをしていたことを推測させます。しかも、血筋は仁賢天皇の皇女ですから申し分ありません。

ですが、ざんねんながら子どもがいませんでした。いっぽう、母、手白香皇女《たしらかのひめみこ》を介して仁徳《にんとく》天皇以来の血筋につながる欽明天皇は、年が若いと言っても、30歳前後だったらしいから、皇位は結局、こちらに受けつがれます。「女帝」実現せず――でした。

でも、正式に皇位につくよう求められたのは、神功皇后、飯豊青皇女の例とくらべても、事態はあきらかに「半歩」すすんだと見てよいでしょう。

またもや天皇暗殺

――で、いよいよ推古天皇です。

わが国のみならず、東アジア史上、初の女帝誕生のいきさつは？

直接のきっかけは、１代前の崇峻《すしゅん》天皇（32代）が急に亡くなったことです。

第1章でチラッと触れました。安康《あんこう》天皇（20代）と同様、暗殺されたのです。

わが国の歴史上、2度目で、かつ最後の君主弑逆《しいぎゃく》でした（ただし、じつは殺されず幽閉《ゆうへい》されただけだった、と想像する説も。北康宏氏『歴史のなかの天皇陵』。でもどうなのか。それに幽閉なら、政治的には抹殺《まっさつ》されたに等しい）。

直接の下手人《げしゅにん》は帰化系氏族の一員、東漢駒《やまとのあやのこま》。ウラで糸をひいたのは、当時、「大臣《おおおみ》」だった蘇我馬子《そがのうまこ》でした。

『日本書紀』によると、ことの顚末《てんまつ》はこうです。

崇峻5年（592）のこと。天皇にイノシシがたてまつられます。この時、天皇はひとこと、ポロッともらします。「いつの日か、このイノシシの首を斬るように、イヤなヤツを斬りたいものだ」と。「イヤなヤツ」とはもちろん、当時、政治権力をにぎっていた馬子のことだったでしょう。

これを知った馬子は機先を制して、朝廷で儀式をよそおい、駒に暗殺させたというのです。その駒は後日、理由をもうけて馬子に殺されます。

さきに安康天皇を殺した眉輪王《まよわのおおきみ》といい、この東漢駒といい、君主弑逆に直接、手をくだした者はみな、日をおかずに殺されています。

だが、不思議なのは、天皇暗殺の張本人の馬子にたいして、何の非難もなかったらしいことです。いくら時の最高権力者とはいえ、君主弑逆の非道をあえておこなったにしては、奇妙です。とくに騒ぎもなく、事態はおさまってしまいます。

おなじ「大臣」だった葛城円《かずらきのつぶら》が滅ぼされた安康天皇暗殺の時とは、まるでさまがわりです。

これは何故か？

この謎を解かないと、これにつづく推古天皇即位の背景は見えてこないでしょう。

推古天皇が「承認」

ここでひとつ重大な事実が浮かびあがってきます。

1代前の用明《ようめい》天皇（31代／585〜587年在位）が亡くなった時、つぎに崇峻天皇が即位したのは、ほかでもない推古天皇（もちろんまだ即位していないが）の「勧め」によるものだったことです。

当時の推古天皇の立場は、もう1代前の敏達《びだつ》天皇（30代／572〜585年在位）の「皇后」。つまり皇太后《こうたいごう》ですね。

それにしても、いくら皇太后の地位にあったとはいえ、すでに重い権威を身につけていたのに、いささかビックリします。馬子をはじめ、朝廷に結集した諸豪族をリードしてつぎの天皇を事実上、指名しているんですから。

でも、崇峻天皇が推古天皇の指名によって即位したのであれば、たとえ馬子であっても、推古天皇に何のことわりもなく、勝手に暗殺なんてできるはずありませんよね。

そんなことをしたら、推古天皇を真正面から敵にまわすことになります。天皇を殺したうえに、皇族のなかでもリーダー格の地位にあった推古天皇と敵対するなんて、自殺行為です。

そもそも蘇我氏の権力の基盤は、つきつめると葛城氏と同様、天皇の「外戚《がいせき》」としての地位をキープしたことでした。かんたんに言えば、天皇の「権威」に依存していたのです。

ですから、崇峻天皇を暗殺したからといって、馬子じしんが君主になろうなんて気配はみじんもありません。それどころか、天皇暗殺じたい、きわめてリスキーな行為だったはず。なのに何故、そんなことをしてしまったのか？

やらなければやられる——そんな切迫した危機感があったからでしょう。なにしろ相手は君主ですから。

その場合も、しっかり事前に推古天皇の了解はとりつけていたにちがいありません。だからこそ、朝廷の皇族や豪族たちの前で天皇を殺しても、事態は意外なくらいおだやかにおさまったのでしょう。

だいたい、事前の同意もなく自分が指名した天皇が殺されながら、馬子らの要請にこたえて何の非難もせず、平然と即位するなんてことが、おこるはずがないでしょう。

では推古天皇は何故、承認をあたえたのでしょうか？

そのことを明らかにできるしっかりした史料は、残念ながらありません。

しかし、真相をさぐる手がかりはあります。それを頼りに想像をめぐらしてみましょう。

崇峻天皇の「問題」

まず最初の手がかりは、皇族のなかからすら反発が出ていない事実。これは何を意味するのでしょうか？

安康天皇の場合は皇族（眉輪王）の「仇討《あだう》ち」として殺されています。

それに対し、崇峻天皇は臣下《しんか》に殺されているのです。もちろん、臣下による君主弑逆なんて空前絶後のできごとです。強烈な皇族サイドからの反発、憤激をかってあたりまえ。でも、そうなっていないのは不思議ですよね。

もちろん、このころ蘇我氏と血縁をもつ皇族も、いっぱいいいました。推古天皇もそうです。母親が蘇我氏の女性で、馬子はオジにあたります。でも、それとこれとは別でしょう。とくに推古天皇は、相手が馬子だろうと誰だろうと、ぴしゃりとスジをとおす人物でした。

さらに、蘇我氏と血縁のない皇族もすくなくありません。

にもかかわらず――なんですね。

ということは、崇峻天皇という人物、皇族の間では、かなり「つめたい」まなざしで見られていたんではありませんか。

君主になった時は、正統の血筋を体現した存在だった欽明天皇（29代）の男子が、順番に敏達天皇、用明天皇と皇位をついできているので、おなじく欽明天皇の男子でふたりより年少だったらしい崇峻天皇がつぎに即位しても、とくに大きな違和感はなかったんでしょう。蘇我氏の母親をもたない敏達天皇↓蘇我氏の堅塩《きたし》媛《ひめ》を母とする用明天皇ときたので↓同氏の小姉君《おあねのきみ》を母とする崇峻天皇という順序も、いちおう自然な流れと言っていいかもしれません。だから推古天皇も指名したんでしょうね。

でも、おそらくいろいろ問題のある人物だったんじゃないかな。すくなくとも皇族内では孤立していたらしい。そのことは、結婚相手に皇族の女性がいなかった事実から想像できます。

この天皇の前後、たとえば継体天皇（26代）から天武《てんむ》天皇（40代）までの代々の天皇の結婚相手を見ると、みな皇族と結婚しています。崇峻天皇だけが唯一の例外なんですね。これはただごとではありません。

いっぽう、馬子は自分のむすめをのちの舒明《じょめい》天皇（34代）や聖徳太子《しょうとくたいし》にさし出しています。むろん、権力の維持、拡大をねらった策略の一環でもあったでしょうが、そもそも皇族たちとの間に信頼関係がきずかれていなければ、このようなこともありえなかったはずです。

馬子は推古天皇の時代に、蘇我氏にゆかりのある土地であるとして、天皇（または朝廷）の直轄領である「葛城県《かずらきのあがた》」を譲ってほしいと願いでて、天皇からピシャリと拒絶されたことはあります（『日本書紀』推古32年10月条）。でも、そのほかとくに傲慢不遜《ごうまんふそん》なふるまいや暴虐非道のおこないは、史料にでてきません。むしろ敏達天皇代以来の「大臣」ですから、朝廷の支柱として頼りにされていたと見るのが自然でしょう。このころは、「大臣」も「大連」も、天皇がかわるたびに、あたらしい天皇からあらためて任命されていましたから。

それを感情にまかせて「斬ってやりたい」などという崇峻天皇は、やはり君主にふさわしくない――と朝廷内で受けとられてもやむをえなかったでしょう。

推古天皇の権威は即位前から

『日本書紀』の注記《ちゅうき》によると、崇峻天皇はすでに馬子討滅《とうめつ》のために着々と宮中に武器も集めていたようです。もはや事態は引きかえせないところまできていたのです。

それを見かねた天皇の妻が、使者を馬子のもとに送ったというのですから、何をかいわんやです。

崇峻天皇が亡くなったその日に陵（墓）に葬られるという異例のあつかいを受けているのも、生前の人望のなさにかかわりがあるんでしょうね、きっと。

以前、不心得な皇族が皇位をねらったことがあります。推古天皇をレイプしようとしたり、亡くなった敏達天皇がもっとも信頼していた部下を殺させたりと、ムチャクチャしながら、本人は本気で君主になるつもりでした。しかも有力豪族だった物部《もののべ》氏がこの皇族（穴穂部皇子《あなほべのみこ》）をかつぎ上げようとしていたのです。

その時、馬子らは推古天皇に「詔《みことのり》」をくだしてもらい、この皇族を誅殺《ちゆうさつ》しています。

「詔」はほんらい、天皇の正式なお言葉です。が、この時は先帝（用明天皇）が亡くなったばかりで、つぎの天皇（崇峻天皇）がまだ決まっていない天皇不在の状況でした。でも、皇族を臣下が勝手に殺すわけにはいきません。格式のある「詔」による指示が欠かせませんでした。この局面で天皇に準じて「詔」（に相当する公的な意思表示）をくだすことができるのは、「皇太后」であり、人格や識見でも皇族のなかでぬきんでていた推古天皇以外には考えられなかったのです。

まだ即位もしていないのに、推古天皇はたいへんな権威ですね。この皇族誅殺の延長線上に、さきにのべた推古天皇による崇峻天皇の「指名」があったわけです。だから朝廷内でのウエイトとしては、すでに推古天皇のほうが崇峻天皇より上回っていたと判断できるのではないでしょうか。

崇峻天皇にとっては恩人ですが、同時に「目の上のタンコブ」だったかもしれません。せっかく君主になったのに、アタマがあがらないんですから。

そうすると「いつか斬ってやりたいイヤなヤツ」というのも、ひょっとすると馬子ではなくて推古天皇のことだったかも。そう考えると、その後の展開もスムーズに理解できますね。

でもまぁそれはともかく。崇峻天皇の暗殺はむろん、「詔」による公然たるものではありません。しかし、構図として皇族誅殺の時と共通したものがあった可能性は、否定できないでしょう。推古天皇その人が事前に同意していたという点で。

で、その延長線上に推古天皇じしんの即位、つまり史上初の「女帝」の登場があった――と。

このように見てくると、もうこの場面で即位すべき人物は推古天皇以外には、ちょっと想定しにくいでしょうね。

天皇即位の平均年齢は？

よくこんな話を聞きます。

崇峻天皇が殺された時、「蘇我系」の皇族と「非蘇我系」の皇族にそれぞれ有力な皇位継承の候補者がいて、トラブルがおこりそうだったので、それをおさめるためにひとまず推古天皇が即位した――って。ホントかな？

どうもそのまま信じるわけにはいかないようです。

具体的に考えてみればハッキリします。非蘇我系の候補者って誰？

これまでに、たとえば敏達天皇の長男、押坂彦人大兄皇子《おしさかのひこひとのおおえのみこ》の名まえがあがっています。でも、どうでしょうね。

世代としては、推古天皇よりひと世代下。年齢の面で、このとき君主の候補になるには、いまだ若すぎた可能性がたかいんですね。

奈良時代（8世紀）までの天皇の平均即位年齢を大づかみにとらえて、30歳以上とする見方がしめされています（村井康彦氏「王権の継受」）。でも、よりこのころに密着して、傾向としては40歳以上が多いとの指摘もあります（仁藤敦史氏『女帝の世紀』）。

興味ぶかいので、いちおうの目安《めやす》となるこのころの天皇の推定即位年齢を、いくつかあげておきましょうか（仁藤氏）。

㉖継体天皇─58歳
㉗安閑天皇─69歳
㉘宣化天皇─69歳
㉚敏達天皇─35歳
㉛用明天皇─46歳
㉜崇峻天皇─69歳

㉝推古天皇―39歳
㉞舒明天皇―37歳
㉟皇極天皇―49歳
㊱孝徳天皇―50歳
㊲斉明天皇―62歳
㊳天智《てんじ》天皇―43歳
㊵天武天皇―43歳
㊶持統天皇―46歳

いかがでしょう？　これらにくらべると押坂彦人大兄皇子じしんの年齢は不詳ながら、父の敏達天皇の年齢（538年生まれか。『皇代記』『本朝皇胤紹運録』）から推測して、かなり若かったはず。ならば崇峻天皇暗殺直後の時点で、この皇子が有力な候補になるなんて、とても考えられません。

いっぽうの蘇我系の候補とされるのは、竹田皇子《たけだのみこ》。この皇子の年齢は、さきの彦人皇子よりさらに若かったようです。当然、こっちもありえませんね。

だったら、対立もトラブルも生まれっこないでしょう。

そもそも「蘇我系」「非蘇我系」って図式からして、けっこうあやしいと思いますよ。

推古天皇が亡くなる時、田村皇子《たむらのみこ》（のちの舒明天皇）への皇位継承を示唆《しさ》した言葉をのこしています（遠山美都男氏『古代日本の女帝とキサキ』）。ライバルは山背大兄皇子《やましろのおおえのみこ》でした。

血縁でいえば、山背皇子こそいわゆる蘇我系。田村皇子はハッキリ非蘇我系です。でも、蘇我氏の女性を母にもつ推古天皇は田村皇子の即位をのぞみ、「大臣」の蘇我蝦夷《そがのえみし》もひたすらその方向で努力しました。その結果、舒明天皇の即位が実現したのです。

このころのできごとを、「蘇我系」「非蘇我系」のメガネだけで見ようとするのは、すこしばかりムリでしょうね。

そんなことより、当時のわが国は大きな課題に直面していました。何よりそこに目をそそぐ必要があります。それは――

大国・隋にどう対処するか

隋《ずい》の登場です。

それまでシナ大陸は、漢民族の南朝と遊牧民の北朝によって南北に大きく分断されていました。南朝、北朝ともそれぞれ王朝交替をくり返していたのです（南朝＝宋《そう》→斉《せい》→梁《りょう》→陳《ちん》、北朝＝北魏《ほくぎ》→東魏→西魏→北斉→北周《しゅう》）。およそ439～589年ごろのことです。

わが国も、第1章ですこし触れたように5世紀のいわゆる「倭の5王」のころ、属国的な立場で南朝の宋と交渉をもっていました。しかし、それも雄略《ゆうりやく》天皇のときに478年の使者派遣を区切りに、ピリオドが打たれたことをのべました。以来、朝鮮半島とは関係をつづけましたが、シナの王朝とはかかわりをもたないでやってきました。

そのあたりのようすを『隋書《ずいしょ》』倭国伝《わこくでん》は、こんなふうに描写しています。「新羅・百済では、倭国を大国で珍しい貴重なものが多いとして、両国とも畏《かしこ》みうやまって、つねに使者を往《い》き来《き》させている」――と。

これを見ると、高句麗はともかく、新羅・百済はわが国を上位とする外交が当たりまえのようにおこなわれていたことが分かります。シナの歴史書にわが国のことを過大にほめて書く理由はありませんから、実態をほぼ正確に記述していると見てよいでしょう。

ところがシナ大陸の分裂をおわらせる大帝国があらわれました。隋です。もうこれまでのように大陸と没交渉でやりすごすわけにはいきません。

隋とどのような関係をむすぶのか。そのことが国家の一大事としてつきつけられたのです。

隋による大陸の統一は589年。わが国でいえば崇峻天皇が即位して2年目にあたります。

朝鮮半島ではこれ以前、隋が建国された581年のころからすでに高句麗と百済がいちはやく属国となり、ひんぱんに「朝貢《ちょうこう》」（下位の国として外国へおくりものをすること）をくり返しています。

わが国はこの間、新羅に使いを送ったり、百済からの帰国者をむかえたりしています。だから、隋をめぐる情勢もある程度、つかんでいたはずです。

もはや大陸とかかわりをもたないわけにはいかないのであれば、わが国は朝鮮半島の国々のように、ふたたび隋の「属国」としてやっていくのか。それとも別の道をえらぶのか。つまり隋と外交関係をもちながら、自立国としてやっていくのか。真剣に方向性をさぐらなくてはなりません。

それは外交方針の重大な転換であるとともに、内政面での刷新も求められることになるでしょう。

この困難な局面をうまく乗り切るためには、それにふさわしいリーダーでなければなりません。ちまちまと「蘇我系」がどうの、などと言ってられる場面ではないのです。

「中継ぎ」にあらず

「蘇我系」というなら、崇峻天皇も〝立派な〟(?)蘇我系です。母親が蘇我小姉君ですから。でも、皇族も豪族も、朝廷内の誰もが崇峻天皇のもとで眼前の難局に十分、対処できるとは考えていなかったはずです。

女性であっても、推古天皇こそふさわしい——それがこのときの、みなの合意だったにちがいありません。

『日本書紀』にはこう書いています。

「(崇峻天皇がなくなり) 皇位が空白となった。群臣《ぐんしん》は敏達天皇の皇后だった額田部皇女《ぬかたべのひめみこ》(推古天皇の本名) に即位してくださるよう要請した。皇后は辞退された。百官《ひゃっかん》が文書をたてまってなおお勧めしたところ、やっと3度目に承諾なさった。よって皇位のしるしの神器《じんぎ》を献上した」(『日本書紀』推古天皇即位前紀)——と。

正式な即位は592年12月8日 (旧暦) だったといいます。まさに歴史的な瞬間でした。

ところで、推古天皇はつぎの男性皇族が即位するまでの「中継《なかつ》ぎ」だったという意見があります。けっこう支持する人もいるみたいですね。でもどうなんでしょう。

まず確認しておかなくちゃならないのは、このころはまだ「譲位」という慣行がなかったということ。

第2章ですこし触れたように、継体天皇がなくなるまえ、君主の地位を安閑天皇にゆずったという記事が『日本書紀』にでています。その史実性を否定する見方もつよいですが、例外的に死の直前に遺言のようなかたちで譲位の意思はしめされたのかもしれません。

ですが、たとえそれが史実だったとしても、やはりあくまで「例外」でしかありません。いまだ〝ならわし〟として定着してはいませんでした。しかも「死の直前」でのことでした。

何故、譲位という慣行がなかったのか。と言えば、つぎの皇位継承者は、天皇の一存だけでは決められず、このころはまだ朝廷に結集した豪族層の合意が大きな政治的影響力をもつ歴史段階だったからです（吉村武彦氏『古代王権の展開』）。

譲位がまだないなかで「中継ぎ」がうまく機能するのは、なかなかむずかしいのではありませんか。げんに、「中継ぎ」説で皇位のバトンをうけとる有力候補とされた聖徳太子も竹田皇子も、即位できていません。終身在位した推古天皇よりさきに亡くなったからです。譲位がなければ、こんなことはふつうです。機能しない中継ぎなど、誰ものぞまないんじゃないでしょうか。ならば――推古天皇は「中継ぎ」だったとの見方も、やっぱりなりたたないでしょう。

つきつめたところ、女帝へのハードルがひくくなっていたところへ、むずかしい局面でこの人こそふさわしいリーダーだと衆目《しゅうもく》の一致した人物がたまたま女性だった――ということではないでしょうか、推古天皇即位の背景は。

即位するまえからすでに天皇に準じたような役割も、立派にはたしていましたし。

聖徳太子は「架空の人物」か

結果、困難な場面に対処するのに、なかなかよい形ができました。

トップに推古天皇。それを聖徳太子と「大臣」の蘇我馬子がささえるという体制です（『日本書紀』『上宮聖徳法王帝説《じょうぐうしょうとくほうおうていせつ》』。吉村氏『聖徳太子』ほか）。

やや前に、聖徳太子は「架空の人物」だったとか、「蘇我王朝」が実在したとかいった、ユニークかつ大胆な意見がだされて関心をあつめたことがあります（大山誠一氏『〈聖徳太子〉の誕生』『天孫降臨の夢』）。この意見をのべたのが小説家ではなく、れっきとした学者だったので注目されたわけです。でも学界では支持されなかったようですね、ざんねんながら（森田悌氏『推古朝と聖徳太子』、上田正昭氏・千田稔氏編『聖徳太子の歴史を読む』ほか）。

念のために、太子の実在をしめす証拠がいくつもあるなかで、ひとつだけ興味ぶかいものを紹介しておきましょうか。法隆寺《ほうりゅうじ》の金堂《こんどう》に安置されている釈迦《しゃか》三尊像《さんぞんぞう》の光背銘《こうはいめい》です。「光背」って、仏像のうしろにつける後光《ごこう》をかたどったかざり。その裏がわに文字がきざまれているんです。「ああ、あの三尊像なら教科書でみたことがある」って人もいるんじゃないですか。修学旅行で法隆寺に行った、とか。

国宝にも指定されているこの像が、飛鳥時代の作品であることを疑う美術史家は、まずいないでしょう。像と光背銘が一体のものとして作られたことも、たしかめられています（東野治之氏『日本古代金石文の研究』）。ならば、これが聖徳太子が亡くなった翌年の623年（推古31）ごろに書かれたことも、まず否定できません。同時代の史料ってことです。

で、その銘文には、この釈迦像が「法皇《ほうおう》」とたたえられた聖徳太子の身長にあわせて作られた——としるされています。太子と等身大の仏像なんですね。ということは、これによって太子の実在ばかりか、その身長まで知ることができるんだからスゴイですよね（座像ながら）。

話をもどしましょう。

推古天皇、聖徳太子、蘇我馬子です。

かんがえてみると、大切な時期によくぞ「最強のトリオ」がそろったナ、って気がしますね。3人とも、それぞれハンパなリーダーじゃありませんよ。

では、この3人を「核」にして何をなしとげることができたのか——といえば、おもなものは、つぎの4つでしょう。

「天皇」の誕生

その1。

隋の属国にならず、はじめてシナ王朝にたいして自立した外交をこころみました（遣隋使《けんずいし》）。それをダイレクトにしめすのが君主の称号。皇帝より下位で、しばしば家来をあらわす「王」をやめて、「天皇」をつかうようになった。608年（推古16）のこと（堀敏一氏『東アジアのなかの古代日本』、大津透氏、天皇の歴史『神話から歴史へ』ほか）。「天皇」の誕生です。

ということは、史上初の女帝である推古天皇は、同時にはじめての「天皇」でもあったことになりますね。

ちなみに、「天皇」号をたしかめることができる史料としてさまざまな議論があった天寿国繡帳銘《てんじゆこくしゅうちょうめい》について、やはり推古天皇の時代のものとしてよいとの意見が近ごろ提出されています（近藤有宜氏「天寿国繡帳の制作時期について」）。

その2。

国内面では、これまでの豪族層による民衆への一方的な「私的・個別的」支配にブレーキをかけ、国家じたいが民衆のくらしにも責任をおうべきとの「思想」があらわれました（「十七条憲法」）。「公民」制への萌芽《ほうが》です（「十七条憲法」の史料批判については吉川真司氏、シリーズ日本古代史③『飛鳥の都』など参照）。

この思想がじっさいの制度となるのは、もっとあと。大化《たいか》の改新《かいしん》（645年～）や白村江《はくすきのえ》の敗戦（663年）、壬申《じんしん》の乱《らん》（672年）などをへて、690年（持統4）の庚寅年籍《こういんねんじゃく》による全国規模の戸籍の作成を、ひとまず公民制確立のめやすとしてよいでしょう（これより前、670年の庚午《こうご》年籍を「最大の画期」とする見方もある。吉川氏「律令《りつりょう》体制の形成」）。

その3。

「天皇」の権威をよりたしかなものにし、「民」のくらしに責任をおうためには、中央の統治のしくみをととのえる必要があります。その点、この時代は①官司制のきざしがあらわれ（馬《うまの》官《つかさ》・寺司《てらのつかさ》・大椋官《おおくらのつかさ》など）、②じっさいに政治をおこなう宮殿（小《お》墾田宮《はりだのみや》）が整備され、③役人のランクづけがおこなわれる（冠位十二階）などのめざましい改革がありました。

のちの律令制にもとづく古代統一国家形成への「起点」をこの時代にもとめても、さほどマトはずれではないはず。

その４。

６世紀なかばに伝来した仏教《ぶっきょう》をさかんにしました（三宝興隆《さんぽうこうりゅう》の詔《みことのり》など）。『日本書紀』には当時、寺《てら》が46か所、僧《そう》が８１６人、尼《あま》が５６９人にまでふえていたと書いています（推古32年〈６２４〉９月条）。このころの僧や尼の人数をチェックするのはむずかしいですが、寺の数はほぼたしかな数字と見られています（森郁夫氏「太子建立７ヵ寺と推古朝46ヵ寺を探る」）。寺が46くらいもあったのなら、僧・尼の数もそれほど誇大な人数とは思えません。このころの仏教の隆盛はたしかな事実でしょう。

よく日本は宗教の面で寛大で、どんな宗教でもジャンジャン受けいれる――みたいなことを言う人がいます。でもどうでしょうか。

キリスト教徒はわずか１００万人足らずでしょう。イスラム教徒となると、ぐんとすくなくなりますよね。そとから入ってきて、日本の社会に広くいきわたり、根づいている宗教って、仏教くらいなものじゃありませんか。仏教がそういうふうに日本にうまく溶けこむきっかけは、やはり推古天皇の時代の仏教振興政策だったのではないのかな。

君主像の転換

以上の4点をながめて、こんなことが言えませんかねぇ。

このとき、わが国が直面していた切実な課題にたいして、かなりみごとにクリアーすることができたんじゃないか——と。

隋という大陸に登場した強大国と、どんな外交関係をむすび、内政面での刷新にも手をつけるのかどうか。ここでは、それが問われていました。そのことにキチンと解答をあたえたのが上記の4項だったと言っても、けっして言いすぎではないのでは。

とにかく推古天皇の時代は、あきらかにわが国の君主像の最大の「転機」だったでしょう。

まず対外的には、ハッキリとわが国の「自立」をしめす立場になります。

第1章でも見たように、5世紀の雄略天皇のときに、すでにシナ王朝への服属関係の「解消」をおこなっていました。でも、それは大陸が南朝と北朝に分裂し、王朝の交替がつづく混乱期だったので、海をへだてた利点を生かして、交渉をもたずにすますことができたからにすぎない——とも言えます。

大陸に強大な統一帝国が出現したらどうなるかは、じつは未知数でした。でも、推古天皇の時代にしっかり決着をつけたのです。もう2度と属国的な地位にはもどらない、と。

それが「天皇」登場の第一義的な意味でした。

じっさいに、こののち室町時代に前将軍《ぜんしょうぐん》の足利義満《あしかがよしみつ》がシナの明《みん》の皇帝から「王」に任命される（1402年）ようなことはあっても、君主である天皇がそうしたあつかいを受けたことは2度とありません。

つぎに国内面では、理念としては「民」と向きあおうとする君主へと、上昇をとげました。それまでは、豪族層をむすびつけ、その共同利益を代表する「並びなき中心」ではあっても、民衆までふくみこんだ統治の主体とは言いきれませんでした。それが、民衆もふくむ日本社会全体の利益、つまり「公《おおやけ》」を体現すべき立場へと、転換がここからスタートしました。

この転換がほぼゴールをむかえるのは、つぎの章であつかう天武天皇（673〜686年在位）の時代です。

さらに宗教について。在来の伝統的な「神道《しんとう》」のみならず、外来のあらたな「仏教」をも積極的にもり立てる姿勢が、あざやかに打ちだされました。

これまでの天皇について、『日本書紀』は「仏教を信じないで、文学と歴史書をこのんだ」（＝敏達天皇）とか、「仏教を信じ、神道も尊重した」（＝用明天皇）などと評しています。でも、天皇じしんが先頭にたって仏教をすすめようとしたのは推古天皇がはじめてですね（推古2年〈594〉2月条ほか）。もちろん、いっぽうで神道も大切にしています（推古15年〈607〉2月条）。あるいは仏教そのものも、けっして神道と対立する異質のものとは考えられていなかったわけですが。

「天皇の歴史」あらたなスタート

ただし、このころの仏教については、たんに「宗教」という角度だけから見ていてはいけないでしょうね。人々の視野そのもの、思考のワク組みそのものを、大きくひろげる役割もはたしたはずです。

それまでの特定の氏族とか地域といったワクのなかだけで人間をとらえるやり方にプラス、普遍的な軸でものごとを見る態度もおしえてくれたんじゃないでしょうか。

「十七条憲法」の第10条には、だいたいこんなカンジの一節があります。「人は意見が対立すると、相手は愚か者で自分は聖人であるかのように思ってしまうが、けっしてそんなことはない。相手も自分もともに平凡なふつうの人間にすぎないんだ」――と。ここには身分も家柄も関係なく、真理のまえには平等、みたいな人間観がかたられています。古代の文献に、こんな鋭いセリフがでてくると、ドキッとしちゃいますね。「こいつはスゲーや」って。

そうした視野の拡大が、豪族層による「私的・個別的」な支配を乗り越えた、国家による「公的・普遍的」な統治——というプランを用意した側面も、おそらくあったんだろうと思いますね。

そう考えると、このときの君主像の転換は、たんに当時の課題にうまくこたえたばかりでなく、その後もながく維持されるわが国の君主のありかたの「基本」をさだめたんじゃないでしょうか。

推古天皇を大きな節目《ふしめ》として、「天皇の歴史」はハッキリとあたらしいステージに足を踏みいれたんですね。あるいは、ここからが「天皇の歴史」の本当のスタートと言えるかも。だって、それまでは「天皇」という称号そのものがなかったんですから。

——ということで、つぎはいよいよ古代史上、最大の〝カリスマ〟といってよいでしょう、天武天皇です。

第4章

「日本」という国名のおこり　天武天皇

てんむてんのう【天武天皇】

●631?〜686・9・9

在位673・2・27〜686・9・9

大海人《おおあま》皇子・天渟中原瀛真人《あまのぬなはらおきのまひと》天皇と称する。舒明天皇の次男。母は宝皇女(皇極天皇)。天智天皇の皇太弟とされ、六七一年(天智一〇)天智が重病となり、後事を託そうとしたのを固辞し、出家して吉野に移った。天智の死後、翌年吉野をでて美濃に至り、ここを拠点として兵を集め、天智の子大友皇子を擁する近江朝廷軍と戦って、これを破った(壬申の乱)。乱後、飛鳥《あすかの》浄御原《きよみはら》宮で即位し、強大な皇権を背景に、中央集権的な国家の建設を進めた。とくに八色《やくさ》の姓《かばね》や新冠位制、位階昇進制度の制定により、豪族層の官人としての組織化をめざした。六八一年(天武一〇)には律令の編纂を命じ、皇后の鸕野讃良《うののさらら》皇女(持統天皇)との間に生まれた草壁《くさかべ》皇子を皇太子に立てた。また藤原京の建設を開始したと考えられるほか、複都制を志して都城建設の候補地を全国に求め、難波にも宮殿を造営した。

朝廷を武力でたおす

さきに天武天皇《てんむ》（40代）を「古代史上、最大のカリスマ」って言いました。なんでこの天皇はとびぬけたカリスマを身にまとうことになったのか？　と言えばもう、これしかありません。「壬申の乱《じんしんのらん》」に勝ったこと。

あ、それ知ってるよ、エート、たしか672年におきた――とか。年代のテストやってるんじゃありません。

年表だと、ほかのもろもろの事項とおなじたった1行の記事になってしまいます。でもこれはとてつもないことでした。

まさにわが国の歴史上、空前にして絶後、たった1回かぎりのものすごいできごと。

何がものすごいかって？　そりゃ、武力で朝廷をほろぼしたんですから。

「天皇暗殺」ってとんでもないことが、これ以前にありました。2度も。でも、それで国家の統治機関である「朝廷」そのものが打ち倒されたわけではありません。

こののち、武家《ぶけ》が権力をにぎる時代になったり、中央の政府機能がおとろえたような時代でも、朝廷が武力でたおされるようなことは、1度もありませんでした。

源頼朝《みなもとのよりとも》がはじめて鎌倉に幕府《ばくふ》をかまえたのも、当時の後鳥羽《ごとば》天皇（82代）から「征夷大将《せいいたいしょう》軍《ぐん》」に任命されてのことでした。天皇、朝廷を前提としての将軍であり、幕府だったのです。

承久《じょうきゅう》の変（1221年）で、後鳥羽上皇《じょうこう》たちが当時の鎌倉幕府の執権《しっけん》、北条《ほうじょう》義時《よしとき》を討《う》とうとして兵をあげ、あえなく敗退した時も、上皇たちは隠岐《おき》や佐渡《さど》などにうつされましたが、京都の朝廷そのものは安泰だったのです（第7章参照）。

でも壬申の乱はちがいます。

朝廷そのものが潰滅《かいめつ》してしまったのです。

くり返しますが、こんなことは日本の歴史上、まったく類例がありません。たった1度だけの、とてつもない大事件でした。ただ672年という年代をおぼえてればいいって、そんなできごとではないのです。

この史上に例のない、武力による朝廷打倒をやってのけた人物こそ、ほかでもない大海人皇子《おおあまのみこ》、のちの天武天皇その人でした。ハンパじゃないカリスマを身につけたのも、当然ですよね。

なので、この天皇について語ろうとする場合、どうしても壬申の乱から話をはじめるほかありません。名前と年代だけは知ってるって人がおおい、この乱ってそもそもどんなだったのか――ここからスタートです。

古代最大の内乱

壬申の乱は古代史上、もっとも大がかりな内乱でした。

期間は大海人皇子が具体的な動きをみせてから、およそ1か月。兵力の動員は、今の山梨・長野から福岡方面にわたる広い範囲が、呼びかけの対象になっています。じっさいに動員された兵士の実数はわかりません。でも双方に「数万」といった数字が見えています。これが多少オーバーな数字だったとしても、かなり大規模な兵力がぶつかり合ったことは事実でしょう。なにしろ朝廷の存亡をかけた戦いですから。

『日本書紀《にほんしょき》』におけるこの乱のあつかいかたが、ふつうではありません。『書紀』は全30巻。1、2巻は「神代《かみよ》」の巻《まき》で、神話をおさめています。3巻が初代の神武《じんむ》天皇をあつかい、以下30巻までの28巻で合計40人の天皇の記事をのせます。だから、1人の天皇で1巻を原則としながら、何巻かは複数の天皇をおさめています。

具体的には、4巻に8人、7・12・13・18・21巻にそれぞれ2人、15巻に3人の天皇がおさめられています（9巻だけは以前のべたように神功《じんぐう》皇后にあてられている）。

ところが、天武天皇だけは1人で2巻（28・29巻）。しかも28巻は1巻まるごと壬申の乱の記事にあてられています（なので「壬申紀《じんしんき》」と呼ばれたりする）。672年のエトは「壬申《じんしん》」（みずのえさる）なので、この年に起こった内乱を「壬申の乱」と呼んでいますが、この1年だけで『書紀』はまるまる1巻あてているんです。まさに破格のあつかいと言うしかありません。

『日本書紀』をまとめたスタッフのトップが天武天皇の子の舎人親王《とねりしんのう》。完成した時の君主は天武天皇の孫の元正《げんしょう》天皇（44代）でした。

さらに、編修期間中もずっと天武天皇の皇后（持統《じとう》天皇）とか、つながりの深い君主（文武《もんむ》天皇・元明《げんめい》天皇）ばかり。だから、天武天皇の事績はとくにクローズアップされたでしょうし、壬申の乱もいきおい大きくあつかわれることになったにちがいありません。

でも、ただそうした事情だけでなく、やっぱりこの内乱は、古代統一国家の確立のうえで決してちいさくない意義をもっていたからこそ、正史《せいし》（国家の正式な歴史書）である『書紀』にここまで特筆大書《とくひつたいしょ》されたのではありませんか。そうそうプライベートな理由だけで記事のあつかいを変更していては、かえって歴史書としての信頼をそこないますから。

なにしろ壬申の乱は、さっきものべたように、前代未聞《ぜんだいみもん》でこのあとも2度とない大変なできごとだったんで、1巻まるごとあてててもバチはあたらないでしょう。

では、どうしてこんな大がかりな内乱がおきることになったのか？　そこから見ていきましょう。

皇位は大海人皇子へ？

大海人皇子の兄、天智《てんじ》天皇（38代／661〜671年称制・在位）は671年（天智10）9

月、病《やまい》にふせってしまいます。

天智天皇って知ってますよね。中大兄皇子《なかのおおえのみこ》です。あの中臣鎌足《なかとみのかまたり》といっしょに蘇我入鹿《そがのいるか》をころし、蘇我本宗家《ほんそうけ》をほろぼし、大化《たいか》の改新《かいしん》をおしすすめた…。孝徳《こうとく》天皇（36代）、斉明《さいめい》天皇（37代）のあと、７年間、天皇にならないまま政務をとり（これを「称制」という）、天皇としては４年間、在位しました。

おもな事績はつぎのとおり。

白村江《はくすきのえ》の敗戦（６６３年）のあと、みやこを近江《おうみ》の大津《おおつ》（滋賀県大津市）にうつしたこと（６６７年）。「庚午年籍《こうごねんじゃく》」とよばれるわが国で最初の全国的な戸籍をつくったこと（６７０年）。やはり日本ではじめての令《りょう》である「近江令」をまとめたこと（６７１年）――など。

どれもすぐれた見識とつよい指導力がなければできない画期的な事績ばかりです。天智天皇が卓越したリーダーだったことは、うたがいありません。

しかし、さすがの天智天皇も病気には勝てません。もう余命いくばくもないのをさとります。そこで後事を託すため、弟の大海人皇子を病床によび、こう言いました。

「私の病はおもい。皇位はそなたに譲りたい」――と。

６７１年（天智10）10月17日のことです。

じっさい、このとき、後継候補としては大海人皇子以外、かんがえがたい状況でした。

まず、血筋の面では言うことなし。父は舒明《じょめい》天皇、母は皇極《こうぎょく》・斉明天皇。つまり両親とも天皇で、現帝たる天智天皇の同母弟。だから、まさに100点満点の血統。

年齢も、生年が史料上ハッキリしないものの、天智天皇の数歳下とみられ、40歳以上だったらしい。よって、この点でもオーライ。

さらにこのころ、皇位の継承について、同一世代内の「兄弟継承」の慣行があったので、兄のあとを弟の大海人皇子がつぐのは、ごく自然。

キャリアのうえでも、孝徳天皇の時代から長年、兄の天智天皇と行動をともにし、天智天皇の時代にはいると、おもい責務をになっています。天智天皇の皇子、大友皇子《おおとものみこ》が「太政《おおきまつりごと》大臣《のおおまえつきみ》」に就任した（671年）からといって、大海人皇子が政権から疎外《そがい》されたりしていません。

いっぽう、壬申の乱で大海人皇子と敵対することになった大友皇子はどうか？　と言えば、ハッキリ言って、とても皇位継承のメなんてありませんでした。

母親が地方豪族のむすめで血統的にムリ。年齢も648年生まれだから、数えで25歳。容貌、体格にすぐれ、博識で才能にめぐまれ、帰化系の学者との交流もさかんだったようだが（『懐《かい》風藻《ふうそう》』）、経歴としてはいきなり「太政大臣」についたばかり。とても次代の天皇につくなんてありえません。

では、天智天皇の申し出に大海人皇子は何とこたえたか？

天智天皇の「本心」

「残念ながら、このところ病気がちで、とても天皇なんてつとまりません。どうか皇位は大后《おお》の倭姫王《やまとひめのおおきみ》にお譲りください。政務は大友皇子におまかせになればよろしい。私めは出家して、天皇のご病気平癒《へいゆ》のために修行《しゅぎょう》いたします」

これが大海人皇子の回答でした。

ポイントは3つ。

1つは、皇位は辞退するということ。

2つは、つぎの天皇は倭姫王がふさわしい。

3つは、政務は大友皇子が担当。

まず、3番目から見ていきましょう。

当面、大友皇子の即位はありえない。それは大海人皇子だけの考えではなく、天智天皇もおなじ見方だったでしょう。さらに朝廷につどう豪族たちも。

だから、この年の1月に「太政大臣」になった大友皇子は、政務をつかさどればいい。これは誰からも異議のでない提案でしょう。

では2番目はどうなのか？　これも、「大后」が皇統につながっていれば、天皇になるのは、すでに推古天皇（33代、敏達《びだつ》天皇の大后）、皇極・斉明天皇（舒明天皇の大后）の前例があります。とくに問題視される提案ではありません。

ただし、大海人皇子が天皇にならないのであれば——という条件つきで。

かくて問題となるのは1番目です。何故、大海人皇子は皇位継承を辞退してしまったのか？　それが問われなくてはなりません。

これについての、これまでの一般的な説明は、こんなカンジでした。

天智天皇は「本心」では、わが子、大友皇子への皇位継承をのぞんでいた。そこで大海人皇子にカマをかけて、もし皇位への野望をのぞかせたら、その場で殺してしまう陰謀をくわだてていた。だが、大海人皇子に心をよせる人物（蘇賀安麻侶《そがのやすまろ》）がそのヒントを耳うちしてくれたので、首尾よく辞退してピンチをまぬかれた——と。

でも、それはヘンです。

さっきも触れたように、この場面での大友皇子の皇位継承は、どう考えてもありえません。そんなことは百戦錬磨《ひゃくせんれんま》の天智天皇には自明もいいところ。わが子かわいさのあまり目がくらんだなんて。タチの悪いジョークにもなりません。

『日本書紀』を見ても、そんな陰謀が「あった」なんてどこにも書いていません。28巻（壬申紀）には、大海人皇子が陰謀が「あるかもしれない」とうたがって、慎重にかまえたとするすだけです。27巻（天智天皇紀）にもおなじ場面の描写がありますが、こちらは陰謀にはまったく触れていません。両方の記事全体をこまかくくらべると、27巻のほうがより古い史料をもとにしていたことが、うかがえます。

天智天皇は本気で皇位を大海人皇子にゆずるつもりだったと見るべきでしょう。

でも、そうすると何故、辞退したのか？

ますます不可解です。はたして――

首謀者は持統天皇？

ちかごろは、ビックリするような意見もあります。壬申の乱の首謀者はのちの持統天皇（41代）、つまり天武天皇の皇后の鸕野讃良皇女《うののさららのひめみこ》だった！　と言うのです。こんな見方です（倉本一宏氏『壬申の乱』）。

天智天皇と大海人皇子の皇位継承のプランは、それほどちがっていない。

①大海人皇子が即位→葛野王《かどののおおきみ》（大友皇子と、大海人皇子のむすめ十市皇女《とおちのひめみこ》の子）が即位

②大海人皇子が即位→大津皇子《おおつのみこ》（大海人皇子と、天智天皇のむすめ大田皇女《おおたのひめみこ》の子）が即位

③大海人皇子が即位→草壁皇子《くさかべのみこ》（天武天皇と、天智天皇のむすめ鸕野讃良皇女の子）が即位

④大海人皇子が即位↓鸕野讃良皇女が即位↓草壁皇子が即位

これらの4つしか可能性はない。どうころんでも、天智天皇と大海人皇子の両者の血を（男系か女系かで）ついだ皇族に皇位がわたることに、かわりはなかった。だから、ほんらいどっちも異論はなかったはずなのに、事態がもつれることになる。

それは、鸕野讃良皇女が、自分の子（草壁皇子）が皇位からはずれる①・②のプランをつぶし、自分の子に皇位をつたえる③・④だけを残したかったからだ。

と主張するのです。こんなぐあいに。

「鸕野にとって、大友を倒し、同時に草壁の優位性を確立し、さらには大津を危険にさらすための手段として選ばれたのが、武力によって近江朝廷を壊滅させること、そしてその戦乱に自身と草壁をできるだけ安全に参加させることであった」（倉本氏）――と。

思わず「ホントかよー」とツッコミたくなりませんか。

遠慮なく言ってしまうと、よほど戦争とか内乱を〝甘く〟見ているか、それとも女性というのはわが子のためなら何でもやってしまう！的な偏見をつよくもっているか、あるいはその両方かも――という印象をうけてしまいました。

「大友を倒し」と何げなくおっしゃるが、それは結果を知っているから言えることでしょう。壬申の乱がはじまるまえの時点で、近江朝廷全体を敵にまわして、たしかに勝てる保証なんてどこにもないわけです。というより、事態の展開をくわしく見ると、大海人皇子側が敗《ま》けていてもおかしくなかった局面が、いくつもあります。

もし敗けたらどうなるか？　「草壁の優位性を確立」どころか、①〜④すべてにあった夫、大海人皇子の即位がふっとぶだけでなく、その命の安全さえあやぶまれるんですよ。草壁皇子の命だって、「できるだけ安全に」なんて口で言うのはたやすいですが、当然ながら、どうなるかわかったものではありません。

「大津を危険にさらすための手段として」対朝廷戦争をおっ始めてしまう、というのもスゴイ話ですねー。で、自分たちは絶対に「危険にさら」されないとでも？

本心が読めない

くり返しますが、壬申の乱に100パーセント勝てる保証なんて、当たりまえながら、どこにもありません。たとえ運よく勝てたとしても、草壁皇子が大津皇子にたいして「優位性を確立」できるなんてことと、もちろん何の関係もありません。

氏の見方では、何もなければ大海人皇子の即位はまず動かないんです。であれば、夫の大海人皇子をつつがなく皇位につけることが先決ではありませんか。草壁皇子の即位について算段するのは、それからでもおそくありません。ほっておいても、4つのプランのうちの半分（③、

④）は草壁皇子に皇位がまわってくるはずなんですから。打つ手はいくらでもあるでしょう。

なのにイチかバチかの戦争に踏みきるなんて。

そんなワリにあわない、おろかなことを、鸕野讃良皇女はくわだてたのでしょうか？　それに大海人皇子は無分別にのっかったのでしょうか？　そんな理由で古代史上、最大の内乱がおこり、近江朝廷がほろんだのでしょうか？

——私には、そんなことはとても信じられません。

ではもう1度。大海人皇子は何故、皇位をゆずろうという天智天皇の申し出を素直にうけなかったのか？　この問いにもどりましょう。

私はふつうに天智天皇の「本心」が読みきれなかったからだと思いますね。大海人皇子だって神さまじゃありません。

長年、天智天皇のすぐそばにいただけに、兄がいかに政治指導者としてすぐれているかは、肌身《はだみ》に感じていたはず。すぐれたリーダーは、時には非情に徹しなければならないことも、よくわかっていたでしょう。

大化の改新の開始を決定づけた蘇我入鹿殺害の時も、みなが二の足をふんでいるなかで、率《そっ》先《せん》して入鹿に斬りつけたのは、ほかならぬ中大兄皇子つまり天智天皇その人でした。

それよりも、大海人皇子の念頭をはなれなかったのは、天智天皇・大海人皇子にとって異母兄であった古人大兄皇子《ふるひとのおおえのみこ》の運命でしょう。

古人大兄皇子は、母が蘇我馬子《うまこ》のむすめで、入鹿が皇極天皇のつぎの天皇にしようともくろんでいた人物です。入鹿が殺害され、皇極天皇が皇位をしりぞいたあと、即位前の孝徳天皇らから即位をすすめられます。ですが、身の危険をかんじて辞退。はやばやと出家し、吉野《よしの》（奈良県）の山中にこもっていたのですが、「謀反《むほん》」をくわだてたとして「若干《じゃっかん》」（一説に「30人」）の兵士を送られ、殺されてしまいました……。

まだ天智天皇は存命中です。その場で、すぐ即位の意思を表明する必要は、さしあたりありません。ならば、ひとまず辞退して（それが礼儀にもかなっていますし）、おもむろに兄の「本心」をさぐってもおそくない――と判断したんじゃないですか。

「直系」継承をめざす

ここで1本、補助線を引いてみましょうか。

それは――天智天皇が、どうやら皇位継承のあり方の変更を考えていたらしい、ということです。

「らしい」って、すこしあいまいなんですが。

これまでの皇位の継承では、さきほども述べたように「兄弟継承」がふつうでした。

継体《けいたい》天皇以降について見ても、安閑《あんかん》天皇から欽明《きんめい》天皇まで（27〜29代）は兄弟ですし、敏達天皇から推古《すいこ》天皇（30〜33代）もおなじく（推古天皇はもちろん姉妹ですが）。舒明天皇（34代）をとばして、皇極・斉明天皇と孝徳天皇（35〜37代）が姉弟ですね。

だからさきにも言ったように、天智天皇のつぎに弟の大海人皇子が皇位につくのが、当時の慣行としてはもっとも自然だったわけです。

でも、天智天皇はその生涯をつうじて多くの改革を手がけてきた人です。皇位継承のあり方についても、見直しを考えていて当然なのです。

では、どんな見直しかと言えば、皇位を親からその子や孫につたえる「直系継承《ちょっけいけいしょう》」の確立です。

「兄弟継承」は、天皇への即位が一定の年齢（30歳とか）に達していなければならないという条件を前提とすれば、まことにやむをえないことでした。平均寿命が長くないころです。天皇が亡《な》くなった時、その子がしっかりその年齢になっているケースは、かならずしも多くないでしょうから。

でも、本当は「直系継承」のほうがいいに決まっています。何故かって？　そりゃあ、「兄弟継承」の場合、皇位をうけつぐ血統が〝複数〟生まれかねません。そうすると「皇統」の分裂をまねきますからね。のちの「大覚寺統《だいかくじとう》」（90代亀山《かめやま》天皇、91代後宇多《ごうだ》天皇、94代後二条《ごにじょう》天皇↓南朝へ）と「持明院統《じみょういんとう》」（89代後深草《ごふかくさ》天皇、92代伏見《ふしみ》天皇、93代後伏見《ごふしみ》天皇、95代花園《はなぞの》天皇↓北朝へ）の対立なんか、その典型例です。

だから、じつはすでに6世紀にも「兄弟継承」を支えとした「直系継承」がおこなわれていたんだ——という意見もあります。皇女を母にもつ天皇だけが「直系」として子孫にまで皇位を継承させることができ、豪族のむすめを母にもつ天皇は「傍系《ぼうけい》」として1代かぎりだった、と（河内祥輔氏『古代政治史における天皇制の論理』）。

とにかく、兄弟姉妹による「傍系」継承をすべてなくすのは（子がいない場合もあるので）ムリでも、「直系」優先の原則をハッキリ立てないと、分裂と対立のワダチにはまりこんじゃいます。

そう考えると、天智天皇が「直系継承」のルール化をめざしていても、おかしくありません——何よりそのことを示唆《しさ》する材料があるんです。

「不改《ふかい》の常典《じょうてん》」がそれです——。

「不改の常典」とは

「不改の常典」というのは、『続日本紀《しょくにほんぎ》』におさめる元明天皇の即位の宣命《せんみょう》（慶雲4年7月17日条）などに、天智天皇がさだめた「法」として言及されています。

これまで、この「法」をめぐって、じつにさまざまな意見がだされています（新日本古典文学大系本「補注」ほか）。

ここでは、くわしい議論には立ちいらないけど、もともとの中身は、こんなカンジかな、と思っています。

――天智天皇は、がんらい「直系」主義がのぞましいと考えていた。だが、（倭姫王に子が生まれないまま）思いもよらず病床にふし、余命があまりないのをさとって、ムリをせず弟の大海人皇子に皇位をゆずる「傍系」継承を現実的方策としてえらぶ。ところが、大海人皇子の辞退に直面。この上は、あるべきプランとして直系継承への方向性をさぐろうと思いさだめる。そこで大友皇子をはじめ、朝廷の首脳部をあつめて、のぞましい皇位継承の「原則」をしめし、全員にそれにしたがうことを誓約させた（『日本書紀』天智10年〈671〉11月23日条）。この時だされた「詔《みことのり》」が、「不改の常典」の「法」の実体であろう、と。

ただし具体的には、いくら「直系」でも大友皇子は血統的にキツいので、さらにその子の葛野王（母は皇女、天智天皇にとっては孫）への皇位継承をめざし、成長するまでの「中継ぎ」として倭姫王を女帝《じょてい》に立てるようなプランあたりが、おそらく現実的だったでしょう。大友皇子じしんも、もし「詔」にたがえば「天罰」をこうむるだろうと、ほかの「大臣」たちといっしょに誓約させられているので、本人の皇位継承は予定されていなかったはずです。

——とまぁ、補助線が長くなりましたが、天智天皇はもともと「直系」主義をのぞんでいたと見てよいでしょう。

そのことは大海人皇子も知っていたはず。ならば、「傍系」継承になる自分の即位をすすめられても、二つ返事でそれをうけるわけにはいかないでしょうね。大海人皇子じしんも、「直系」主義そのものには賛成だったでしょうし。

そのほか、『藤氏家伝《とうしかでん》』（上巻・鎌足伝）には天智天皇と大海人皇子が酒の席でひともんちゃくあった記事があります。また、『万葉集』におさめる和歌などから、額田王《ぬかたのおおきみ》をめぐり、天智天皇と大海人皇子のあいだに不和があったのでは、などと想像する人もいました。

でも、それらはどれだけ信用してよいやら。あまり重視はできないでしょう。

やはり大切なのは、「直系」継承をのぞんでいたはずの天智天皇の申し出にたいし、その「本心」を読みきれなかった——ってこと。大海人皇子も政治的センスがあるだけに、かんたんには誘《さそ》いにのれなかったんでしょう。

——でもその結果として、天智天皇が亡くなったあと、大友皇子ひきいる近江朝廷への一方的な不信と被害妄想を増大させ、ついに壬申の乱をひきおこすことになってしまいます。皮肉なことですが。

「亡国」への不安はつづいていた

……て言うか、「悲劇」以外の何ものでもありませんね。

だって、誰もこんな骨肉《こつにく》の殺し合いも、未曾有《みぞう》の大乱も、のぞみもしなければ、予想さえしていなかったのですから。

たとえネズミ（弱者）でも、とことん追いつめられると、かえってネコ（強者）にだって反撃する——という意味の「窮鼠猫《きゅうそねこ》を嚙《か》む」ってコトワザがありますね。壬申の乱の原因は、つきつめて言うと、このコトワザのような状況だったってことじゃないでしょうか。

ただし、それはあくまで大海人皇子という「ネズミ」の主観においては、ってことにすぎませんが。

こういうことです。

わずかの者だけをつれて吉野の山中にはいった大海人皇子。軍事力なんて皆無にひとしい。じっと息をこらして天智天皇側の出方をうかがっていたにちがいありません。

ところがハッキリ言って、近江朝廷サイドはもう、大海人皇子のことなどほとんど眼中になかったでしょう。

しかも、ほどなく天智天皇が亡くなってしまいます。

当時は、天皇が亡くなってから陵《みささぎ》に埋葬されるまで、モガリ（殯）が国家的儀礼として、長い期間いとなまれていました。だいたい数か月から、場合によっては数年にもおよびます。遺《い》骸《がい》を殯宮《もがりのみや》（喪屋）に安置して、その前で誄《しのびごと》（死者をいたみ、生前の功績をたたえる言葉）や歌舞の奏上などがおこなわれます。

朝廷はそのモガリの期間にはいったのです。

さらに、より切実だったのは、このころのわが国は、白村江の敗戦以来の対外緊張から、いまだ解放されていなかったことです。

この年も、朝鮮半島で対立をふかめる唐《とう》と新羅《しらぎ》それぞれの使者が、くり返しわが国を訪れています。ともに自国の側に立って日本が参戦してほしいと求める使者だったはずです。とくに唐の郭務悰《かくむそう》は、わが国の捕虜など2000人をひきつれて11月（大海人皇子が吉野にはいった翌月）に来日し、そのまま翌年の5月（壬申の乱がおこる前月）まで滞在しています。

朝廷にとって当時、最優先の政治課題はこれら両国（とくに唐）の参戦要求にいかに対処するか以外になかったでしょう。一歩、対応をあやまれば、けっして誇張でなく「亡国」をむかえるかもしれなかったわけですから。

こうした大状況のなかで、いかに有力な皇族とはいえ、吉野の山中に孤立した大海人皇子のことをいちいち気にかけているような余裕は、近江朝廷にはなかった――というのが当時のいつわらざる実情でしょう。なにしろネコ対ネズミどころかノミくらいの実力差、というのがふつうの認識だったはずですから。

でも、双方の力量差が自覚されていればこそ、大海人皇子サイドは朝廷側の動向に全神経をとがらせていたにちがいありません。その結果——

どっちも戦乱のぞまず

天智天皇の陵をつくるために徴発された岐阜・愛知方面の人夫が手に武器をもっていて、じつは吉野攻撃軍なのかもしれない——といった疑心暗鬼《ぎしんあんき》がうまれ、「やられる前にやらなくては」という弱者側がおちいりやすい心理から、大海人皇子が兵をあげることになります（672年6月22日)。

これに対し、近江朝廷サイドはもうビックリ仰天《ぎょうてん》。

『日本書紀』にはそのうろたえぶりが——

「朝廷の群臣はみなおどろき、大津の都中《みやこじゅう》の人々が動揺した。ある者はのがれて東国に入ろうとし、ある者は山や沢にかくれようとした」

——と描写されています。

強者の側にしては、何ともぶざまなうろたえぶりです。大海人皇子の挙兵など、まったく予想していなかった証拠でしょう。そのうえ、朝廷の頂点に位置すべき天皇が不在だったことも、不安を拡大したにちがいありません。さらに、先帝の弟であった大海人皇子の勇名が、やはりイザとなったら威力を発揮したという側面も無視できません。

このあとの朝廷側のおせじにも機敏とも的確とも言えない動きを見ても、大海人皇子への攻撃など何の計画も準備もなかったことが歴然としています。

では、大海人皇子のほうは朝廷攻撃の事前の入念な用意があったのでしょうか。とてもそうは思えません。なにしろ吉野からの出発にあたって馬一頭の準備もなく、最初は大海人皇子本人さえテクテク歩いて出発したくらいですから。あるいは、6月22日に軍兵をつのる使者を派遣しながら、その2日後にはその使者を召しかえそうとブレてみたりとか。こちらも、とても計画的な挙兵などとは言えません（田中卓氏「壬申の乱の開始」）。

かくて——大海人皇子も近江朝廷も、どちらも壬申の乱のような戦乱をのぞみもしなければ、計画も準備もしていなかったとしか考えられません。そもそも大海人皇子に、皇位への執着がどれほどあったかさえ、疑問でしょう。

だが、乱はおきてしまいました。そのため、おびただしい犠牲がでました。朝廷そのものも覆滅《ふくめつ》してしまいました。まさしく悲劇と言うしかありません。

しかし、この悲劇がかえって古代統一国家の確立をおしすすめる結果につながります。これも歴史のアイロニーでしょうか。

でも、その話題にうつる前に、いくつか言及しておきたいことがあります。

「弘文天皇」の即位はあったか?

そのひとつは、大友皇子は即位していたのか——ということです。

と言っても、ここまで読んでいただいた人には、あらためて説明するまでもないでしょう。

「当然、即位していたはずがない」

——これがこたえです。

でも、わざわざこんな話をムシかえすのには理由があります。

それは現在の皇室の系譜(皇統譜《こうとうふ》)では、大友皇子は「天皇」とされているからです。

「39代弘文《こうぶん》天皇」——

というのが、皇統譜のうえでのあつかいです。

明治3年(1870)に、「47代淳仁《じゅんにん》天皇」「85代仲恭《ちゅうきょう》天皇」とともに、あらたに歴代の天皇のなかにくわえられました。

ついでに言えば、「98代長慶《ちょうけい》天皇」も大正15年(1926)に皇統譜にくわえられています。

大友皇子以外については、学問上もその即位をうたがう必要はないでしょう。問題は唯一、大友皇子のケースです。

即位をうらづけるたしかな根拠はありません。後代の『扶桑略記《ふそうりゃくき》』や『水鏡《みずかがみ》』などの記事がよりどころとされていますが、とても十分、信用できる文献ではありません。それらを根拠にできるのなら、神功皇后《じんぐうこうごう》や飯豊青皇女《いいとよあおのひめみこ》なども、みんな「天皇」になってしまいます（第3章参照）。むしろ「神功天皇」をみとめる『日本年代記《にほんねんだいき》』（王年代記）さえ、「天智天皇、次は天武天皇」として大友皇子の即位を否認している事実に目を向けるべきでしょう。

さきにのべたように、この場面で大友皇子の即位はありえません。可能性としては倭姫王の即位でしょうが、そのことをしめす史料はなく、そのような想定もムリです。

そもそも壬申の乱の敗北にさいし、近江朝廷側の最高指揮官だった大友皇子は、みずから首をくって死んでいますが、大海人皇子軍では、その首をはねてもちかえり、大海人皇子のまえに献じています。

もし大友皇子が即位して天皇になっていたら、いくらなんでも、こんなあつかいはしなかったんじゃないですか。もし万一、前線の兵がいきおいで、わけもわからずそうしたふるまいをしても、それをことさら正史である『日本書紀』の記事にするようなことは、つつしんだのでは。

このころ、先帝が亡くなったあとのモガリの期間など、即位しないで政務をみる「称制」が何年もおこなわれていた事実もわすれてはならないでしょう（天智天皇が7年、持統天皇が4

年の称制）。

さらに、壬申の乱がおこったのは、『書紀』が完成する50年たらずまえのこと。父母や祖父母の世代の見聞をとおして、まだ人々の記憶にあたらしいできごとだったはずです。いまの時代にあてはめると、「60年安保」よりあたらしいできごとです。当時、岸信介《きしのぶすけ》首相のあと池田《いけだ》勇人《はやと》が首相に就任した事実をかくすような歴史書をかいても、誰も相手にしないでしょう。

壬申の乱当時、大友皇子がすでに即位していながら、『書紀』の記事ではそのことに触れなかったなどと、とうてい想像できません。

もちろん、私はひとりの日本国民として、皇統譜を尊重するにやぶさかではありません。ですが、研究者としての見地から言えば、以上のようになります。

伊勢神宮から「神風」

壬申の乱のくわしい経過は省略します。ただ、大海人皇子側がいかに悲壮な覚悟でたたかいにのぞんだか、2つのエピソードがよくしめしています。それだけは紹介しておきましょう。

ひとつは、大海人皇子が挙兵から4日後、今の三重県朝明川《あさけがわ》のほとりで戦勝をいのって、皇《こう》祖《そ》・天照大神《あまてらすおおみかみ》をまつる伊勢神宮《いせじんぐう》（三重県伊勢市）を遥拝《ようはい》（遠くから拝礼すること）したことです。

このことは、乱に従軍した舎人《とねり》（近侍官《きんじかん》）の安斗智徳《あとのちとこ》の「日記」にでてくる事実です。『日本書紀』はこの日記をもとに記事をかいています（6月26日）。

大海人皇子の切羽《せっぱ》つまった思いがつたわってきますね。

しかも『万葉集《まんようしゅう》』におさめる柿本人麻呂《かきのもとのひとまろ》の長歌の一節《いっせつ》には――

度会《わたらい》の　斎《いっ》きの宮《みや》（伊勢神宮）ゆ　神風《かむかぜ》に　い吹《ぶ》き惑《まと》はし
天雲《あまくも》を　日の目も見せず　常闇《とこやみ》に　覆《おお》ひたまいて

――とうたわれています（巻2、199番歌）。

乱のさなか、不思議なことに伊勢神宮方面から朝廷軍に強風が「神風」となって吹きつけて混乱させ、あつい雲が太陽をおおいかくして地上に闇をもたらし、朝廷軍をさらに不安におとしいれて、大海人皇子軍の勝利に絶大な〝神の助け〟があった――というのです。

この歌は、壬申の乱からわずか24年ほどのちの作品です。ですから、じっさい大海人皇子軍に〝神の助け〟と感じさせる何かがあったのでしょう。

まぁ、この乱がおこったのは太陽暦では7月下旬から1か月ほどのあいだです。だから、そのあいだに台風があってもおかしくないんですね。それがたまたま朝廷軍に不利に働いたのか、結果的に大海人皇子軍が勝ったので〝神の助け〟と受けとめられたのか――というのが実態だったかもしれません。

だが実情はどうあれ、大海人皇子が伊勢神宮を遥拝し、これにこたえるかのように神宮方面から強風がおこって、ネコ対ノミのたたかいのようにも思えた壬申の乱にみごと勝つことができた事実は、否定できません。であれば、困難なたたかいに従軍した当事者のあいだに〝神の助け〟が実感されても、決しておかしくないでしょう。また、大海人皇子がそうした皇祖神の特別な加護《かご》をこうむるにふさわしい卓越したリーダーとあおがれるのも、ごく自然なことだったでしょう。

大海人皇子は、この時の伊勢神宮の〝助け〟にむくいるために「式年遷宮《しきねんせんぐう》」を思いたちます（『二所太神宮例文《にしょだいじんぐうれいぶみ》』）。20年をきまった年（式年）として、神宮の建物《たてもの》をあたらしく建てかえる（遷宮）きまりです。６８５年（天武14）に制度化され、実施されたのは持統天皇の時代でした（『太神宮諸雑事記《だいじんぐうしょぞうじき》』、菟田俊彦氏『考証伊勢大神宮史』、岡田荘司氏「古代の遷宮」）。

ちなみにこの神宮の式年遷宮は、その後、戦国時代に１００年あまり中断しますが（第8章参照）、やがて復活し、今もつづいています。次回は平成25年（２０１３）に第62回式年遷宮が予定されています。

トラのごとし

もうひとつのエピソードは、乱の最中、神がかりする人物があらわれたことです。

神がかりしたのは、げんざいの橿原《かしはら》市方面の豪族だった高市許《たけちのこ》梅《め》。7月4日から3日間、ものが言えなくなったかと思うと、7日に「事代主神《ことしろぬしのかみ》」(橿原市の高市御県坐鴨事代主《たけちのみあがたにますかもことしろぬし》神社にまつられる神)と「生霊神《いくみたまのかみ》」(同市の牟《む》佐坐《さにます》神社にまつられる神)の託宣《たくせん》をのべました。

そのポイントは橿原市にある初代の神武天皇の陵にたてまつりものをせよ――ということ。そうすれば、われわれは軍中にあってまもろう、というのです。

ここにでてくる神武天皇の陵(『日本書紀』の記事では「神日本磐余彦天皇《かむやまといわれびこのすめらみこと》の陵」)というのは、いま宮内庁が管理しているものとべつと見る必要はないでしょう(春成秀爾氏「神武陵はいつつくられたか」、山田邦和氏「始祖王陵としての『神武陵』」、拙著『歴史から見た日本文明』)。

皇祖・天照大神への遥拝につづき、初代・神武天皇へのたてまつりものの要請が、神託《しんたく》としてしめされたわけです。このことも、大海人皇子軍にくわわった人たちに、このたたかいが容易でないことが深く自覚されていたことのあらわれでしょう。

――が、結果は途中に苦戦もあったものの、大海人皇子側の圧倒的な勝利におわりました。ネコ対ネズミどころか、じつはネコ対トラだった、というカンジですね。

じっさい、大海人皇子側をトラと表現する史料がいくつもあります。たとえば、さきに紹介した柿本人麻呂の長歌には、大海人皇子軍がいさましく吹きならしていた角笛《つのぶえ》の音について、

敵《あた》見たる　虎か吼《ほ》ゆると

——と表現し、「敵」の近江朝廷軍は、その音にトラが吼えている声のようにおびえていたと、つたえています。

あるいは『古事記《こじき》』の「序文」(じつは上表文《じょうひょうぶん》)にも壬申の乱の描写があって、大海人皇子方について、その威風堂々《いふうどうどう》ぶりを、

虎のごとく歩みたまひき。

——としるしています。

さらに大海人皇子が皇位継承の申し出を辞退して吉野にはいった時、それを見送った近江朝廷側の誰かが、つぎのように述べたと『日本書紀』はつたえています。

虎に翼をつけて放《はな》てり。

——と。大海人皇子を吉野においやったのは、ただでさえ強く危険なトラに、さらに「翼」をつけてはなったようなもので、あぶないことこの上ない、とかたったと言うのです。

だが、これらは、壬申の乱で大海人皇子が勝利を得たからこそ生まれた表現でしょう。『書紀』に書かれた誰だかわからない人物の発言も、そのままその時点の事実だったとは、たやすく信用できませんね。

だが勝利後、大海人皇子はあきらかに日本には生息していなかった猛獣のトラのイメージでとらえられるようになったようです。「窮鼠」がトラになった——のは何故でしょう。

どうして壬申の乱に勝てたのか？

なぜ勝てたか

大海人皇子の勝因について、具体的にはさまざまなことが言えるでしょう。

おもなものをザッとあげてみても——

大海人皇子側がいちはやく、いまの岐阜方面にあったみずからの経済拠点（湯沐《とうもく》）に使いをだして、基礎兵力を確保するいっぽう、朝廷側の兵の動員を阻害すべく交通路を遮断したり、愛知方面の「2万」もの兵を吸収できたのにたいし……

近江朝廷側は中部地方ばかりか、九州・中国方面での兵力動員にも失敗。最高指導部に内紛が生じ、「数万」の兵をひきいた皇族（山部王《やまべのおおきみ》）がころされ、高官（蘇賀果安《はたやす》）も自殺するなど、さんざんだったこと。

——などを指摘できるでしょう。そのほかにも、いっぱいあります。

でも、つきつめて言えば、また「ふりだしにもどれ」みたいになりますが——やはり最大の要因は、大海人皇子こそ次代の皇位継承者にふさわしいと、多くの人がみとめていたからでしょう。

これにたいし、近江朝廷方は？　天皇もいなければ、天皇になるべき有力な候補者もいませんでした。大友皇子は論外だし、倭姫王もしょせん「中継ぎ」の候補者でしかありません。このときわが国が直面していた対外的な、また内政上の難題を考えると、この両者の即位はさらにむずかしいでしょう。

となると、近江朝廷軍はどうしても意気はあがりませんね。

大海人皇子軍は、かたちの上ではすごく不利でも、もっとも天皇にふさわしい人物の指揮下にあるのですから、意気さかんです。

このちがいが決定的に作用したんじゃないでしょうか。

だからもし近江朝廷に天智天皇がいたら――それこそ鎧袖一触《がいしゅういっしょく》、大海人皇子側はひとたまりもなかったでしょう（そのまえに、挙兵そのものもなかったはず）。でもいませんでした。

ですから皮肉なことに、近江朝廷対大海人皇子方の対決は、かたほうに天皇なく、かたほうに天皇たるべき人物がいたために、極論すれば、あたかも大海人皇子軍が「官軍」で、近江朝廷軍が「賊軍」であるかのような構図になっていたんじゃないでしょうか。そうなるともう、近江朝廷方は勝てっこありません。

とにかく、こうして大海人皇子はほとんど徒手空拳《としゅくうけん》で立ちあがって、時の政府を打ち倒してしまったのです。

大海人皇子の「権威」はいやがうえにも高まったにちがいありません。

それにひきかえ、近江朝廷につどっていた中央の有力豪族をはじめ、戦乱のさなかに分裂しダメージを負った豪族層の発言力は、大きくおちこんでしまいました。

かくて――推古天皇のころに構想がうまれ、大化の改新以降、豪族たちの抵抗をうけ、ジグザグのコースをとりながらすすんできた古代統一国家の形成は、天武天皇の時代に大きな歩みをみせました。

いよいよ、その話題にうつりましょう。

公民制の成立

大切なのは3点です。

1つは、第3章でふれた「民と向きあう君主像」が、ここでほぼ確立したようにみえること。

2つは、それをささえる神話や歴史を整理し、まとめる動きがすすんだこと。

3つは、推古天皇いらいのシナにたいする自立路線が継承され、より発展したこと。

これらについて、順番にみていきます。

まず、「民と向きあう君主像」。

これは、公民制の形成とパラレルです。

それまでの、いわば「豪族とだけ向きあっていた」推古天皇以前の段階（それは厳密には「天皇」以前ということにもなる）から脱皮するためには、民衆を豪族の「私的・個別的」支配からひきはなす必要がありました。天皇のみによって代表される国家による「公的・普遍的」な統治のもとへと、あらたに配置がえされなければならなかったのです。

そのためには、豪族層を「民の支配者」から国家の役人へと転換させることが求められました。律令官僚制《りつりようかんりようせい》の形成です。天武天皇の時代には、この方面のめざましい進展がありました。

また、前代までなお一部、のこされていた豪族による民衆への個別的支配（部曲《かきべ》）も、一掃され公民化します。（675年〈天武4〉）。

これらは、豪族層の政治力の後退と、天武天皇の卓越した「権威」がなければ、とても実現できなかったことです。

そのうえで、人々をその居住地で区分けして行政の対象とする地方統治のしくみも、ととのいました（683〜685年〈天武12〜14〉、大町健氏『日本古代の国家と在地首長制』）。

これらの改革にともない、天皇にとってきわめて重要な伝統の収穫祭である「ニヒナヘ」（新嘗祭《にいなめさい》）にも変革がありました。

それまでは、神事《しんじ》にそなえられる稲は、もっぱら天皇専属の水田（御田《みた》）でとれたものだけだったのに、地方の公民がみずから耕作した稲がつかわれるようになったのです。これは画期的な変化でした。天皇の神聖な祭祀《さいし》に公民が直接、奉仕することになったのですから。そればかりか、即位後はじめておこなうのを「大嘗《おおにえ》」（大嘗祭《だいじょうさい》）とよんで、毎年恒例のものと区別するようにもなりました（『日本書紀』天武2年12月・5年11月・6年11月条）。

ただし、これらの改革は、最終的にはつぎの持統天皇の時代に完結します。

公民制は、全国にわたる領域的な戸籍である庚寅年籍《こういんねんじゃく》が作成された690年（持統4）に確立します。

皇位継承にともなう、公民の奉仕を機軸としたあたらしい国家的祭儀である大嘗祭と、毎年、宮中でおこなわれる古来の新嘗祭の「制度上の区別」が明確になったのも、持統天皇のときのことでした（拙著『天皇と民の大嘗祭』）。大嘗祭はまさに「民に向きあう君主像」をストレートに反映する祭儀といえます。

『古事記』の作者

では、神話・歴史のとりまとめはどうだったか。

壬申の乱をへて、まさに確立しようとしている古代統一国家。その由来をあきらかにし、その統治の正統性をうらづけるために――歴史とその根源とされた神話のただしいテキストが、国の手でまとめられる必要がありました。

そのような企ては、かつて推古天皇の時代にこころみられたことがあります。６２０年（推古28）に編修された『天皇記《てんのうき》』と『国記《こっき》』です。

『天皇記』は皇室の系譜と歴代天皇のおもな事績をまとめたものでしょう。「帝紀《ていき》」とか「帝《てい》皇《こう》の日《ひ》継《つぎ》」などとよばれるものと共通した内容を思いうかべれば、それほどマトはずれではないはずです。

では『国記』は？　べつに「臣《おみ》・連《むらじ》・伴造《とものみやつこ》・国造《くにのみやつこ》・百八十部《ももやそとものお》、あわせて公民《おおみたから》どもの本記《もとつふみ》」とよばれています（榎英一氏「推古朝の『国記』について」）。このよびかたから考えて、およそ豪族たちの系譜と先祖が代々、朝廷につかえてきた事績をまとめた書物だったでしょう（角林文雄氏「『国記』の性格」)。「本辞《ほんじ》」とか「旧辞《きゅうじ》」などとよばれているものの内容は、この『国記』にちかかったのではないでしょうか。

天武天皇の時代、より本格的なかたちで、おなじような取りくみが開始されました。『古事記』の序文には、諸氏族がもつ「帝紀」や「本辞」の混乱を目のまえにした天武天皇が、断固《だんこ》としてそれらの「いつわりを削《けず》り、まことを定める」と表明した詔がおさめられています。

この詔はおそらく681年（天武10）３月17日にくだされたものでしょう（日本思想大系本「補注」ほか）。このとき、天武天皇は朝廷の正殿である「大極殿《おおあんどの》」に皇族や諸氏族をあつめ、「帝紀」と「上古《じょうこ》の諸事《しょじ》」をしるし定めさせたといいます（『日本書紀』同日条）。「上古の諸事」は、『国記』、「本辞」、「旧辞」などとほぼ共通する内容とみてよいでしょう。ここに、国家的な正史編纂《へんさん》事業がスタートしたのです。

と同時に、天武天皇はその事業をみちびくために、みずから内廷《ないてい》で側近（舎人の稗田阿礼《ひえだのあれ》）をアシスタントとして、神話と歴史のただしい伝えをのこす作業にとりかかります。

どうやら天武天皇じしんの作業は684年（天武13）ころまでに、ひとまずできあがったようです（阿部武彦氏『日本古代の氏族と祭祀』ほか）。『古事記』の本文のほとんどは、じつはそのころ書きあがっていたとみてよいのでしょう（西條勉氏『古事記の文字法』ほか）。

「古事記のオリジナルの本文を作ったのは天武天皇」――とまでみる意見もあります（志水義

夫氏『古事記の仕組み』)。712年(和銅5)の最終的な「撰録《せんろく》」にたずさわった太安万侶《おおのやすまろ》の仕事は、ごくかぎられたものでした。

なお正史のほうは720年(養老4)に『日本書紀』として結実したことは、あらためて言うまでもありません。

独自の律令と「富本銭」

さらに、シナにたいする自立路線です。

指標として3つ取りあげます。

(1)独自の律令——飛鳥浄御原令《あすかきよみはらりょう》

(2)独自の貨幣《かへい》——富本銭《ふほんせん》

(3)国名の変更——「倭」から「日本」へ

まず(1)の独自の律令について。

東アジアの国々はどの国も、それぞれ「自前の律令」をもつのがあたりまえ——ではありません。唐の属国で、朝鮮半島を統一していた新羅は、独自の律令をもっていませんでした。形式上、唐の皇帝がさだめた律令の支配下にあり、ただ便宜の立法措置で国内の実情に対応していたようです(堀敏一氏『律令制と東アジア世界』)。律令の制定は最高君主である皇帝の大権事項であって、皇帝の家来である「王」が勝手につくるわけにはいかなかったのでしょう。言いかえると、独自の律令の有無は、その国の「自立」を判定するめやすになります。

わが国の場合、天智天皇の「近江令」いらい、一貫して独自の律令をもちつづけています。これは、わが国の君主がすでに皇帝に従属する王を脱し、「天皇」へと上昇をとげていた結果、可能になったことでしょう。

天武天皇は「近江令」の改正に手をつけます（６８１年〈天武10〉）。これが「飛鳥浄御原令」です。

同令は完成をまたず順次、単行の法令としても施行されますが、最終的な完成は６８９年（持統３）でした（井上光貞氏「日本律令の成立と注釈書」ほか）。のちの「大宝《たいほう》律令」も、ほぼ「浄御原令」を基本としていたといいますから（『続日本紀《しょくにほんぎ》』大宝元年７月３日条）、かなり完成度のたかい法典だったでしょう。

⑵の独自の貨幣についても、東アジアのほかの国々とくらべてみると、その意義がわかりやすいでしょう。というのは、シナ王朝の属国だった諸国はみな、貨幣をつくるのがおくれているからです。

たとえば朝鮮半島のばあい。

半島で独自の貨幣がつくられるようになるのは、10世紀にはいってのこと。唐の滅亡につづいて新羅がほろびたあと、高麗《こうらい》がおこって996年に、唐の鉄銭「乾元重宝《かんげんちょうほう》」のウラ面にただ「東国《とうごく》」の2字をいれただけ。これが官銭のはじめでした。このあと、1097年に「東国通宝」などの3銭をつくったのが、みずから貨幣を鋳造《ちゅうぞう》したおこりのようです。

ほかのシナ周辺国も、吐蕃《とばん》や南詔《なんしょう》などの有力な国でもみな10世紀以降でした。

ところがわが国ではどうか。

すでに天智天皇のころから、デザインのない「無文銀銭《むもんぎんせん》」がつかわれていました（松村恵司氏「無文銀銭と和同銀銭」）。さらに、天武天皇は683年（天武12）にその使用をとどめ、公鋳の銅貨である「富本銭」の流通をうながしたのです。他の国々とくらべて、じつに数百年（！）もさかのぼります。

これも東アジアにおける例外的な「自立」国の姿勢をあらわしたものでしょう（拙稿「『富本銭』の知られざる謎《なぞ》」、吉田孝氏『飛鳥・奈良時代』）。

倭から日本へ

⑶国名の変更――。

わが国のもとの国名は「倭」でした。「倭」のもともとの意味は、『説文解字《せつもんかいじ》』に「したがうかたちなり」とあって、「しなやかな体つき」であるとか、「転じて背が丸く曲がって低い人」

をさすと言われています（藤堂明保氏『漢字語源辞典』）。シナ側からの呼称をあまり気にもせず、そのままつかっていたカンジですね。おせじにも誇り高い国名とはいえませんから。

それがやがて「日本」に変更されます。

「日」はもちろん、太陽です。「本」は、やはり『説文解字』に「木のしたを本《もと》という」とあって、原義は「木の根もと」のこと。「木のうえ」を「末《すえ》」というのと対照して、「本末・本支のように、場所や位置を指示する」（白川静氏『字通』）とか、「転じて、物事の中心」（藤堂氏『学研漢和大字典』）などと説明されています。

「日プラス本」は、まさに「日のもと」です。太陽の恵みをもっとも豊かにうける、そのましたの国をしめす国名でしょう。

こちらは「自立」国としての自信とプライドにみちた国名ですよね。

この変更はいつのことか？

674年（天武3）までは、まだ「倭」国でした（『日本書紀』天武3年3月7日条）。

いっぽう、701年（大宝1）に完成した「大宝令」にはすでに「日本」という国名がつかわれていました（『令集解《りょうのしゅうげ》』「公式令《くしきりょう》」詔書式《しょうしょしき》条に引用する『古記《こき》』）。

この上限と下限の年代は、たしかです。だからこの間のいつか——ということになります。

おもしろいのは、『古事記』には「天皇」という君主号はふつうに使われているのに、「日本」という国名が1度もつかわれていないということです。有名なヤマトタケルという古代の英雄にしても、『日本書紀』には「日本武尊《やまとたけるのみこと》」と表記してあるのに、『古事記』では「倭建《やまとたけるの》命《みこと》」です。

そうすると、『古事記』の本文が書かれていた681〜684年（天武10〜13）のころは、まだ「日本」への変更がなされていなかったのでしょうか。ならば、上限年代をこのころまでさげていいかも。

ぎゃくに下限については、「大宝令」は「浄御原令」を基本にしていたのですから、「日本」も前令から踏襲《とうしゅう》した可能性がたかいでしょうね。とすれば、この令が施行された689年（持統3）までさかのぼるって話にもなります（ただし、「大宝令」説を主張する立場も根強くある。吉川真司氏、天皇の歴史『聖武天皇と仏都平城京』など）。

さぁ年代幅が、かなりせばまりましたよ。

「日本」誕生

ここですこし視点をかえてみましょうか。

そもそもこの国名変更のキッカケはなんだったのか？　この問いからアプローチします。国名の変更って、ただごとではありませんから。

それはおそらく壬申の乱のさなか、例の「日の神」天照大神をまつる伊勢神宮への遥拝があり、それにこたえるかのように神宮方面から「神風」が吹いた事実（およびその結果、壬申の乱に勝利したこと）——ではないでしょうか。

乱後、天武天皇の伊勢神宮への崇敬《すうけい》はことのほか厚いものがありました。推古天皇（33代）いらい50年ほど、とだえていた神宮に奉仕する皇女（斎王《さいおう》）の復活（673年〈天武2〉）などは、そのめざましい1例です。20年ごとの「式年遷宮」の制度化については、すでにのべました。

この天皇がまとめたとされる『古事記』の核心も、つきつめたところ「日の神」天照大神とその子孫をめぐる神話と歴史だったと言ってよいでしょう。

ならば「日」をキーワードとしたあたらしい国名「日本」（この「日」はたんに太陽だけをしめすのではなく、「日の神」天照大神をも含意したであろう）への変更は、天武天皇という存在を抜きにしては、ちょっと想像しにくいのではありませんか。

つまり、いちおう天武天皇の治世いっぱいのなかで、「日本」国名のなりたちを考えてみてはどうでしょう。

しかも国名って、外国の人にしめすのがおもな使いみちですよね。

そこで、681〜684年から天武天皇が崩御した686年（朱鳥《あかみとり》1）9月までの、めぼしい外国人との接点をさぐってみますと――685年（天武14）2月に唐・百済《くだら》・高句麗《こうくり》の人々147人に「爵位」をさずけています。もちろん、たしかな証拠はありませんが、ひょっとすると、このあたりがひとつのメドになるかもしれません（ちなみに、この年の9月に式年遷宮が制度化されている）。

「倭国」の国名を史料上、最初に確認できるのは107年（『後漢書《ごかんじょ》』安帝本紀、倭伝。西嶋定生氏『倭国の出現』）。それからすでに600年ほどがたっています。ここに、王朝が断絶したのでも、国家そのものがほろんだのでもありませんが（もっとも、朝廷はいったんほろびました、近江朝廷が）、「日本国」へと国名の変更に踏みきったのです。シナ帝国への服属から脱した「自立」国家としてのプライドをかけて――。

道教は拒否

ここで、自立路線にかかわって、ひとつだけ付言しておきましょう。「道教《どうきょう》」の移入についてです。

道教はいうまでもなく、シナの土着宗教。ひところ、わが国にもさまざまな影響がおよんでいたという話が、さかんに出ていました。

なかでも、とくに天武天皇は道教のうけいれに積極的だったとされています（福永光司氏

『道教と古代日本』)。

しかし、道教の経典《きようてん》である「道経《どうきよう》」がわが国に多数もち込まれた形跡がありません。道教の「神像」についても同様です。

あるいは、道教の寺院《じいん》である「道観《どうかん》」が、仏教寺院のように国内につぎつぎに建てられたという証拠は、はたしてあるのでしょうか。また、仏教の僧侶《そうりよ》にあたる「道士《どうし》」や尼《あま》にあたる「女冠《じよかん》」の存在は?

これらについては、ハッキリつぎのような発言があります。

「いままでのところ、わたくしの知る限りでは、確実に成立道教が伝わり、日本で教団を形成していったという形跡はない。すなわち、仏教の寺院に相当する道観、僧侶に当る道士の存在を認めることはできないのである」(下出積與氏『道教』)――と。

つまり、道教をめぐる断片的な要素がわが国にはいってくることはあったとしても、ちゃんと道観や道士、女冠をそなえた教団としての「成立道教」は、いっさい受けいれていなかったのです。

このことについては――

「日本はいわゆる成立道教(教団道教)の受容に消極的というよりも、これを拒否していたといって差支《さしつか》えない」とまで断言する意見があります(東野治之氏「上代文学と敦煌文献」)。

より興味ぶかいのは、「拒否」の理由です。

道教の教祖のようにあつかわれているのは老子《ろうし》。その老子の姓《せい》は「李《り》」です。この「李」姓というのは、唐の帝室の姓とおなじなんですね。そのことから、老子は唐の帝室の祖先と見なされていました（『唐会要《とうかいよう》』巻50、「尊崇道教」）。

ということは、道教を信奉するってのは、唐帝室の祖先崇拝をそのまま移入するかたちになってしまいます（東野氏）。

これは唐への服属以外の何ものでもありません。

ですから、わが国が「自立」国家としての道をえらんだ以上、教団道教の移入については、「拒否」するしか選択の余地はなかったわけです。

第3章でもすこしのべましたが、やっぱりわが国は宗教に寛大で何でもかんでも受けいれてる――なんて、とてもいえませんよ。

天皇の原像

さて、以上、天武天皇の時代にすすんだ古代統一国家の形成についてのべてみました。

その結果、「天皇」の基本形とでも言えるものが、このころほぼかたちを整えたんじゃないでしょうか。それは「古代」天皇の基本形であると同時に、理念（あるべきかたち）としては時代をこえた、天皇そのものの「基本形」とも言えるかもしれません。

それはまず、対外的には「自立」のシンボルとしての立場でした。シナ皇帝に服属する「王」の立場を超えて、独自の「律令」や「貨幣」をもちうる次元へと上昇をはたしたのです（独自の「元号」も！）。

つぎに、国内的には豪族層の共同利益だけを代表するのではなく、以前は国家の直接の関与の外にあった民衆をふくむ、日本社会全体の利益つまり「公」を体現すべき地位とされたのです。

このような地位は、豪族の「私的・個別的」支配をはなれ、天皇のみによって代表される国家による「公的・普遍的」統治のもとに配置がえされた「公民」の位置に、まさしく対応しています。

さらに、天皇のそのような地位をささえるのは、これまでの歴史であり、その歴史の源泉《げんせん》として位置づけられた神話です。神話と歴史に根拠づけられることで、天皇の立場は、そのときどきの政治権力をめぐる変動を、ひとまず越えることが可能になります。

しかも、天皇の神話上の先祖にあたる天照大神については、伊勢神宮で厳重な祭祀がつづけられる一方、宮中で天皇じしんがおこなう新嘗祭の祭神ともされています。

こうした祭祀が天皇の大切なつとめとされることで、「公」を体現すべき「無私」の立場を日常化する具体的な回路が用意されたんじゃないでしょうか。

『日本書紀』では「歴史」上の天皇のさまざまな言動などとして、「無私」の重要さがくり返し強調されているように見えます。

たとえば、仁徳《にんとく》天皇以来の血統を結果的に（男系としては）とだえさせてしまった雄略《ゆうりゃく》天皇について、第1章でふれたように「大悪天皇」と表現しています。その理由は、「おのれの心を手本として、他人にご相談なさらなかった」から——と言うのです。つまり「無私」でなかったとして責めているんですね。

また、（雄略天皇とはぎゃくに）皇統断絶の危機をすくった継体天皇の発言として、第2章では取りあげていませんが、つぎのような主旨の言葉がおさめられています。

「神武天皇や崇神《すじん》天皇（10代）いらい、歴代の天皇はすぐれた臣下の提案を素直に受けいれて、それぞれ立派な功績をのこしてきた。私もそうした補佐を求めたい。くれぐれも身をつつしんで対処したい」（継体24年2月条）——と。

この記事の意図もあきらかですね。手をかえ品をかえて、正史たる『日本書紀』は天皇に「無私」を求めている——かのようです。

結局——神話と歴史に担保された「公」の体現者にして、対外的には「自立」の象徴。それが天皇という地位の原像なんでしょうか。

未曾有の戦乱のすえ、推古天皇のころから目指されていた地位が、こうしてひとまず確立をみたのです。歴史の非情な計略とでも言うべきなのでしょうか……。

第5章「道鏡を天皇に」称徳天皇

しょうとくてんのう【称徳天皇】⇒孝謙天皇《こうけんてんのう》

こうけんてんのう【孝謙天皇】

●718〜770・8・4

在位749・7・2〜758・8・1

称徳天皇として在位764・10・9〜770・8・4

阿部内親王・高野《たかの》天皇・高野《たかの》姫《ひめ》尊とも称する。聖武天皇の皇女。母は藤原不比等《ふひと》の女光明皇后。七三八年(天平一〇)女性の身で皇太子となり、七四九年(天平勝宝元)聖武の譲位をうけて即位。七五二年東大寺大仏の開眼供養を行い、受戒して法名を法基《ほうき》と称した。七五八年(天平宝字二)大炊《おおい》王(淳仁天皇)に譲位。のち淳仁と不和となり、七六四年にはその庇護者藤原仲麻呂(恵美押勝)を近江に敗死させ、淳仁を廃して重祚(称徳天皇)。重祚後は僧道鏡を重く用い、西大寺や平城京東院の玉殿、由義宮《ゆげのみや》などの造営工事を行うなどして政治・財政の混乱をまねき、貴族の反感をかった。皇嗣を決定しないまま、七七〇年(宝亀元)死去。

女帝の世紀

この本では、奈良時代の天皇からも誰か1人、とりあげようと考えました。

となると、定番は——

聖武《しょうむ》天皇（45代／724〜749年在位）

——ですよね。

天武《てんむ》天皇（40代）の「嫡子《ちゃくし》」だった草壁皇子《くさかべのみこ》の「直系《ちょっけい》」の血筋《ちすじ》。

生涯の事績としても、全国に国分寺《こくぶんじ》を建てることを命じたり、東大寺《とうだいじ》の大仏《だいぶつ》の造立《ぞうりゅう》を発願《ほつがん》したりしたことは、あまりにも有名。

あるいは、藤原氏出身の女性を（皇族でもないのに）異例の「皇后」とした光明《こうみょう》皇后も、よく知られているはず。

また、恭仁京《くにきょう》（京都府）↓紫香楽宮《しがらきのみや》（滋賀県）↓難波宮《なにわのみや》（大阪府）↓もとの平城京（奈良県）と、転々とさまよった「彷徨《ほうこう》の5年」の謎《なぞ》もあったり——

と、とにかく話題にこと欠かないのは、たしか。

でも、それじゃあ、直球のストレート（ってあたりまえか）すぎて面白味《おもしろみ》が足りないでしょ。

しかも奈良時代って、「女帝《じょてい》の世紀」——とか呼ばれてるし。

なにしろ、歴史上の10代、8人の女帝のうち、4代、3人は奈良時代の天皇。

あるいは、奈良時代をピッタリ平城京の時代（７１０〜７８４年）とすると（多少、前後にはばをとる見方もあるが）、７代、６人の天皇がいたことになります（桓武《かんむ》天皇は７８１年の即位だが、もちろん除外）。そのうちの４代、３人は女帝。

だったら――女帝をえらぼうよ。と、称徳《しょうとく》天皇（48代）にきめました。

でも、４代、３人の女帝のうち、どうしてこの天皇なのか？

古代最後の女帝

この天皇は、２度、天皇をやっています（いわゆる重祚《ちょうそ》）。１度目は孝謙《こうけん》天皇（46代）というおくり名ですが。

しかも、古代最後の女帝なんです。

このあと、ずーっと時代がくだった江戸時代まで、女帝は歴史にあらわれません。

つぎの女帝は、なんと９００年ちかくもへだたった明正《めいしょう》天皇（１０９代／１６２９〜１６４３年在位）。

それまで、つぎつぎに女帝が登場していたのに。

それって、なぜ？　――と、気になりますよね。

また、正式に仏門《ぶつもん》にはいったまま、つまり出家《しゅつけ》の身で、２度目の天皇になっちゃっています。

天皇で出家したのが確認できるはじめは、聖武天皇でしょう。が、それは「譲位後」のことだったようです。その後、出家の例はすくなくありません。でも、称徳天皇を唯一の例外として、あとはすべて譲位後（橋本義彦氏「天皇一覧」）。

出家の身で天皇――というのは、日本史上、ほとんど他に例のない形です。

これも、気にならないと言ったらウソでしょう。

さらに、僧だった道鏡《どうきょう》なる人物が、もう少しで天皇になっちゃうところだった――という、いわゆる「道鏡事件」もこの天皇のときのこと。

その真相も、ちょっぴり気になりませんか？

それから、すこし込み入ったところでは、奈良時代の皇位継承のながれのうえでも、この天皇が大きな転機になっています。

ちょっと図式的ないいかたをすれば、飛鳥時代（7世紀）からのながれが、ここで平安時代（9世紀～）につながるながれへとスイッチするのです。

と言っても、？？？な人が多いかもしれません。オーライです。このあとも読ませようという下心《したごころ》で言っているだけですから。いまわからなくても大丈夫。というより、わからないほうがいいのです！

とにかくそういうことで、この章では称徳天皇をあつかいます。

でも、本論にはいるまえに「前史」にも触れておきましょう――

「黒作懸佩刀」とは?

これまで、奈良時代の見方にある種のかたよりがあったようです。

それは――「藤原氏中心史観」とか「藤原氏陰謀史観」とよばれる見方です。

とにかく、このころの時代相を「政治史」の観点からだけ見てしまうし、その政治史をかたるとき、主語はいつも「藤原氏」。

その藤原氏の有力者（不比等《ふひと》とかその4人の子、仲麻呂《なかまろ》など）が「陰謀」によって、皇族（長屋王《ながやおう》など）やほかの氏族（大伴氏など）などの対抗勢力をつぎつぎに排除し、ついに政治権力を確立していく。

――って見方。どこかで見たり聞いたりしている人もいるでしょう。

これともうひとつ、有力な見方が。

それは――

皇位継承は、もっぱら天武天皇の「男系」の直系「男子」のみが〝正系〟で、それをうまくつなぐために「女帝」が活用された。

――という見方です。

このふたつの見方をうまくリンクさせ、裏づける史料として、「黒作懸佩刀《くろつくりかけはきのたち》」をめぐるなかなか興味ぶかい〝物語〟が、これまで利用されています。

この物語は、光明皇后が亡《な》き聖武天皇の冥福をいのって、天皇ゆかりの品々を東大寺に奉納したときの記録『東大寺献物帳《とうだいじけんもつちょう》』にでてきます。

それによると――

この「佩刀」は、もともと草壁皇子のもちもの。それを６８９年（持統３）に藤原不比等がたまわった。

やがて草壁皇子の「嫡子」軽皇子《かるのみこ》が文武《もんむ》天皇（42代／６９７～７０７年在位）として即位するにあたり、不比等はこれを献上。

ところが、文武天皇がなくなられるとき（７０７年）、ふたたび不比等に下賜。

さらにこんどは、不比等の死（７２０年）にさいし、文武天皇の「嫡子」首皇子《おびとのみこ》（のちの聖武天皇）に献上した。

――という（上田正昭氏『藤原不比等』ほか）。

これを見るかぎり、この当時の皇位継承の正系は、天武天皇の「嫡子」草壁皇子の血を「男系」でうけつぐ「男子」の文武天皇―聖武天皇のラインだった、という話になりそうです。

なにしろ、文武天皇と聖武天皇のあいだの元明《げんめい》天皇（43代）、元正《げんしょう》天皇（44代）という２代の「女帝」は、この佩刀をうけつがず、みごとにスルーされてますから。

で、その正系をささえる忠誠な藤原氏。という構図がキレイにできあがります。

でも、ちょっとキレイすぎませんか。そこが、ぎゃくにアヤシイ。

「伝来」の虚構性

『献物帳』の筆頭に、藤原仲麻呂の署名があります。あの「恵美押勝《えみのおしかつ》の乱《らん》」(764年)の首謀者の仲麻呂その人です。

彼は、みずからの権勢力拡大のために祖先の顕彰につとめ、鎌足《かまたり》や不比等の「偶像化」をすすめています。

ですから、『献物帳』の「佩刀」をめぐる物語をそのまま史実とみとめるのは、すこし慎重にかまえたほうがいいでしょう。

そもそも、不比等は草壁皇子が亡くなるわずか1か月半ほどまえに、ほかの8名の者たちと一緒に「判事」に任命されたのが、歴史に名をあらわす最初です。

不比等の存在がめだつようになるのは、もっとあと。文武天皇の即位のさい、首尾よく長女の宮子《みやこ》を「夫人《ぶにん》」にするのに成功してからのち、でしょう。翌年(698年)、はじめて「藤原」の姓は不比等の子孫にかぎる、との詔《みことのり》がだされていますから。

だから右の物語は、草壁皇子からじきじきに「佩刀」をいただいた、というスタートのところからマユツバなんです（仁藤敦史氏『女帝の世紀』）。

それに、そもそも草壁皇子だって、「天武天皇直系の直接の起点」として、とくに重視されるようになったのは死後のこと。遺児だった軽皇子が、めでたく文武天皇として即位した結果、ふりかえってそうした位置づけがなされたんですね（遠山美都男氏『大化改新』）。なら、さっきの物語がつくられたのも、それ以降――って話になりますね。

文武天皇の時代になってクローズアップされた草壁皇子と、このころ力をのばしてきた不比等をむすびつけて、うまくこしらえたストーリーだった可能性がたかく、そのまま史実と素直に信じるわけにはいきません。

これにたいし、おなじ『献物帳』に興味ぶかい伝来をしめす品がのっています。

――「赤漆文欟木厨子《せきしつぶんかんぼくのずし》」です。

「黒」じゃなくて「赤」。こちらに目をむけなくては。

「赤漆文欟木厨子」の伝来

この「厨子」は、つぎの代々の天皇によって受けつがれていきます。

天武天皇→持統《じとう》天皇（41代）→文武天皇→元正天皇→聖武天皇→孝謙天皇

この伝来のあり方を見ると、ピンときませんか。これこそ、当時の皇位継承の正系をしめしているんだ、と。

まず、「佩刀」のように臣下《しんか》が介在していません。天皇から天皇へと、じかに受けつがれています。

さらに「佩刀」の場合、藤原不比等のむすめを「夫人」や「皇后」にした天皇しか、かかわっていませんでした。だから、その伝来をめぐる物語は、皇位継承の正系を反映するものなんかではなく、ただ不比等を「外戚《がいせき》」とする天皇をしめしたにすぎません。

それにたいし「厨子」のほうは、孝謙天皇にいたる代々の天皇をほぼカバーしています。天皇どうしの受けつぎが孝謙天皇でストップしたのは、直接には聖武天皇の「77忌」（756年6月）にあたり、同天皇によって東大寺に献じられたからにほかなりません。

ちなみに、この「厨子」はいまも正倉院《しょうそういん》（北倉）におさめられ、現存します（後藤四郎氏「赤漆文欟木厨子について」ほか）。

――このように、これまで「藤原氏中心史観」と「女帝排除史観」にとって好都合な史料と見られていた「黒作懸佩刀」をめぐる物語は、じつは使いモノになりません。

かわって、「赤漆文欟木厨子」の伝来にこそ、注目すべきなのです。

「天武・持統直系」のシンボル

そこには、注目すべき点が2つ。

1つは、草壁皇子が抜けていること。

681年（天武10）に「皇太子」に立てられ、死後の758年（天平宝字2）に〝天皇〟の尊号がおくられた草壁皇子。でも、正式には皇位についていません。だから、この「厨子」を受けつぐ資格はなかった——ということでしょう。

それだけ厳重に、受けつぐ相手は「天皇」にかぎられていたわけです。

2つ目は、「天皇」でありながら元明天皇がはずれていること。

これは何をしめしているんでしょう？　伝来の「起点」に目をむければ、わかりやすいですよね。

天武天皇のもちものだった「厨子」を、皇后でつぎの天皇だった持統天皇が受けついだのが、そもそものはじめ。

で、あとはみんな両天皇の血をつぐ代々の天皇につたえられた——ってこと。

元明天皇だけは両天皇の血をうけていないから（父は天智天皇、母は蘇我氏のむすめ）、はずされた形。

この「厨子」は「天武直系皇統のシンボル」などといわれます（東野治之氏「元正天皇と赤漆文欟木厨子」）。

たしかにそのとおりです。が、こまかく言えば「天武直系」でも、複数の妃《きさき》たちそれぞれの系統もあるので（天皇はだしていないが）、「天武・持統直系」（または「天武嫡系」）皇統とでも表現したほうがいいかも。

で、その系統こそ、当代の皇位継承の正系だったわけです。だから、この「厨子」は、その正系の「シンボル」だったことになるでしょう。

その受けつぎには、藤原氏なんぞが介在する余地はありません。

またぎゃくに、「直系」の血をうけていれば、女帝が排除されるなんてこともなかったのです。

そもそもわが国では、「女帝」はシナとちがって、国法上の位置をあたえられていました。

そのことについても、触れておきましょう。

国法上の「女帝」

古代の最高法規は律《りつ》・令《りょう》。

律は、いまの刑法にあたります。

令は、それ以外の広範な内容をふくんでいます。行政法、訴訟法、民法、商法から官僚の服務規定などまで。

そのなかに、皇族の身分などをさだめた「継嗣令《けいしりょう》」という編目があります。

その第1条に「女帝」がでてきます。

こんな規定です。

「天皇の兄弟と子どもは『親王《しんのう》』とせよ。〈女帝の子もまたおなじ〉それ以外はみな『王《おう》』とせよ。『親王』を1世として、世代が5世はなれたら、『王』の称号を使ってもよいが、もう皇

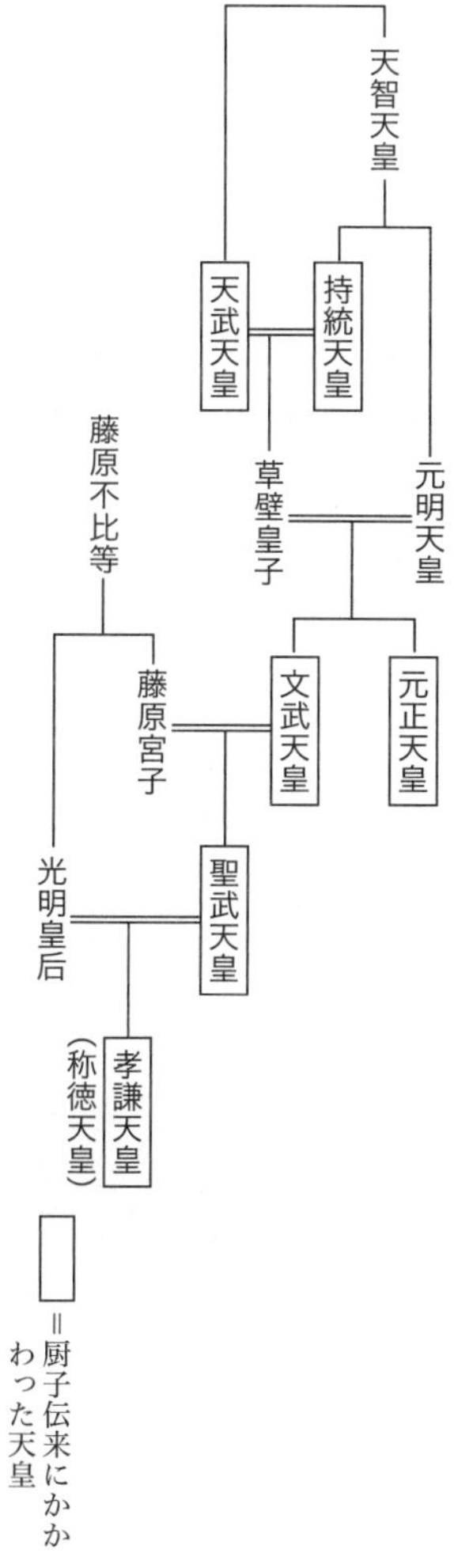

族（皇親）の身分からはなれる（つまり4世までが皇族。6世以上はなれたら『王』も名のれない）」

いまの皇室典範にも「親王（内親王《ないしんのう》）」「王（女王《じょおう》）」という言葉はつかわれています。天皇のお子さま、お孫さまは、男なら「親王」、女なら「内親王」。それ以上、血縁がはなれると「王」「女王」です（第6条）。

いまの皇室でいえば、皇太子殿下、秋篠宮《あきしののみや》殿下は、今の天皇陛下《へいか》のお子さま、敬宮《としのみや》（愛子《あいこ》）殿下、眞子《まこ》殿下、佳子《かこ》殿下、悠仁《ひさひと》殿下はお孫さまで、それぞれ「親王」、「内親王」であることは、わかりやすいですね。

では、たとえば「ヒゲの殿下」寛仁《ともひと》殿下はどうか？　大正《たいしょう》天皇（123代／1912年〜1926年在位）のお孫さまにあたるので「親王」です。――といったぐあい。

そうしたいまの典範と、「継嗣令」では「親王（内親王）」「王（女王）」の範囲のとりかたがちがいます。

「継嗣令」では、天皇の兄弟と子どもだけが「親王（内親王）」で、4世までが皇族で「王（女王）」。5世は「王（女王）」を名のれても、もう皇族じゃない。ってことだから、典範よりせまい範囲でした。

で、注目したいのは〈　〉のなか。これは「本注《ほんちゅう》」といって、令の本文の注記ですが、それじたい、令文として法的な拘束力をもっていました。

そこには、「女帝の子」もおなじように「親王（内親王）」と位置づける――と規定されているわけです。

これはどういうことか。

律令は言うまでもなく、シナから移入された法のシステムです。当然、ベースにはシナ流の思考法がある。もちろん、シナ男系主義のかんがえかたも。

そうすると、男帝の子が「親王」とされるのは当りまえ。

女帝の子はどうなる？　女帝が（持統天皇などのように）もと皇后であれば、その子は父が天皇なので、男系主義のルールでふつうに「親王」とされます。「女帝の子も……」なんて本注は、はなっから必要ありません。ですから、この注記は天皇以外の男性と結婚した場合を想定したものです。

では、女帝と天皇以外の男性のあいだに子どもが生まれた場合は？

シナ男系主義にもとづくかぎり、父の血筋に位置づけられるので絶対に「親王」とはされません。

そこで「継嗣令」は、とくに母が天皇（つまり女帝）の場合、通常の男系によるのではなく、「女系」によってその子の地位をさだめることを、わざわざ本注として規定したのです（『大宝《たいほう》令《りょう》』『養老令《ようろうりょう》』ともおなじ）。

このような規定は、この条文の手本になった唐《とう》の法典（封爵令《ほうしゃくれい》）には、もちろんありません。

背景に「双系（双方）」的社会

日本の場合、このような本注が加えられたのは何故か？

ちかごろ、こんな説明がされています。

令の規定では、親王と内親王とで、教育とか給与、あるいは子どもに乳母《うば》をつけるかどうかといった点で、待遇のちがいがあった（親王を優遇）。もし内親王が即位したときには、その子への待遇格差を是正しなくてはならなかったから（宮部香織氏「律令法における皇位継承」）——と。

おもしろい意見です。

でも、本注のような規定があっても、ただ女帝の子にも乳母をつけるだけのこと。実態面での変化は、ごくかぎられたものでしかありません。それくらいなら、令文の解釈と運用にすこし弾力をもたせれば、やすやすとカバーできたような気もします。だから、わざわざ本注を加えた「理由」としては、もうひとつパンチがよわいような……。

まぁ、理由はともかく、この本注がスゴイのは、シナではうごかせない鉄則であるはずの男系主義を、チョコッとした追加規定ひとつで、根本からひっくり返してみせているところ。

つまり、男系、女系の区別より、天皇の地位そのものが優先する——ってことです。そうしたわが国独自の立場が、この本注にはしっかりしめされているんです。

その背景にあるのが、（第3章でもチラッとふれた）シナとはことなる「双系（双方）」的な社会基盤です。

シナのような「男系」絶対じゃあない。「女系」もちゃんと機能する。そんな社会です。だからたとえば、「父方」の兄弟姉妹と「母方」の兄弟姉妹のよびかたを変える——なんてことをしません。

シナ（漢語）だと——

父方の兄弟↓伯父《はくふ》（父の兄）・叔父《しゅくふ》（父の弟）

母方の兄弟↓舅《きゅう》

父方の姉妹↓姑《こ》

母方の姉妹↓姨《い》

と、ハッキリ区別します。ところが、

日本（やまとことば）だと——

父方も母方も兄弟は↓オジ

父方も母方も姉妹は↓オバ

で、まったく区別がありません（『令集解《りょうのしゅうげ》』に引用する『古記《こき》』にオジ・オバの用例あり）。いかにも「双系（双方）」的ですよね。

さらに女性の社会的地位をめぐって、前近代のシナでは「男尊女卑《だんそんじょひ》」「男女格差」がいちじるしかったのにたいし、わが国の場合、未婚・既婚の区別なく、独自の社会上の役割がみとめられ、財産をもち、売買や債権・債務の当事者にもなれるなど、（シナではありえない）ある程度、自立した位置がみとめられていました（成清弘和氏『日本古代の家族・親族』）。

こうしたバック・グラウンドがあって、さらに「天皇」という地位の超越性をふまえて、「女帝の子」も「親王（内親王）」と女系で位置づけることが可能になったのでしょう。

この本注の具体例としては、天皇にならずに亡くなった草壁皇子と結婚した元明天皇の皇女たちが、それこそ「女帝の子」として氷高《ひだか》内親王、吉備《きび》内親王と「内親王」になっています。もっとも、母である元明天皇のまえに、「兄弟」の文武天皇が即位しているので、天皇の姉妹として「内親王」とされた可能性がありますが。

藤原氏も「王権」の補完要素

「藤原氏中心史観」についても、かんたんに触れておきましょうか。

藤原氏は結果として、ほかの氏族をはるかに上回る政治力を手にしました。そこから逆算してうまれたのが、「藤原氏中心史観」であり「藤原氏陰謀史観」だったような気がします。

藤原氏についてはこれまで、先駆的かつ代表的な「律令」官僚氏族（であるから優位に立てた）と見るか、女子を妃としていれることで地位をえた皇室の「身内」氏族（であるから……）とのとらえかたが強かったようです。

それぞれ、藤原氏にはどちらの側面もあったでしょう。

でも、藤原氏の地位をささえたより基本的な条件は、「公」を体現すべき天皇への奉仕と貢献だったのでは。

たとえば、つぎのような言いかたには、うなずけるところがありませんか。

「藤原氏は……王権の補完的要素として……その地位を保持し続けた」（長山泰孝氏「古代貴族の終焉」）

「藤原氏はキサキを出す親族集団というだけで発展したのではなく、それをも含めた天皇家への忠誠・輔弼《ほひつ》の累積《るいせき》こそが重要だったのである。……それは他氏を律していた原理と何ら異なるものではなく、むしろ同じ規範意識に立脚していたからこそ藤原氏は支配層の中で権力を保ち得たと言える」（吉川真司氏『律令官僚制の研究』）――と。

こんなふうだったら、あの「蘇我《そが》氏」を思いだしますね。

天皇の「権威」に依存し、その「外戚」としての地位をたもつことで、ほかの豪族を圧する政治権力を手にいれることができた蘇我氏。

あるいは、さらにその先がけだった「葛城氏《かずらきし》」とも、しっかり共通していませんか。

「王権」あっての葛城氏であり、天皇あっての蘇我氏だったのとおなじく、藤原氏も「王権」や天皇の「権威」を前提としてこそ、その権力も繁栄もありえたわけです。

葛城・蘇我・藤原

すこし脱線します。蘇我氏発展の土台をきずいた稲目《いなめ》は、どうやら葛城氏の女性と結婚していたらしい。ウソのような……おそらくホントの話。

というのは、その子の馬子が、推古天皇に「葛城県《かずらきのあがた》」をゆずってほしい、とねがい出てはねつけられたことがあります（『日本書紀《にほんしょき》』推古32年10月条、第3章でも言及）。そのとき、馬子は「葛城の地は自分の生まれ故郷（本居《うぶすな》）で、この地名を氏《うじ》の名としています」とかたっています。

馬子が葛城の地で生まれたというのは、母（つまり稲目の妻）がこの地の豪族だったことをしめしています。それは葛城氏の女性だった、とかんがえるのが自然でしょう。さらに葛城の地名を氏の名にしていたというのですから、「葛城馬子」とも名のっていたことになります。

聖徳太子《しょうとくたいし》関係の文献に、太子から葛城寺《かずらきでら》をたまわった人物について、「葛木《かずらきの》（城）臣《おみ》」とも「蘇我葛木臣《そがのかずらきのおみ》」ともしるしています（『上宮聖徳法王帝説《じょうぐうしょうとくほうおうていせつ》』『聖徳太子伝暦《しょうとくたいしでんりゃく》』）。両者はもちろん、同一人物とかんがえられ、あるいは馬子かとも見られています（武光誠氏『蘇我氏三代』）。

それはともかく、稲目が葛城氏と婚姻《こんいん》関係をもち、それを足がかりに皇室にちかづくことができた可能性がありますね（遠山氏前出）。なにしろ稲目は、欽明《きんめい》天皇（29代）に２人もむすめを妃としてたてまつっていますから。ここから、蘇我氏が中央政界で存在感を拡大することになります。

さらに、その蘇我氏がおしすすめた、先進国の文物、システムを大胆に取り入れて自国の飛躍をはかる、古代の「文明開化」路線をうけついだのが、ほかでもない藤原氏でした（吉川氏前出）。

藤原氏が歴史にはなばなしく登場するきっかけは、鎌足が蘇我本宗家《ほんそうけ》の討滅に大きな貢献をしたことでした。でも、いっぽうでは蘇我氏のやりかたをしっかり受けついでいた事実も、見おとしてはなりません。

藤原氏も、こうした葛城氏以来の「外戚」氏族の系譜のなかで「等身大」のすがたを見さだめる必要があるのではないでしょうか。

では、ここらで「赤漆文欟木厨子」にもどりましょう。

「不婚」の女帝

この「厨子」の伝来は、天武天皇からはじまり、孝謙天皇にいたるものでした。

孝謙天皇はこの章の主人公、称徳天皇その人です。

この天皇は、天武天皇・持統天皇「直系」の皇統をうけていますが、なんと！　聖武天皇の「譲位」をうけて即位しています（749年）。

男帝が女帝に譲位するなんて、これまでに1度もなかったこと。

しかも彼女は、「皇太子《こうたいし》」に立てられています（738年）。女性の皇太子も、もちろんはじめてです。

いかに「女帝」という存在が定着してきていたかが想像できますね。

即位当時、孝謙天皇の年齢は32歳。いまだ独身でした。律令の規定では、女子は「(かぞえの）13歳以上」の結婚がみとめられていました（戸令《こりょう》24条）。そのころの結婚適齢期は、実例によって考えると16～18歳くらいでしょうか。

それまでの女帝は、だいたい皇后が夫である天皇がなくなったあと（何代かあとか、すぐあと）に、即位しています。あるいは、元明天皇のように「皇太子」の妃だったり。どっちにしても、結婚経験はあります。

孝謙天皇はなぜ、結婚しなかったのか？

この天皇が結婚しなければ、そのころの皇位継承の正系だった天武天皇・持統天皇の「直系」はとだえてしまうはず。だから、よけい気になります。

前例としては、わずかに1例。元正天皇の「不婚」の例があります（即位のとき36歳）。

元正天皇の不婚の理由については、こんな見方が有力です。

元正天皇の適齢期は、ちょうど持統天皇が孫の文武天皇に皇位をゆずろうとしていた時期にあたる（695〜697年）。ところが当時、15歳だった文武天皇は病弱。ながく皇位をたもてるか不安があった。そこで、姉の元正天皇がそのあとの天皇になる可能性があったので、もし夫があるとその処遇に問題を生じかねない。女帝の夫ということで、その男性皇族にも即位の可能性がでてくるからだ。皇后が即位して女帝になったように。そうすると、皇位の「直系」継承の障害になってしまう。だから「不婚」をもとめられたのである——と（松尾光氏「元正女帝の即位をめぐって」）。

なかなかウマイ説明ですよね。ただし、この見方を支持する学者からも——

「（文武天皇が若くしてなくなったという）その後の経緯を知る歴史学者のあと知恵のような感もなきにしもあらず」

——なんて言われていますが（水谷千秋氏『女帝と譲位の古代史』）。

元正天皇は聖武天皇の「母」?

元正天皇の不婚について、もうすこしだけ、こだわってみます。こんな事実があるから――。

元正天皇の弟が文武天皇で、その文武天皇の子が聖武天皇（母は病気がちの藤原宮子）。なので、元正天皇と聖武天皇は、じっさいの血縁ではオバとオイの関係。

なのに、両者を母―子の関係とする史料がいくつもあるんです。

元正天皇じしんのことばでも、聖武天皇のことを――

「我《わ》が子《こ》」「吾《わ》が子」「我が児《こ》」「朕《わ》が子」（『続日本紀《しょくにほんぎ》』5・7・10・45詔《しょう》）――とよんでいます。ぎゃくに、聖武天皇も元正天皇のことを――

「王《み》祖母《おや》」（同7詔）――

とよんでいるんですね。この「祖母」というのは、漢語の用法とはちがって「祖」も「母」も母親のことを意味します（本居宣長《もとおりのりなが》「続紀歴朝詔詞解」）。

さらに『興福寺流記《こうふくじるき》』には、元正天皇を聖武天皇の「神母」と表記しています。

こうした事実から、「（聖武天皇は）いつの時点かで元正の養子にされた」と想定する意見があります（東野氏前出）。あるいは「親子の関係が擬制的に結ばれていた」（水谷氏前出）とか。

聖武天皇（首皇子）が皇太子にたてられた前後に、元正天皇（氷高内親王）の給与がふやされ（１０００戸《こ》プラス。ほかの親王らは２００戸）、位《くらい》も二品《にほん》から一品《いっぽん》にあげられています

(内親王として史上初)。これも、そうした「母―子」関係をふまえると納得できます。

聖武天皇の「母」ということは、文武天皇の擬制的な「皇后」にもあたるってこと(藤原宮子は「夫人」で皇后よりランクが下)。

そうすると、聖武天皇の誕生(701年。元正天皇21歳)よりまえから、文武天皇のあとつぎの「母」になるために不婚がもとめられていた可能性もあるのでは。

「(元正天皇が)不婚であったのは、文武の擬制的な皇后としての立場に配慮したもの」(仁藤氏前出)――という意見も、そうした文脈から、あながちむげには否定できないんじゃないですか。

では、孝謙天皇の不婚の理由はどうか。

不婚の理由

聖武天皇は皇位の「直系」継承をのぞんでいました。とくに、光明皇后とのあいだに生まれた子への継承を。

孝謙天皇はその第1子。でも、あとに男子が生まれれば、そっちが優先されます。げんに9歳下の弟が生まれ、生後1か月あまりで異例ながら皇太子となりました。が、その弟は1年たらずで亡くなってしまいます(その死の翌年、光明子《こうみょうし》が皇后に)。しかも、その後、子どもが生まれません。

かくて、孝謙天皇の即位の可能性はぐんとたかまりました。いっぽうで、光明皇后の男子出産の可能性がまったくうしなわれたわけではありません（孝謙天皇の適齢期16〜18歳ころ、光明皇后はまだ33〜35歳）。

となると、孝謙天皇はやはり不婚をもとめられることになります。夫をもつと、その男性皇族が即位する可能性がでてくるからです。あるいは、子ども（「継嗣令」に規定する「女帝の子」）が生まれても、皇位継承上のトラブルがひきおこされかねません。

もちろん、以上はあくまでも「推理」です。

だから、「女帝に対する不婚強制は結果論的な解釈であり、明証する史料は存在しない」（仁藤氏）といわれちゃうと、そのとおりなんですね。

でも、結婚相手になりそうな男性皇族はいました（舎人親王《とねりしんのう》の子の池田王《いけだおう》や船王《ふねおう》など）。孝謙天皇本人に身体上の問題があったともおもえません。現代のように恋愛結婚の時代ではありません。不婚にはしかるべき理由があったはずなんです。

しかも、元正天皇のときのように、だれかの擬制的な「母」になったけはいは、ありません。だから、そうした事情で不婚をもとめられたってことは、かんがえにくい。

となると、さっきの推理が一番（かどうか）ツジツマがあいそうなんです。

そこでいちおう、ここではさっきのような「理由」だった——とみておきましょうか。この不婚の女帝、孝謙天皇が出家後、重祚したのが称徳天皇です。

称徳天皇といえば、どうしても避けてとおれないのが、この章のはじめで触れた「道鏡事件」。その真相やいかに？

道鏡が皇位をねらった？

そもそも「道鏡事件」って何？　という人がいるかもしれません。大まかになら知ってるよ、という人もいるでしょう。

一般的には、こんなカンジで受けとめられているはずです。

称徳天皇の時代。天皇から目をかけられていた道鏡という僧がいた。「大臣禅師《だいじんぜんじ》」↓「太政大臣禅師《だいじょうだいじんぜんじ》」と、トントン拍子《びょうし》で出世をとげ、ついに天皇に準じる「法王《ほうおう》」にまでのぼりつめた。ところが、よせばいいのに、さらに上の天皇の地位をねらって、宇佐八幡宮《うさはちまんぐう》（大分県、いまは宇佐神宮）の託宣《たくせん》までデッチ上げた。「道鏡を天皇にすれば天下太平《てんかたいへい》となるだろう」と。その真偽をたしかめるために派遣されたのが「忠臣《ちゅうしん》」和気清麻呂《わけのきよまろ》。清麻呂が宇佐からかえって報告した神託は——「わが国はじまっていらい、皇統につながらないものを皇位につけたためしはない。道理にはずれた野望をいだくような人物は追放せよ」というものだった。これによって道鏡のくわだてはついえた。メデタシ、メデタシ、と。

でも、この話だと道鏡のやったことは、律に規定する8つの大罪「八虐《はちぎやく》」の筆頭、君主に危害をくわえようとする「反《へん》を謀《はか》る」(謀反《むほん》。「名例律《みようれいりつ》」6条)にほぼ該当するのでは。「謀反」が発覚すれば、首謀者ばかりか関係者一同、みな「斬《ざん》」刑に処されました(「賊盗律《ぞくとうりつ》」1条)。

でも、道鏡は死刑になったりしていません。称徳天皇の存命中は法王のまま。称徳天皇がなくなっても、左遷されて、いまの栃木県にあった関東第一の大寺、日本3戒壇《かいだん》のひとつ、下野《しもつけ》薬師寺《やくしじ》の造営にあたる職に任じられたにすぎない。これは事実上の追放刑でしょうが、いかにも手ぬるくありませんか。

そのほかにも、さっきのような事件の理解だと首をかしげることがあります(道鏡に手をかした人物のその後の処遇など)。

そこで、あらためて事件の「真相」にせまってみましょう。

空前絶後、出家の天皇

まず「まえおき」的に、称徳天皇の〝出家〟について。

この天皇は、国分寺の建立を指示し、東大寺の大仏の造立《ぞうりゆう》を思いたった聖武天皇のむすめであり、仏教伝来いらい最大の法会《ほうえ》とされた大仏の開眼供養《かいげんくよう》(752年)をみずから主催している（孝謙天皇のころ）くらいだから、もともと仏教への信仰はふかかったのです。

その天皇がいったん位を淳仁《じゅんにん》天皇（47代）にゆずったあと、病気になってしまいます。それを不思議な「法力《ほうりき》」でなおしてくれたのが、ほかならぬ道鏡。天皇の仏教への傾倒はいよいよふかまって、ついに「出家」をしました（762年）。

皇位をはなれた上皇《じょうこう》が出家するのは、すでに父、聖武天皇の前例があります。とくにおどろく必要はありません。

でも、はじめにものべたように、出家したまま天皇に復帰するというのは異例です。

天皇には、国家統治の主体としての立場とともに、日本の自然宗教である「神道《しんとう》」の至高の祭《まつ》り主《ぬし》としての立場もあります。だから統治主体として仏教を支援するのは、かまわないし、本人の意思と社会的ニーズにもとづいて、ジャンジャンやればいいことです。

でも、神道最高の「祭り主」たるべき天皇が、出家して仏教内部の存在というのは、人々の合意をえることが至難だったはずです。

よくわが国の宗教的伝統の特色はシンクレティズム（重層信仰）にある、などといわれます。たしかにそうした側面もハッキリみられます。「神仏習合《しんぶつしゅうごう》」といわれる現象がそうですね。神前でお経をよんだりとか。

でもいっぽうで、天皇の周辺や皇祖神《こうそしん》の天照大神《あまてらすおおみかみ》をまつる伊勢神宮《いせじんぐう》などでは、神―仏を「隔離」する意識がつよかった点も、みおとせません。

そんななかで出家した身の称徳天皇の重祚があったわけですから、朝廷の貴族や役人たちがどう受けとめたか、だいたい想像できるでしょう。

しかも、即位にともなっておこなう天皇にとって最大の神事である大嘗祭《だいじょうさい》のさい（765年）、称徳天皇は、それまではばかっていた僧侶《そうりょ》の参列も、みとめています。当時、太政大臣禅師だった道鏡は、天皇のほかは側近で奉仕する少数の采女《うねめ》などしかはいれない、大嘗宮《だいじょうきゅう》のなかにまではいったかもしれない、という見方もあります（高取正男氏『神道の成立』）。なにより、神事をおこなう天皇じしんが、出家の身でした。

ついでに言及しておくと、この天皇の時代、伊勢神宮に直属の行政区域である「神郡《しんぐん》」内に寺院（神宮寺《じんぐうじ》）がたてられています（767年）。これも、称徳天皇がなくなってほどなく、神郡のそとにうつされた事実からして（田中卓氏『伊勢神宮の創祀と発展』）、かなり違和感をもたれるできごとだったでしょう。

異例ずくめの天皇

異例といえば、称徳天皇の重祚にあたり、即位式をあげたようすがありません。これはかなり変則です。

仲恭《ちゆうきよう》天皇（85代）が皇位継承の直後におこった承久《じようきゆう》の変《へん》（１２２１年）のために、即位式をあげないまま、３か月たらずで皇位をしりぞいた例があります。でもこれは戦乱のせい。やむをえない事情がありました。しかも、第４章でふれたように明治３年（１８７０）まで、歴代の天皇にいれられていなかったのです（「九条廃帝《くじようはいてい》」とよばれていた）。

これにたいし、称徳天皇にはそんな事情はまるでありません。

それどころか、先代の淳仁天皇をムリヤリ廃位《はいい》したうえでの重祚でした（まえにのべたように、淳仁天皇が歴代天皇にくわえられたのも明治3年）。これも異常なできごとです。

（天武天皇の血はついでいても、持統天皇の血はうけていない）「傍系《ぼうけい》」の天皇を、「直系」の上皇が皇位から追い出したかたちです。

称徳天皇はもちろん女性。しかも当時、皇位をはなれた上皇でした。でも「直系」皇統をついでいるので、男性天皇だった淳仁天皇を当然のように廃位させることができたみたいです（淳仁天皇は淡路島《あわじしま》にながされたので「淡路廃帝」とよばれた）。

この場合、「皇統」の権威が、「皇位」のそれを上回ったことをしめしています。

さて、そうした称徳天皇をめぐる異例・変則のなかでも、道鏡事件はとりわけ注目すべきものかもしれません。

というのは、この事件の首謀者は、じつは称徳天皇その人だったと考えられるからです。

こう言うと、おどろく人もきっといるでしょうね。「天皇じしんが道鏡を皇位につかせたがるなんて、ありえない！」って。

でも、この事件の基本史料である『続日本紀』をていねいに見ると、そうした結論におちつくのです。

まず、道鏡に目をかけて、大臣禅師→太政大臣禅師→法王と、どんどん引きあげたのは、もちろん称徳天皇です。

道鏡のために「法王宮職《ほうおうぐうしき》」なる国家機関も設置されました。あるいは、道鏡の出身地のいまの大阪方面の弓削《ゆげ》の地には「由義宮《ゆげのみや》」が建設され、それが拡大されて平城京につぐみやこ「西京《にしのきょう》」になっています（しかも西京の設置は道鏡事件のあと）。

こうした、事件の前後もかわらぬ、天皇の道鏡への破格の厚遇ぶりを、あらかじめ頭にいれておいてください。

そのうえで、事件そのものは、およそつぎのような経過をたどりました――。

事件の首謀者は？

７６９年（神護景雲３）５月ごろ。法王の道鏡を天皇にすれば天下太平となるだろう、との宇佐八幡宮の託宣がみやこにとどく。

6月ごろ。地方（岡山県方面）の新興豪族出身の下級貴族だった和気清麻呂が、神託をたしかめるために宇佐に出発。出発にさいし、道鏡は清麻呂にたいし、「よい返事をもってかえれば、たかいポストをあたえよう」とかたったという。

8月前半ころ。清麻呂は帰京して結果を報告。道鏡の即位を100パーセント否定した内容だった。

「わが国、ひらけてより以来、君臣《くんしん》さだまりぬ。臣をもちて君《きみ》とすることは、いまだあらず。天《あま》つ日嗣《ひつぎ》（皇位の継承者）は、かならず皇緒《こうしょ》（皇統）を立てよ。無道《むどう》の人（道鏡）はすみやかに掃《はら》い除《のぞ》くべし」――と。

これにたいし、天皇は烈火《れつか》のごとく怒《いか》る。神託をねじ曲げてウソの報告をしたというのだ。

そのため、清麻呂は地位も公職もすべて取りあげられる。ばかりか、姓もいやしい「別部《わけべ》」、名も「穢麻呂《きたなまろ》」にあらためさせられた。その上、いまの鹿児島方面に追放されてしまう（9月）。

こののち、道鏡の即位は立ちきえとなった。しかし、天皇の道鏡への厚遇はよりエスカレートした。

――以上。

この経過と、道鏡を法王にまで引きあげたいきさつを考えあわせると、事件の首謀者が称徳天皇じしんであることは、あきらかではありませんか。そう理解してこそ、称徳天皇がなくなったあとの、道鏡への処遇の手ぬるさも合点《がてん》がいくでしょう。

おそらく、当時の清麻呂ら朝廷の貴族や役人らには、そのことはよく分かっていたはずです。道鏡の即位をみとめる神託をもちかえれば、道鏡本人もさることながら、なにより天皇がよろこび、それが自分自身の大きな利益になることも。

ぎゃくにそれを否定する神託をもちかえったらどんな目にあうかも。

清麻呂はすべてを承知したうえで、さっき引用したような神託を報告したはずです。

それはやはり誠実な人物にしかできないことじゃありませんか。

清麻呂のうしろには、藤原氏だの○○氏だのという特定の勢力ではなく、おそらく朝廷内の圧倒的多数が、支持者として存在していたことでしょう。『続日本紀』におさめる称徳天皇の言葉（44詔）にも「清麻呂とこころを同じくして、ともに相談した者どもがいることも知っているが、いつくしみの気持ちでゆるす」といったくだりがあります。なにより、天皇が清麻呂に激怒しながら、けっきょく道鏡の即位を断念せざるをえなかった事実に、清麻呂支持勢力の巨大さをうかがうことができるでしょう。

でも、どんなに支持者がいても、じっさいに行動したのは清麻呂ひとりです。その「行動」は、結果として〝天皇との対決〟という厳《きび》しいかたちをとらざるをえないものでした。大きな勇気を必要としたにちがいありません。

なぜ道鏡の即位をのぞんだか

ここで当然ながら、ひとつの謎に直面します。

称徳天皇はなぜ、道鏡の即位をのぞんだのか？

もっとも単純な回答は——称徳天皇の道鏡への「愛情」のなせるわざ、というものでしょう。

『日本霊異記《にほんりょういき》』にはこんな伝説をのせています。

「道鏡法師《ほうし》が皇后（称徳天皇）とおなじ枕で寝て情交し、政治の実権をにぎって天下をおさめた」と。

この伝説は後世、さらにふくらんで道鏡「巨根《きょこん》」説までうみだします（瀧川政次郎氏『池塘春草』）。

こうした「情交」伝説の核になんらかの史実を想定し、事件をすべて天皇の私情に発するものと考える立場が、ひとつありえます。

だがこれについては、そのまま支持できないように思います。

まず「情交」の史実性については、すでに疑問視されています。「性的関係についてはなんらの史料もない。45歳の女性（称徳天皇）とおそらく60歳をこえているのではないかと思われる男性（道鏡）の間に、後世の文学が想像するような、いやらしいことが、どれほどあったか疑問である」（横田健一氏『道鏡』）と。

しかも、当時の皇位継承の正系だった「天武・持統直系」皇統をつぐ彼女は、強烈な「皇統」意識をもっていました。君主としての自覚も、なみなみならぬものがありました。私情から道鏡の即位をのぞんだとは、考えにくいでしょう。

つぎに思いつくのは、かつて称徳天皇が（孝謙天皇として）即位のさい、聖武天皇からかたられていたという「ことば」です（『続日本紀』29詔）。

「天下はそなたにさずける。君主を臣下にするのも、臣下を君主にするのも、したいようにすればよい」と。

じっさい、このことばどおり、「直系」としての権威を背景に、淳仁天皇を「臣下」にしてしまったわけです。

だからこんどは、人格・識見にすぐれている（と称徳天皇が信じた）道鏡を、血統などかかわりなく「君主」にしようとしたのか？

でも、それもどうでしょうか。まさか聖武天皇が、皇統につながらない人物も皇位につけてよい、などと考えていたはずがありません。そのことは、孝謙天皇のつぎの天皇候補として、天武〝傍系〟の道祖王《ふなどおう》を「皇太子」にしていた事実からも、あきらかでしょう。

一般の皇族も、立場としては「臣下」ですから、さきのことばの「臣下」も、あくまで皇統につながる者にかぎってのことでしょう。げんに、淳仁天皇が「臣下」にされたといっても、皇籍《こうせき》をうしなったのではなく、天皇から「親王」にさげられたまでのことです。

ではいったい、どう考えたらよいのでしょうか。

道鏡「皇胤」説とは？

どうやら称徳天皇にとって道鏡は、あくまで「中継ぎ」の天皇にするプランだったようです。

というのは、淳仁天皇を廃位したのも、道鏡を天皇にしようとしたのも、けっきょくは「直系」の血筋をまもるためだった――と考えられるからです。

最終ゴールは、井上《いのえ》内親王を介して聖武天皇の血をつぐ他戸《おさべ》親王への皇位継承です（河内祥輔氏『古代政治史における天皇制の論理』）。

聖武天皇 ―― 井上皇后 ―― 他戸親王

他戸親王の誕生は一説に761年（天平宝字5）という（『水鏡《みずかがみ》』）。ここから淳仁天皇廃位へのうごきがスタートします。淳仁天皇が在位をつづけ、その子への皇位継承の可能性がたかまるのをふせぐためでした。

その点、道鏡は僧なので当然、不婚。「中継ぎ」にはうってつけ——というわけにはいきませんよね。皇統をうけていないんだったら。

でもだいじょうぶ、という意見があります。「孝謙（称徳）は、他戸を守護する力を仏教に求めたのであろう。……それは、直系皇統の存続を願うための『菩提心《ぼだいしん》』にほかならない」（河内氏前出）と。

だが、称徳天皇がいくら出家の身で、仏教の信仰があついといっても、「菩提心」（真の道をもとめる心）で皇統につながらない人物を皇位につけることを決断できるものでもないでしょう。飛躍のしすぎでは。

となると——のこるは道鏡「皇胤《こういん》」説の再評価でしょうか。道鏡はじつは皇統につながっていたかもしれない、ということです。

正史《せいし》である『続日本紀』には、道鏡はいまの大阪方面を本拠とした弓削氏の出としています。ところが、朝廷高官の職員録である『公卿補任《くぎょうぶにん》』には、「天智天皇の孫。施基王子《しきのみこ》の子なり」という記事があります（『七大寺年表《しちだいじねんぴょう》』にも類似の記事）。

施基皇子は天智天皇の第7皇子《おうじ》（母は北陸方面の地方豪族のむすめ）。その子なら「天智天皇の孫」にあたります。

はたして『公卿補任』の記事は信用できるのか？

施基皇子の子として歴史上、名前がしられている人物たちにくらべて、道鏡とその弟のもともとの位がいちじるしく低いので、「あやしい」とする有力な意見があります（横田氏前出）。

これにたいし、「（道鏡とその弟は）母の出身が低かったので幼いときに中流貴族の弓削氏に養子に出されたのであろう」とする見方もあります（武光氏『古代史大逆転』）。もしそうした事情なら、位が低くても不思議ではありません。

そもそも、道鏡が天皇に準じる「法王」の地位にまでのぼりつめたことじたい、皇統をうけていなければ、通常ありえないことだったのでは。

でも、道鏡「皇胤」説をとると、和気清麻呂が報告した神託の内容と真正面《ましょうめん》からぶつかることになりませんか。つぎにその点を考えてみましょう。

「皇緒」の条件

清麻呂がつたえた神託は、「皇位の継承者は、かならず皇統につながっていなければならない。だから道鏡なんか、もってのほか！」という主旨でした。

だからもし道鏡が「天智天皇の孫」で、皇統につながっていたら、まったくツジツマがあいませんね。

でも、こう考えたらどうでしょう。

道鏡の正確な生年は不明ですが、およそ705年（慶雲2）前後のころと見られています。とすると、道鏡事件のころは60代なかばくらいの年齢です。「幼いとき」に弓削氏にはいっていたら、すでに60年ほどの歳月がながれています。

「継嗣令」の規定で血縁だけみれば、いちおう皇族の範囲内です（2世だから）。でも、臣籍《しんせき》にはいって半世紀をこえる歳月のながさから、朝廷の貴族や役人たちの感覚としてはすでに「皇緒」にあらず、と受けとられてもやむをえなかったでしょう。継体《けいたい》天皇のころとは、すでに時代がちがいます。また、ほかに皇位継承の候補となる皇族もいましたし。

じつはそのあたりが、称徳天皇と清麻呂たちとの最大の対立点だったんじゃないでしょうか。

天皇は、「天智天皇の孫」だから皇位継承にさしつかえはない、と見ていたのでは。しかも僧だから「不婚の男帝」として中継ぎにふさわしい、と。さらに擬制的な配偶者（皇婿《こうせい》・皇《こう》配《はい》）とあつかうことで、即位しやすくする方策を、考えたかもしれません。

これにたいして、朝廷につどう貴族や役人らは、もはや「皇緒」ではありえない、と。

ここでひとつ参考になるのは、称徳天皇のつぎの天皇を誰にするかについて名まえがあがった「皇胤」の文室浄三《ふんやのきよみ》とその弟のケースでしょう。

浄三らは「天武天皇の孫」です。だから、彼らを推すうごきがあったようです（日本紀略《にほんきりゃく》）。

しかし、すでに臣籍にくだって20年ちかくがすぎています。2人は高齢だったこともあり、かたくことわり、貴族の合意もできませんでした。

皇位をうけつげる「皇緒」の条件には、ただ皇統につながる「皇胤」というだけではなく、げんに皇族の位置にある（姓《せい》をおびて臣籍にはいっていない）という点も、重視されていたようです。

これほど人々は、皇位継承の条件に（ある意味で天皇本人以上に）厳格だったんです。ならば、もし道鏡が一介の「中流貴族」出身の僧でしかなければ、即位なんか100パーセントできっこないのは、称徳天皇にとっても自明だったはずです。さらに、つよい「皇統」意識をもつ天皇じしんが、たとえ仏教にふかく心をよせていても、そんな即位はたとえ「中継ぎ」であっても、みとめなかったでしょう。

――これで道鏡事件の「真相」をめぐる、私なりのデッサンは描きおえました。あとは、称徳天皇がなくなったあとの様子を、すこしだけのぞいて、この章をしめくくりましょうか。

皇統の交替

称徳天皇のあと、皇位をついだのは光仁《こうにん》天皇（49代／770～781年在位）でした。

なぜこの天皇なのか？

理由はかんたん。聖武天皇の血を女系でうけつぐ他戸親王の父だったからです（吉田孝氏『歴史のなかの天皇』）。

つまり、挫折《ざせつ》した道鏡とおなじように、他戸親王に皇位をつなぐ「中継ぎ」としての即位でした。このことは、生前の称徳天皇も同意していました。

もし光仁天皇から他戸親王へと順調に皇位の継承がなされていたら、「天武・持統直系」皇統はつぎの平安時代にまでつづいていたはずです。

ところが事態は一変します。他戸親王の母の井上皇后が、まじないで天皇を害しようとしたとして、母子ともども皇后・皇太子を廃されてしまいます。皇后の動機は、みずからの即位だったと見られています（本居前出、遠山氏『古代日本の女帝とキサキ』など）。

たしかに「中継ぎ」なら光仁天皇ではなく、聖武天皇のむすめ（1世）の井上皇后でもよかったわけです。ちなみに光仁天皇のほうが、血筋では天皇からよりとおいんですね。天智天皇の孫（2世）ですから。もっとくわしく言えば、さきに出てきた施基皇子の第6子です（生年からすると、道鏡が皇胤ならその異母弟か）。

とにかく他戸親王が廃されたので、天武天皇・持統天皇以来の皇統は、ほかの系統との交替《こうたい》をせまられます。他戸親王にかわって皇太子にたてられたのは、光仁天皇と百済《くだら》系の帰化氏族出身の女性（高野新笠《たかののにいがさ》）とのあいだに生まれた山部《やまべ》親王でした。のちに即位して桓武《かんむ》天皇（50

代／781～806年在位）になります。平安京《へいあんきょう》へ遷都《せんと》した天皇として、よく知られていますね。

なぜ女帝はとだえたか

さいごに、称徳天皇のあと、江戸時代まで女帝がとだえた事実について。

なんといっても、称徳天皇のふるまいは、人々に「女帝はもうコリゴリ」という感覚をふかく刻みつけたんじゃありませんか。

上皇の立場で天皇を廃位させたこと。出家の身で、即位式もあげずに重祚したこと。出家した天皇が大嘗祭をおこない、そこに僧侶も参列させたこと。伊勢の神郡に神宮寺をたてたこと。そして、きわめつきは道鏡事件。

「もうイヤだ」という感情が強烈にのこって当然でしょう。

しかも、それに追いうちをかけて井上皇后の一件がありました。皇后が「女帝」になろうとして天皇を呪《のろ》った。というのですから、女帝排除への〝ダメ押し〟になったにちがいありません。

それでも――見おとせないのは、女帝の可能性が完全にしめ出されていたのではなかった、という事実です。

2点、ふれておきましょう。

ひとつは10世紀後半の儀《ぎ》式書《しきしょ》『西宮記《さいきゅうき》』。この本の「即位」をめぐる記述のなかで、ふつうの天皇（成人男帝）の衣服のほかに、「童帝《どうてい》」や「女帝」の場合についても、それぞれ書いていました。

さらに、1155年（久寿2）、近衛《このえ》天皇（76代／1141～1155年在位）がなくなったとき。候補の雅仁《まさひと》親王（のちの77代後《ご》白河《しらかわ》天皇）が「即位の器量《きりょう》」ではないと見られ、かわりに近衛天皇の姉の八条院暲子《はちじょういんしょうし》を「女帝」とするなどの案がかんがえられました（『愚管抄《ぐかんしょう》』ほか）。けっきょく、雅仁親王の即位におちつきましたが、12世紀なかばごろでさえ、まだ女帝の可能性がすべてうしなわれてはいなかったんです（荒木敏夫氏『可能性としての女帝』）。

ただし、しだいにシナからはいってきた父《ふ》系制《けいせい》の影響が拡大していくなかで、女帝の登場がむずかしくなっていった事情も軽視できませんが（成清氏『女帝の古代史』）。

さて、時代は平安時代へとうつります。平安時代の天皇といえば、やはり——

第6章 「千年の都」を建設した桓武天皇

かんむてんのう【桓武天皇】

●737〜806・3・17

在位781・4・3〜806・3・17

日本根子皇統《やまとねこみすまる》 弥照《いよてらす》 天皇と称する。光仁天皇の皇子。母は和乙継《やまとのおとつぐ》の女高野新笠《たかののにいがさ》。山部王と称し、光仁即位ののち親王号を与えられた。七七二年(宝亀三)異母弟の皇太子他戸《おさべ》親王が母の皇后井上内親王とともに廃されると、翌年立太子し、七八一年(天応元)天皇の譲位をうけて即位した。同母弟の早良《さわら》親王を皇太子としたが、七八五年(延暦四)藤原種継暗殺事件にかかわってこれを廃し、子の安殿《あて》親王(平城天皇)を皇太子とした。七八四年には長岡京、七九四年には平安京への遷都を行って政治の局面の転換をはかり、強大な皇権を確立した。地方政治の刷新を行い、また蝦夷《えみし》の征討を行って東北地方の支配を固めた。

百済系の血をひく天皇

桓武《かんむ》天皇（50代）――といえば、今上陛下《きんじょうへいか》（いまの天皇）のお言葉を思い出す人がいるかもしれませんね。

平成13年12月18日、23日の「天皇誕生日」を前にして天皇陛下が記者たちにおっしゃったお言葉のなかに、つぎのようなご発言がありました。

「私自身としては、桓武天皇の生母が百済《くだら》の武寧《ぶねい》王（25代／501～523年在位）の子孫であると、続日本紀《しょくにほんぎ》に記されていることに、韓国とのゆかりを感じています」

これは『続日本紀』の記事（延暦9年正月15日条）に、桓武天皇の生母、高野新笠《たかののにいがさ》について「百済の武寧王の子の純陁《じゅんだ》太子の子孫」であると出てくるのにもとづくご発言でした。

新笠の父は和乙継《やまとのおとつぐ》。だから、もとは「和」の姓《せい》を名乗っていました。のちに「高野」にあらたまったのです。

和氏は武寧王の子の純陁太子の子孫とされる帰化《きか》氏族です。でも氏族の系譜って、けっこうアテにならないんですね。百済系だったにしても、ホントに王族の血をひいていたのかどうか、たしかなことはわかりません。

その点は、陛下も「（そのように）続日本紀に記されている」とおっしゃるにとどめておられます。さすがに慎重な言いまわしですね。

あのご発言に接して、「百済系の血をつぐ天皇がおられたのか！」とビックリした人も、いるかもしれません。

ただ誤解しちゃいけないのは、すでに帰化して長い歳月がながれていた——ということ。和氏は、だいたい6世紀のはじめごろに帰化しただろう、と考えられています。そうすると、もう300年ちかくも経過しているんです。もうバリバリの日本人ですよ。

ついでに言っておくと、そのころ近畿方面には、帰化系の氏族がいっぱい活躍していました。

平安時代はじめごろの『新撰姓氏録《しんせんしょうじろく》』（815年）という本があります。これは、当時の首都圏（京都・奈良・大阪方面）で活躍していた諸氏族のルーツを公式にしらべ、整理したもの。それをみると、対象となった1182氏のうち、じつに326氏が帰化系の氏族でした。4分の1をはるかに超過しています。数百年の月日をへて、じつに多くの外来系の人々が、しっかり日本の社会に定着し、溶け込んでいた事実をわすれないようにしたいですね。

小沢一郎氏の放言

ところが、平成21年12月12日。韓国・ソウルの国民大学で、民主党の小沢一郎氏が講演したとき、こんな放言をおこなっています。

「桓武天皇の生母は、百済の王女さまであったと天皇陛下自身も認めておられます」

学者でもない小沢氏が歴史に無知なのは、しかたがないかもしれません。本当は、わが国の有力な政治家がそれじゃあ困るのですが。ひとまず百歩譲っておきましょう。百歩譲って、日本に帰化して300年（！）ほどもたつ和氏出身の高野新笠は「百済の王女さま」なんて大ボケを、彼自身の無知な発言としておこなったのなら、まださげすみ笑っていればすむ（ただそれも海外でやられちゃうと、ちょいと事情はちがってくるが）。

しかし、それをトラの威を借るキツネよろしく「天皇陛下自身も認めておられます」なんて言ったとなると、笑って見のがせません。二重のウソですから。なにより、慎重な発言をされた陛下に無礼ですよ。

このとき、彼はこんなことも言ってました。

「（古代の朝鮮半島に）新羅《しらぎ》・百済という国がありました。古代のものの本にも、日本の大和朝廷と新羅や百済の皆さんとの交流の中で、いわゆる通訳を使ったという記録はありません。というのも、結局、言葉そのものも同じであったということであろうと思います」

どうもこの講演の記録をとおして読んでみると、「皇室のルーツは韓国」と言いたくてしかたがないようです。何のためにそんなことを言うのか、動機がよくわかりませんが。そう言えば韓国の人たちがよろこぶと思って、ひたすら媚《こ》びているのでしょうか。

しかし、デタラメを言って、その場かぎりの歓心を買うやりかたというのは、相手をよほどバカにしていないとできないことでしょう。

百済・新羅とわが国との交渉に通訳が欠かせなかったことは、『日本書紀』にチラッとでも目を通せば、すぐにわかることです。

たとえば、『書紀』14巻の雄略《ゆうりやく》天皇7年の記事をみると、百済からわが国に職人たちが送られてきたなかに、卯安那《ぼうあんな》という通訳がいました。あるいは、おなじく25巻の大化5年（649）の記事に、当時わが国にたいして従属的な立場にあった新羅から、上級の役人が人質としてやってきたとき、37人の従者のなかに、1人、通訳もまじっていたことが出てきます。

小沢さん、いったいどんな「ものの本」を読んだことやら。

まぁ、これ以上、政治家のタチのわるい放言につきあうのはやめましょう。

桓武天皇の生母が百済系帰化氏族、和氏の出身だったという話です。当時、それだけ日本社会にしめる帰化人《きかじん》のウェイトが重かったということです。

そうそう、ちかごろ「渡来人《とらいじん》」なんて言葉が、よく歴史の教科書などに出てきますね。だけど、それだとただ海外から国内に渡ってきたという移動だけの話になってしまって、そのあと日本の社会に定着したという事実がかくされてしまう。いいかげん使うのはよしたほうがいいね（松尾光氏「『帰化人』と『渡来人』」、中野高行氏「『帰化人』という用語の妥当性」、平野邦雄氏『帰化人と古代国家』など）。

はじめての「践祚の儀」

それにしても、帰化系の生母をもつ天皇が登場したのは、不思議な歴史のめぐりあわせによるものでした。

さきの章でもふれたように、桓武天皇の父、光仁《こうにん》天皇（49代）は、男系の血筋では、けっして皇位継承に有利なポジションにいたわけではなかったんです。でも、妃《きさき》が聖武天皇のむすめの井上内親王《いのえないしんのう》で、すでにその子に他戸親王《おさべしんのう》が生まれていました。女系で聖武天皇の血をうけつぐ他戸親王につなぐ、道鏡にかわる「中継《なかつ》ぎ」として即位したのです。

ところが、すでにみたようないきさつで井上内親王も他戸親王も排除されてしまい、結果として桓武天皇が皇位を受けつぐことになりました。

こんな予想外の展開が重ならなければ、桓武天皇の即位はなかったでしょう。

宇多《うだ》天皇（59代／887～897年在位）の日記（『寛平御記《かんぴょうぎょき》』）をみると、光仁天皇が皇太子を立てようとしたとき、あわや「他帝《たてい》の子」（ほかの天皇の子）が多くの貴族たちによって擁立《ようりつ》されるところだったといいます（『扶桑略記《ふそうりやつき》』寛平2年〈890〉2月13日条に引用）。

それは、当然といえば当然かもしれませんね。光仁天皇じしんが他戸親王への「中継ぎ」だったのですから。他戸親王が廃されたからといって、ただちに光仁天皇の他の子（しかも生母は帰化系）に——という話にはならないでしょう。

それを挽回したのが、藤原百川《ふじわらのももかわ》らのはたらきだったようです。桓武天皇が百川の弟、良継《よしつぐ》のむすめ（乙牟漏《おとむろ》）をめとっていたので、彼らとしては、とても「他帝の子」が皇太子になるのを指をくわえて見のがすわけにはいかなかったはずです（彼女はのちに皇后）。

その即位も、光仁天皇の「譲位《じょうい》」によるものでなければ、ひと波乱あったかもしれません。

桓武天皇の皇位継承にあたり、はじめて、ただちに「剣《けん》・璽《じ》」をうけつぐ「践祚《せんそ》の儀」が、「即位式」にさきだっておこなわれました（781年4月、践祚の儀＝3日、即位式＝15日）。

これも、この天皇の皇位継承のあぶなっかしさを、ぎゃくに浮きぼりにした事実かもしれません。神器《じんぎ》のうけつぎに、空白をつくりたくなかったんですから。

「剣・璽」とは、皇位のしるしの「三種の神器」のうちの剣（草薙剣《くさなぎのつるぎ》の分身）と玉（八坂瓊曲玉《やさかにのまがたま》）。

もちろん、皇位の継承にあたり、三種の神器をうけつぐことは、ずっと以前からおこなわれてきました。そのことは、すでに第2章でものべましたね。時代によって、形式をかえてきたのです（大化前代↓律令制下）。

それがここで、今上陛下がおこなわれた「剣璽等承継の儀《けんじとうしょうけいのぎ》」とほぼおなじかたちの儀礼が登場したのです（拙稿「神器相承と昇壇即位」）。以後、現代まで1000年以上も基本のかたちをかえず、そのまま伝わってきたんです。あらためて考えてみると、スゴイことですよね。

ところで、思わぬいきさつで皇位についた桓武天皇。いくつもの巨大な事業にとりくみました。そのなかでも特筆すべきは、何といってもやっぱり遷都《せんと》ですよね。

まず、平安《へいあん》遷都のまえの、長岡京《ながおかきょう》（京都府）への遷都をとりあげましょう。

なぜ長岡遷都？

というか、平安京（京都府）への遷都は長岡遷都の延長線上のできごとにすぎなかった、ともいえるんですね。一般的には、もちろん平安遷都のほうがはるかに有名です。でも、歴史的な意義としては、長岡遷都のほうが重いんじゃないかな。

だって、奈良の平城京《へいじょうきょう》にピリオドを打つ！　っていうのが、すごく大切な意味をもったわけですから。

それに、宮域の基本的な配置プランが、平城京までと、長岡・平安両京のあいだで、大きくちがっていました。長岡京と平安京は、ほぼおなじなんですね。もっといえば、平安京の場合、長岡京のプランを全面的に踏襲《とうしゅう》していたわけです。その点でも、平安京は長岡京の延長線上の存在だったといえるんです。

では、平城京から長岡京への遷都はなぜ、くわだてられたのでしょうか？

これまで強調されてきたのは、皇統の「交替《こうたい》」です。

もちろん、神武《じんむ》天皇（1代）以来の皇統、という大きなつかみ方をすれば、交替もなにもありません。「一系《いっけい》」であり、「一統《いっとう》」であるといってよいでしょう。でも、奈良時代の皇位継承をになってきた「天武《てんむ》系」の皇統が、光仁天皇以来、「天智《てんじ》系」にかわった——と説明されてきました。その血統の交替にともない、「新王朝」にふさわしい首都建設をめざして長岡遷都がおこなわれた、というのです（瀧川政次郎氏『京制並に都城制の研究』、林陸朗氏『長岡京の謎《なぞ》』ほか）。

なるほど、一理ある見方のようにも思えますね。とくに、この考えかたの前提になっている、遷都は天皇の主導によるもの、という着眼は尊重されるべきでしょう。

遷都は天皇が主導するなんて、あたりまえのようですが、いつも必ずそうとは、かぎらないんです。平城遷都のときなど、藤原不比等《ふひと》の政治力が大きかったとも見られています。（林氏「平城京遷都の事情」）。

でも、桓武天皇の場合は、やはり天皇が主導したのでしょう。即位のときは、すでに45歳。皇位に縁遠かった一皇族として苦労もつんできています。しかも、皇位から遠かったぶん、いざ天皇になると、ぎゃくに強烈な君主意識をもちました。「天皇とはいかにあるべきか？」をたえず自問自答していたように見えます。母親が、身分が低いとされた帰化系氏族の出身だったコンプレックスも、ぎゃくに奮起《ふんき》するバネにしていましたし。

しかも、桓武天皇にとってさいわいなことに、天皇の意志をさえぎる存在もいませんでした。天皇を皇太子にするのに力をつくした藤原百川ほか、藤原氏の有力な政治家は、ほとんど即位まえになくなっています。わずかに残っていた左大臣《さだいじん》の魚名《うおな》も、ほどなく失脚し、死んでしまいました。

そもそも桓武天皇は、その治世においてほぼ一貫して、統治組織である太政官《だいじょうかん》のトップの太政大臣《だいじょうだいじん》も左大臣も、任命していません。政権の上層部にあたる右大臣《うだいじん》や大納言《だいなごん》も、老齢でおだやかな人物ばかりを配置しました。天皇は中納言《ちゅうなごん》以下の中小氏族の官僚を直接指揮し、みずから政治の前面に立ったのでした。

で、天皇主導の長岡遷都は、はたして皇統の「交替」がおもな動機だったのでしょうか？

「天武系」もつなぐ

どうもそうではないようです。

というのも、「桓武（天皇）には天武－聖武の皇統を積極的に否定する意志はなかった」（吉田孝氏「9－10世紀の日本」）とされているからです。

亡《な》くなった天皇の命日にお寺で法要《ほうよう》をいとなみ、身をつつしむ「国忌《こっき》」という制度があります。のちには、天智天皇（38代）、光仁天皇（49代）、桓武天皇などの命日に固定し、「天智系」の天皇を特別あつかいしている印象がつよいのですが、平安時代のはじめには、「天武系」とされる天皇の命日もはずされていなかったことが『新撰年中行事《しんせんねんじゅうぎょうじ》』などによってわかります（堀裕氏「桓武天皇と国忌」）。

あるいは、桓武天皇の時代にまとめられた正史《せいし》の『続日本紀』のなかみも、「天武・持統直《じとう》系」皇統の称徳《しょうとく》天皇（48代）までで区切るようなことは、していません。聖武天皇のむすめの井上内親王を皇后とした光仁天皇はもちろん、桓武天皇じしんの治世《ちせい》の途中（791年〈延暦10〉12月）までもふくんでいるのです。皇統の「交替」を強調する意識がつよかったら、こんな歴史書のつくり方はしないでしょうね、ふつう。

さらに、こんな事情もあります。桓武天皇の妃《きさき》のひとりに酒人《さかひと》内親王がいます。この内親王は、光仁天皇と井上内親王のあいだに生まれています（『本朝皇胤紹運録《ほんちょうこういんじょううんろく》』に高野新笠のむすめとするのは誤り。新日本古典文学大系『続日本紀』4、補注31―27参照）。ということは、「女系」で聖武天皇の血筋をうけた人物でした。桓武天皇と酒人内親王のあいだには朝原《あさはら》内親王が生まれ、つぎの天皇である平城《へいぜい》天皇（51代）にとついでいます。しっかり「天武系」の皇統も、こんなかたちで受けつがれているんですね。

酒人内親王をめとったことについては、すでにこんな指摘もあります。

「桓武（天皇）が酒人（内親王）を妻としたのは……その頃既に40歳前後の年齢であり、この婚姻《こんいん》は桓武自身の意志によるものであろう」（河内祥輔氏『古代政治史における天皇制の論理』）と。

ならば、桓武天皇は「天武系」の血筋も自覚的にのこそうとしたと考えられます。さらに朝原内親王を平城天皇にとつがせたのも、おなじ意図がはたらいていたのでしょう。

こうみてくると、「新王朝」にふさわしい首都建設という一見、わかりやすい説明も、無条件にそのまま受けいれるわけにはいかないでしょう。

血統は、男系では「交替」としたといえるいっぽう、女系ではうけつがれたと見ることもできるのです。

「『日本書紀《にほんしょき》』の仁徳《にんとく》―武烈《ぶれつ》系の位置づけと同じく、『続日本紀』においても天武系と天智系は対立的ではなく、一系的な流れのなかで説明されている」（仁藤敦史氏『女帝《じょてい》の世紀』）とされているとおりでしょう。

となると、遷都の理由はどう考えたらいいのでしょう？

仏教の刷新をめざす

ここで唐突《とうとつ》ながら、ひとりの人物が登場します。前章で重要なはたらきをした――和気清麻《わけのきよま》呂《ろ》です。

じつはこの人物、称徳天皇がなくなり、光仁天皇が即位すると、たちまち復権いたしました。くらいも「従五位下《じゅごいのげ》」にもどされます。

当時の役人は、五位以上が貴族です。そのなかで三位《さんみ》以上になると、上級貴族といってよいでしょう。おなじ五位でも、正五位上《しょうごいじょう》・下、従五位上・下と、4つのランクがありました。清麻呂の場合、その一番下のランクだったわけです。だからギリギリ貴族の仲間にいれてもらえるくらいの身分でした。ただしのちには従三位にまでのぼり、死後、正三位をおくられました。地方豪族出身者としては異例の出世です。

で、桓武天皇の即位（781年）とともに、いっきに4ランクアップの従四位下になります。それまで10年ちかくも従五位下どまりだったんですから、ここから清麻呂の人生が大きく転換していくことになります。

じつは、清麻呂は桓武天皇の側近グループのひとり、「ブレーンの有力なメンバー」とみられています（平野邦雄氏『和気清麻呂』）。

しかも、長岡遷都へのうごきが具体的にスタートするのは、大阪西北・兵庫南東方面をつかさどった摂津職《せっつしき》（のちに摂津国《せっつのくに》）から、奇妙な報告があってからのこと（784年5月）。それは、黒くまだらのあるヒキガエルが2万匹ばかり移動するという不思議なできごとがあり、これは「遷都をしたほうがよいという〝しるし〟」であるとの報告でした（『続日本紀』、『水鏡《みずかがみ》』）。

このときの摂津職の長官こそ、清麻呂。あきらかに長岡遷都へのムードづくりです。おなじ年の12月には、長岡京造営にてがらがあったとして、はやくも従四位上にくらいをあげられています。

ということは、長岡遷都は桓武天皇の主導によるのはもちろんながら、清麻呂にとってもそれに全面的に賛同できる理由があったということでしょう。権力にこびへつらうことをしない人物が、ここまで積極的に関与しているんですから。

ズバリその理由は、平城京で弊害が大きかった仏教の刷新《さっしん》ではないでしょうか。

遷都後、奈良から旧来の寺院の移転をみとめなかった事実は、そのことをよく示しています。飛鳥《あすか》から平城京への遷都のさい、大寺がつぎつぎに旧都から新都にうつってきたのとくらべ、そのちがいは明らかです。

奈良の多くの寺が利益追求に目がくらみ、高利貸しをやって人々をさんざん苦しめていたことが、桓武天皇の勅《みことのり》のなかにさえでてきます（７８３年〈延暦２〉12月）。

藤原広嗣《ひろつぐ》の乱（７４０年）を誘発した玄昉《げんぼう》や、前章であつかった道鏡など、僧侶による政治介入の悪弊も、目にあまるものでした（辻善之助氏『日本仏教史』第1巻ほか）。

その害悪を誰より切実に実感していたのは、道鏡事件の渦中に立たされた清麻呂その人でした。しかも彼が立派なのは、いたずらに仏教排撃に走るのではなく、その「再生」をねがったことです。

旧来の仏教勢力から訣別《けつべつ》し、その宿弊《しゅくへい》からのがれて政治を立て直すとともに、仏教そのものを新生させること。それこそ、長岡遷都の大きな目的だったのではありませんか。

和気氏と平安新仏教

そのことをうかがわせるのは、神願寺《しんがんじ》と高雄山寺《たかおさんじ》(神護寺《じんごじ》、京都市)をめぐるいきさつでしょう。

神願寺は、道鏡事件で清麻呂が宇佐《うさ》に行ったとき、八幡神《はちまんしん》が皇位と国家を安泰にすべく仏《ほとけ》の力をかりたいので寺院をたてるよう求めたのに、こたえたとされるもの。以前から清麻呂がその建立《こんりゅう》を願い出ていたのを、桓武天皇が即位したのちに認め、詔《みことのり》を下してあまねく天下に告げました。

はじめ、私的な寺院としてスタートしますが、やがて桓武天皇によって官寺に準じた定額寺《じょうがくじ》のひとつに加えられてました(『類聚国史《るいじゅうこくし》』)。

この寺がどこに建てられたかは不明です。のちの『神皇正統記《じんのうしょうとうき》』は大阪東部あたり(河内《かわち》)

とします。でも、たしかな根拠はないようです。

『八幡愚童訓《はちまんぐどうきん》』には、京都方面（山城《やましろ》）にあったと書いています。そこからさらに、のちに石清水八幡宮《いわしみずはちまんぐう》が勧請《かんじょう》された土地とか、長岡京のちかくなどと推定する説もあります（平野氏前出）。

のちに清麻呂がなくなると、平安京の西北部の高雄山に墓をもうけ、ここが和気氏の氏寺《うじでら》の高雄山寺になったようです。そこで淳和天皇《じゅんな》（53代／823〜833年在位）の時代に、清麻呂の子の真綱《まつな》と仲世《なかよ》が、神願寺の場所が低地で汚《けが》れがはげしく、寺院をいとなむのにふさわしくないので、高雄山寺をこれにかえて定額寺にしてもらっています（806年）。

清麻呂も、その子たちも、決してやみくもに仏教を目のかたきにはしていません。それどころか、この高雄山寺は、わが国の天台宗《てんだいしゅう》の開祖である最澄《さいちょう》がはじめて天台の教えをといた場所でした。この「高雄法会《たかおほうえ》」は平安仏教の画期的な出発点とされていますが、もともと清麻呂の子の広世《ひろよ》と真綱のはたらきで実現したものです。

桓武天皇が天台宗をわが国で広めようと考えたとき、最澄を推薦して唐《とう》に留学させたのも、広世のちからでした。

あるいは、わが国に真言宗《しんごんしゅう》をひらいた空海《くうかい》も、最澄のあと、しばらく高雄山寺に住んでいます。同寺が定額寺になると、和気氏はこれを空海に託しました。空海はこの寺を「神護国祚真《じんごこくそしん》言寺《ごんじ》」（略して神護寺）と名づけています。

このように見ると、清麻呂は旧仏教の弊害を誰よりも骨身に徹して熟知し、その排除をもとめるいっぽう、仏教そのものの清新な再出発をねがっていたのだろうと思われます。そのためには、朝廷がいつまでも旧仏教の本拠地となっている奈良にとどまっていてはいけなかったのです。

そのことは、清麻呂をあつく信頼し、平安新仏教の指導者、最澄を重くもちいた、桓武天皇その人の考えでもあったはずです。

これまで長岡遷都の動機について、さまざまなことが語られてきました（喜田貞吉氏『帝都』、八木充氏『古代日本の都』、佐藤信氏「長岡京から平安京へ」ほか）。従来の諸説をむげに否定するつもりはありません。が、さしあたり、ここで述べたことに重きをおいて、理解しておきたいと思います。

つぎに、けっして見のがしてはならない長岡京時代（７８４〜７９４年）の大きな「飛躍」をとりあげます。

みやこのプラン変更

その「飛躍」とは、長岡京での宮域建設プランの重大な変更です。

藤原京・平城京では、天皇の居住空間である「内裏《だいり》」と、朝廷の国事や政務の場である「朝《ちょう》堂院《どういん》」が一体になってつながっていました。それは飛鳥のみやこの基本プランをうけついだものでした。

ところが長岡京では、当初、それまでどおり朝堂院と一体であった内裏（西宮）が、のちに分離して東方（東宮）にうつされました（清水みき氏「長岡京造営論」）。これは大きなできごとです。なぜか？

長岡京の第2次内裏（東宮、789年〜）では、天皇がここで日常の政務をみるようになります（制度化は792年から。『類聚符宣抄《るいじゆうふせんしょう》』）。これにあわせて、朝堂院はもっぱら国家的儀礼の場としての性格をもつようになります。この変化は、いってみれば「政務」と「儀礼」の分離ですね。

では、こうした変化はなぜおこったのでしょうか？

それは、天皇が朝廷の役人のひとりひとりに目をくばらなくても、上層部のかぎられた人たちと政策をきめれば、太政官を中心とした朝廷の統治組織全体に指示がいきわたる仕組み（古代官僚制）が確立したのに対応する変化でした（古瀬奈津子氏『日本古代王権と儀式』）。

律令制のもとで、役人の定員はおよそ1万人でした。そのうち、貴族とされる五位以上は当初、125人。この五位以上の役人が、桓武天皇のころには奈良時代初期とくらべて、2倍近くにまで増加していたようです（持田泰彦氏「奈良朝貴族の人数変化について」）。役人全体の規模も当然、拡大したはずですね。それだけ処理すべき事案もふえ、組織も巨大化していたのです。官僚制の整備が欠かせなかったのも、わかりますね。

個々の天皇の〝人格〟に依存しない「機構による政治」がはじまることになります。それが極点にまでいきついたのが、清和《せいわ》天皇（56代／858〜876年在位）にはじまる「幼帝《ようてい》」の登場でしょうか（清和天皇は9歳で即位）。幼帝の出現を、「象徴天皇制」の開始とみる見方もあります（今谷明氏『象徴天皇の発見』）。

ところが従来のみやこのプランでは、そうした「新しい政治」に対応しきれません。そこで長岡京では、はじめは古いプランだったのを変更して、朝堂院と切りはなされた第2次内裏（東宮）をつくったというしだいです。これは歴史上、前例のない重大な変更であり、飛躍でした。

このプランが、そのまま平安京にうけつがれたのも、当然でした。

もちろん、「平安宮の構造が朝堂院の構成（12堂）や豊楽院《ぶらくいん》の整備などにおいてより充実した形となり、平安京が条坊《じょうぼう》プランにおいてより計画的な設計をもつ」（佐藤氏前出）などの変更はありました。でも基本のプランは忠実にうけついでいたのです。

では、その画期的なプランをもつ長岡京がわずか10年で廃され、平安遷都（794年）がおこなわれたのはなぜでしょうか？

平安遷都はなぜ？

これまでよく言われていたのは、桓武天皇が非業《ひごう》の死をとげた早良《さわら》親王の怨霊《おんりょう》をおそれたため、というもの（喜田氏前出）。

しかし、怨霊への恐怖は、むしろ平安遷都後のほうが高まっていたようです（小林清『長岡京の新研究』ほか）。だから、ちょっと採用できませんね。

そこで注目したいのは、792年（延暦11）の6月と8月の2度にわたる洪水《こうずい》の被害です（『日本紀略《にほんきりやく》』）。

遷都後も造営に8年の歳月をかけ、ようやく完成もちかくなった長岡京に、2度も大水害がおそったのです。しかも水害をふせぐためにおこなっていた、川のながれをかえる工事も、失敗におわっていました（『日本後紀』）。ということは、ここで復旧工事をしても、いつまた洪水がおそってくるかわからないのです。

そこで、まっさきに平安遷都を提案したのは、またしても和気清麻呂でした。

これには、2つの意味があるでしょう。

ひとつは、じつは河川の改修工事の責任者は清麻呂でした。でも、その改修のメドがたたなかったことを示しているはずです。

もうひとつは、水害によって長岡京を廃する場合、奈良への還都論《かんとろん》がでてくる可能性があります。それを、機先を制しておさえこんだ、ということです。清麻呂にとって、奈良への還都は、国の発展を逆もどりさせる「悪夢」以外のなにものでもなかったでしょう。

もちろん、平安京にも奈良の寺院の移転はみとめていません。

のちに清麻呂は造宮大夫《ぞうぐうだいぶ》（長官）にも任命されています。ついに、平安京造営事業全体の責任者にまでなったのでした。

清麻呂にとって、道鏡事件は平安遷都をしあげることで、本当の決着をむかえたのかもしれません。フトそんな気がします。

「千年の都」平安京

あたらしい首都は、ねがいをこめて「平安京」と名づけられました。「平安」のみやこ。いい名前ですね。

平安京はこののち、明治天皇（122代／1867～1912年在位）が1869年（明治2年）に東京にうつるまで、千年以上にわたって、わが国の首都でありつづけました（ちなみに京都の平安神宮には、平安京最初の桓武天皇と最後の孝明《こうめい》天皇〈121代〉をまつってある）。

江戸時代の日本地図、たとえば伊能忠敬《いのうただたか》の地理学の師である、幕府天文方《ばくふてんもんかた》の高橋景保《かげやす》がつくった『日本辺界略図《にほんへんかいりやくず》』や『新訂万国全図《しんていばんこくぜんず》』などをみても、京都（平安京）を首都としてあつかっています（船越昭生氏「『新訂万国全図』（第一次手書本）の成立」）。

時代のくだった江戸幕府の高級官僚、景保でさえ、首都は江戸ではなく京都なのは当然、とこころえていたのです。

でも当時、政治権力の中心は、もちろん江戸。でも首都は京都でありつづけたのです。なぜでしょうか？

こたえはいたって簡単。京都こそ天皇のいる場所だったからです。天皇こそ、究極の「公《おおやけ》」の体現者として、政治権力をこえた国制上の最高権威だったからです。だから武家《ぶけ》独自の政治権力であるはずの幕府の頂点には、どうしても〝天皇に任命された「将軍」〟が欠かせなかったのです。って、さきまわりしすぎですか。

とにかく、平安京はまさに「千年の都」でした。桓武天皇はその「千年の都」の基礎をきずいた不世出《ふせいしゅつ》の英主《えいしゅ》（めったに世にあらわれない、すぐれた君主）といってよいでしょう。

しかも784年の長岡遷都につづく、794年の平安遷都ですから。この巨大な国家的事業を成功させた桓武天皇の指導力は、よほど卓越していたと想像できます。

しかも桓武天皇がおしすすめた事業は遷都だけではありません。つぎにその話題にうつりましょう。

体制の整備

ふたつ述べることにします。

まず、そのひとつ。国内体制の整備です。

これはさきに述べた官僚制の確立にもつながる事業でした。具体的には、さまざまな法令・注釈書・正史などがととのえられ、また律令体制の立てなおしが図られていきます。

まず、未完におわったものの、桓武天皇は格《きゃく》と式《しき》をまとめようとしていました（『弘仁格式《こうにんきゃくしき》』序《じょ》）。

格というのは、律令《りつりょう》を変更したり、補足したりする単独の法令です。それらを集大成しようとしていたのです。

式は律令をじっさいに実施するのに必要な施行細則《しこうさいそく》。これも役所ごとにためてきたのを、ひとつにまとめるつもりだったのでしょう。

しかも、ただこれまで施行されたものを集めて分類するだけでなく、体系だった法典としてまとめるのに不足な部分については、あたらしく資料の収集にものりだしていました。

たとえば、伊勢神宮《いせじんぐう》の内宮《ないくう》（皇大神宮《こうたいじんぐう》）と外宮《げくう》（豊受大神宮《とようけ》）から８０４年（延暦23）に提出された『皇太神宮儀式帳《こうたいじんぐうぎしきちょう》』『止由気宮儀式帳《とゆけぐうぎしきちょう》』があります。これは式のなかに、「伊勢大神宮式《いせだいじんぐうしき》」という伊勢神宮関係の規定を集大成した編目をつくるつもりで、神宮の神職に資料の提出をもとめたものでしょう（虎尾俊哉氏『古代典籍文書論考』）。

格も式も、本来は律令を制定したときに一緒にそなえているべき法令です。でも、それをまとめるのは、なかなか困難でした。だから奈良時代には、格・式の集成はなされていません。その、必要ではあっても至難な事業に、チャレンジしたのです。桓武天皇がいかに責任感と意欲をもった指導者であったかがわかりますね（このくわだては後世、弘仁《こうにん》・貞観《じょうがん》・延喜《えんぎ》の３代の格式として実をむすぶ）。

こうしたうごきともかかわって、このころ、『養老令《ようろうりょう》』の注釈書が、いくつも書かれています。『令釈《りょうしゃく》』、『跡記《あとき》』、原《げん》『穴記《あなき》』などです（中野高行氏『「令集解」の注釈書』）。

これらは大きくいって、シナ（唐）からうけいれた律令を、さらに日本の風土に根づかせようとする努力の一環、と見ることもできるでしょう。

また、和気清麻呂が『民部省例《みんぶしょうれい》』20巻をまとめています。これは、国民や農地の管理にあたる民部省の長官をつとめた清麻呂が、省内にたくわえられた施行細則としての「例」を集成したもの。桓武天皇とのちかい関係をかんがえると、当然、天皇の格式編纂《へんさん》につながるしごとでしょう。

そのほか、法令の施行や編纂もいっぱい（『刪定令格《さんていりょうきゃく》』45条、『新弾例《しんだんれい》』83条、『延暦交替式《えんりゃくこうたいしき》』など）。あるいは、事例集『官曹事類《かんそうじるい》』、『外官事類《げかんじるい》』などの役人の参考書も。

律令政治の躍動期

さらに天皇の命により、『日本書紀』につづく正史、『続日本紀』も完成しました。これが桓武天皇じしんの治世の延暦10年（791）までをも対象としているのは、まさに異例中の異例。もちろん、これにはいろいろ批判も可能でしょう。はたして公正な歴史記述ができるのか、とか。でも、本人の意欲と自信は、並大抵《なみたいてい》ではありません。

このほか、律令体制をより現実に機能させる、さまざまな手だてを打ちだしています。

農民への出挙《すいこ》（財物全般の利息つき貸しつけ）の利率をさげ、負担軽減をはかる。

さまざまな困難に直面していた班田収授《はんでんしゅうじゅ》の期間をのばし、励行につとめる。

公民の兵役《へいえき》をたてまえとした軍団《ぐんだん》をやめ、地方の有力者である郡司《ぐんじ》の子弟による少数精鋭の健児《こんでい》にあらためる。

地方行政にあたる国司《こくし》の監督を強化する。

——など。

こうみてくると、このころが律令政治の躍動期だったことが、わかりますね。

さきに「体制の整備」なんていいましたけど。もっと能動的《アクティブ》ですよね。

平安遷都もダテじゃなかった——ってところでしょうか。

ではつぎに、ふたつめ。

エミシ征討

蝦夷《えみし》（平安中期からは「えぞ」とよむ）征伐《せいばつ》——なんていうと、いまどき叱《しか》られちゃうかな。

だったら「律令国家の領域拡大」とか？

とにかく、東北のエミシの社会に律令型の統治をおよぼしていくことは、先帝の光仁天皇のころからの課題でした。

しかし、その抵抗は根強く、反乱にもなやまされていました。

桓武天皇はこの課題にも敢然といどみました。

789年（延暦8）、慎重な準備のうえ、5万人あまりの征討軍《せいとうぐん》を派遣。この大軍でさえ、エミシの族長、アテルイ（阿弖流為）の軍勢に包囲され、さんざんな大敗を喫《きっ》しました。朝廷軍の死者、じつに千余人。このころの人口は550万人くらいと推計されている（鬼頭宏氏『人口から読む日本の歴史』）ので、たいへんな数です。

だが桓武天皇はくじけません。

翌年からつぎの準備にはいり、794年（平安遷都の年）には10万の大軍を出発させます。征夷大将軍《せいいたいしょうぐん》は大伴弟麻呂《おおとものおとまろ》。副将軍が有名な坂上田村麻呂《さかのうえのたむらまろ》でした。今度はついにエミシ社会の中心部、胆沢《いさわ》の地（岩手県水沢市あたり）をほぼ平定します。田村麻呂はこのときの活躍がみとめられて、797年に征夷大将軍に任命されました。

802年には、田村麻呂は胆沢城をきずきます。そのうえ、ついにアテルイを降伏させました。アテルイともうひとりの首領をつれてみやこに着いた田村麻呂は、ふたりの助命をもとめます。彼らをかえせば、現地でエミシと協力関係をむすべる、というのです。

だが、エミシらへの恐怖心でこりかたまった、みやこの貴族たちはゆるしません。結局、ふたりは斬られることになりました。田村麻呂はさぞ、なげいたにちがいありません。

『日本後紀《にほんこうき》』の記事（弘仁2年5月23日条「薨伝《こうでん》」）をみると、田村麻呂は部下の兵たちにやさしく接し、兵は死力をつくしてたたかうことで、その温情にこたえた、とあります。『田村《たむら》麻呂伝記《まろでんき》』には、「笑ってマユをゆるませると、おさなごも、たちまちなついた」と書いてあります。こういう人物こそ、真に強い武将なのでしょう。その死にさいし、とくに勅命《ちょくめい》（天皇の命令）によって、甲冑《かっちゅう》をきて、刀をおび、弓矢をもった完全武装のすがたで、東にむかって立ちすがたのまま葬《ほうむ》られた、とつたえられています。ちなみに、坂上氏も帰化系氏族でした。

ともあれ、こうして律令国家の領域は、大きく東北方面に拡大したのです。

それが遷都とおなじ時期に、並行しておこなわれたことに、いささかおどろいてしまいますが。

「徳政」論争

そろそろ、この章もしめくくる場面にいたりました。

天皇がなくなる前年、805年(延暦24)12月——。

天皇の命により、朝廷首脳部の藤原緒嗣《おつぐ》と菅野真道《すがののまみち》が「天下の徳政《とくせい》」をめぐり論争しました(徳政とは民衆にめぐみをもたらす政治)。緒嗣はこう主張します。

「いま、天下の人民がくるしんでいるのは〝軍事〟(エミシ征討)と〝造作《ぞうさく》〟(平安京造営)によってである。このふたつの事業を停止すれば、人々はやすらぐことができるだろう」と。

これは、桓武天皇の治世での最大の事業にたいする根本的な否定、でなくても重大な路線変更を主張する意見です。

当然、これにたいして真道はつよく反論しました。

しかし、桓武天皇は意外にも緒嗣の意見を採用しました。ただちに計画中の第4次エミシ攻伐を中止し、平安京の造営にあたる造宮職《ぞうぐうしき》も廃止したのです。これこそ、「公」を体現すべき天皇の公平無私な態度と、当時の人々は心をうたれたでしょう。

しかも、このいきさつには、もうひとつウラがあったのかもしれません。

緒嗣は、桓武天皇の即位に大きな貢献をした百川のむすこ。天皇もとびきり目をかけていました。そこで彼にひとしばい打たせたのかも。

天皇じしん、「軍事」と「造作」が国家財政の最大の負担になっていることに気づいていました。そのうえ、民衆の労苦をいたわる手だてに、頭をなやませていたのです。しかし、ふたつの事業とも徹底してやりとげようとすれば、まだまだ出口は見えません。でも、もうほぼ目的を達したともいえる段階にきていました。

そこで、これまで全力をかたむけてきた事業はうちきることを、天皇は決意します。

そうするとのこる問題は、うちきりかたです。これだけの大事業を長年つづけると、その継続をのぞむ貴族や役人も多くでてきます。いままで、その事業の先頭に立ってきた天皇じしんが、「やっぱりムダだからやめよう」といってしまうと、天皇本人はそれで平気でも、天皇という公的な地位の信用がキズつきかねません。

そこで考え出されたのが、緒嗣におおっぴらに批判させ、反論もぞんぶんにいわせたうえで、最後に天皇が決着をつけるというやりかただった――のではないでしょうか。

『日本後紀』には、天皇の裁定をきいて心ある人々はみな「感嘆」したと書いています。たしかにみごとな決着のつけかたでした。「有終の美をかざる」という表現にピッタリです。

後世のたより

『日本後紀』は『続日本紀』につづく3番目の正史。その編修の中心にいたのが、ほかでもない緒嗣でした。ですから『後紀』に緒嗣のかんがえが色こく反映されただろうことは、すでに指摘されています（坂本太郎氏『六国史』ほか）。

その観点からみると、同書で桓武天皇の崩御《ほうぎょ》（806年）にふれたあと、その略歴をのべ、圧縮した表現ながら、十分に生前の聖徳と偉業をしるしているのは、いささか感慨《かんがい》をさそわれます。とくに――

「（即位してから）心を政治に励まし、内《うち》には興作《こうさく》をこととし、外《そと》には夷狄《いてき》をうつ。当年《とうねん》の費《ついえ》といえども、後世《こうせい》の頼《たより》とす」

――とあるのは、桓武天皇が生涯をかたむけた「興作」（平安京造営）と「夷狄をうつ」（エミシ征討）という2つの大事業にたいする、みごとな讃辞《さんじ》といえるでしょう。

「当年の費」、つまり同時代的にみれば、莫大《ばくだい》な財政負担であるが、それは結局、「後世の頼」、つまり後代への大きな恩恵となるものだった――というのです。

これほど桓武天皇の偉大さの本質にせまった称讃《しょうさん》のことばはないでしょう。

と、同時に、真道との論争のさいの緒嗣の本心も、のぞきみる思いです。

あのとき、緒嗣は「当年の費」であることを、もっぱら強調しました。事業停止を求めるには、そうした論のたてかたしかなかったからです。でも、これまで天皇がとりくんできた「造作（興作）」と「軍事（夷狄をうつ）」は、けっしてムダではなかった。なぜならそれは「後世の頼」となるものだから。それが緒嗣の本当のかんがえかたでした。

「当年の費といえども、後世の頼とす」

桓武天皇はそのことを自覚したうえで断固としておこない、言い訳もしないで、みずからみごとに幕をひいたのです——。

第7章 ひまごが将軍になった後鳥羽天皇

ごとばてんのう【後鳥羽天皇】

●1180・7・14～1239・2・22

在位1183・8・20～98・1・11

高倉天皇の第四皇子。名は尊成《たかなり》。母は藤原信隆の女七条院殖子。一一八三年(寿永二)平氏が安徳天皇とともに都落ちしたため、神器のないまま践祚《せんそ》。当初は祖父の後白河法皇が院政を行っていたが、九二年(建久三)法皇の没後は九条兼家、九六年に兼家が失脚すると源通親が実権を握った。九八年土御門《つちみかど》天皇に譲位して院政を始め、一二〇二年(建仁二)通親の没後は独裁化した。西面の武士や和歌所を設置して文武両道の振興をはかった。また多数の院領荘園を基礎とする財力によって水無瀬《みなせ》・鳥羽・宇治などに離宮を造営し、熊野に二八度も参詣して権威を示した。鎌倉幕府に対しては外戚坊門信清の女を源実朝の妻とするなど公武の融和に努めたが、実朝暗殺後は皇子を将軍として迎えたいとする幕府の要望を拒んで倒幕に傾き、二一年(承久三)挙兵したが完敗して出家。隠岐島に配流となり、同地で没した。

幼帝と摂政

前章の平安時代の最初の天皇から、この章ではいっきに平安時代末、鎌倉時代のはじめの天皇、後鳥羽《ごとば》天皇（82代／1183～1198年在位）へとワープします。期間として、ざっと400年、天皇の代数で30代以上のジャンプ。ちょっと「飛び」すぎかも。

そこで、平安時代の天皇にかかわる2つの話題にだけ、ほんの「申し訳」程度、ふれておきましょう。

2つのテーマとは、「幼帝《ようてい》」と「院政《いんせい》」。

すでにチラッと言及したように、清和《せいわ》天皇（56代）以降、おさない天皇がどんどん登場することになります。天皇は30代、40代の年齢で即位するのが当然だった時代とくらべると、たいへんな変わりようです。

幼帝には当然、補佐が必要です。その補佐にあたったのが「摂政《せっしょう》」です。

摂政は、天皇の命をうけて、天皇にかわって国政をとりおこなうこと、またそれをおこなう者をさします。もともと皇族がその役目にあたっていました。

推古《すいこ》天皇（33代）の時代の聖徳太子《しょうとくたいし》、斉明《さいめい》天皇（37代）のときの中大兄皇子《なかのおおえのみこ》、天武《てんむ》天皇（40代）のころの草壁皇子《くさかべのみこ》が、「皇族摂政」とされています。

これにたいし、臣下《しんか》が摂政をつとめる場合、「人臣摂政《じんしんせっしょう》」といいます。人臣摂政の最初が、清和天皇のときの藤原良房《ふじわらのよしふさ》（866〜872年在職）。以後、なんと明治《めいじ》天皇（122代）の時代の二条斉敬《にじょうなりゆき》（1867年正月〜12月在職）までつづきました。

天皇が成人すると、もちろん摂政は不要になります。そこであらためて「関白《かんぱく》」に任命されました。関白は摂政とちがって天皇の権限を代行するのではなく、上級の貴族・官人を統率《とうそつ》する立場でした。ですから、じつは関白がおかれても「天皇権限に影響がなかった」のです（森田悌氏「摂関政治」）。関白は幕末の孝明《こうめい》天皇（121代／1846〜1866年在位）のときの前出二条斉敬（1863〜1866年在職）まで存続しています。

もちろん、院政がはじまってからのちは、摂政・関白の政治的な意味あいはぐんと落ちました。ですから歴史区分上の「摂関時代」は、9世紀後半、または10世紀から11世紀後半までの時期をさします。

摂政・関白がじっさいに政治上の力をふるうためには、またもやと言うべきでしょうか、天皇の「外戚《がいせき》」であることがもとめられました。外戚でもない者が摂関になっても、権力をにぎることはできません（藤原実頼《さねより》やその次男、頼忠《よりただ》など）。つまり、幼帝を補佐して、天皇の権限を代行できる摂政でさえも、天皇の権威によりかかっていたのでした。

「皇位」の権威

現代の感覚でかんがえると、なんだか不思議な気もしますね。幼児の天皇だなんて。しかも、その幼児が国制秩序の頂点に位置し、その幼児を中心に国家が運営されていたなんて（もちろん、いまの制度下でも幼帝出現の可能性はありますが）。

でも、おさなくても天皇は天皇です。このころすでに天皇の「地位」そのものの権威が確立していて、その地位につく人物については、血統のしばりをのぞけば、年齢や資質などは一義的には問われない段階にたっしていた――とみれば、べつに不審でもなんでもありません。

すでにこんな指摘がなされています。

「（このころ）天皇の地位は、個々の天皇の能力と直接には関係のない一つの制度として確立していた」（吉田孝氏、大系日本の歴史『古代国家の歩み』）

「天皇は支配階級統合の結節点《けっせつてん》に絶対化された権威として位置し、公卿らは天皇の名において国政を審議し遂行《すいこう》するのである」（早川庄八氏「律令国家・王朝国家における天皇」）

「摂政は、天皇の役割のすべてを代理することはできなかったことにも注目したい。幼帝であっても――たとえ母や祖母に抱かれてであっても――天皇みずから行なう行事は多かった。たとえば、即位式《そくいしき》、大嘗会《だいじょうえ》（大嘗祭）、諸社行幸《しょしゃぎょうこう》（おでまし）、節会《せちえ》は、幼帝の参加によって初めて成立した。

貴族たちは天皇に依存し、天皇を核としなければ、朝廷を構成できなかった」（吉田氏『歴史のなかの天皇』）

「（摂政について）天皇との対立関係からだけでは理解できないだろう。また摂政は……一人で独裁的に権力を行使したこともない」（大津透氏「摂関期の国家」）

すこしクドイくらい引用してしまいました。でも、天皇の国制上の最高権威としての位置づけが、「皇統」ばかりか「皇位」の面でも、いよいよ安定的に確立していたことを頭にいれていただきたかったのです。

でないと、このあとの展開をみるのに、さしさわりがでてきますので。

院政はなぜはじまったか？

つぎは「院政」について。

院政とは、天皇をしりぞいた上皇《じょうこう》（太上《だいじょう》天皇）が、天皇の直系尊属（父・祖父）としての権威により、独自に院庁《いんのちょう》をひらいて国政を主導するしくみのこと。

そのはじめは、白河《しらかわ》天皇（72代／1072～1086年在位）が1086年に譲位して上皇となり、院政を開始したのがおこりとされています。その後、光格《こうかく》天皇（119代／1779～1817年在位）が1840年に崩じるまで断続的につづきました。

ただし、鎌倉幕府が成立し、とくに後鳥羽上皇らによる「承久の変《じょうきゅうのへん》」(1221年〈承久3〉)が敗北におわってからは、国政の実権が大きく幕府にうつるので、歴史区分上の院政時代といえば、だいたいそのころまでのことをさします。

それにしても余談ながら、さきの摂政・関白にしても、この院政にしても、みなさんが漠然とかんがえている以上に、制度としてはながく存続しているんですね。それらが廃止されたのは、結局、明治維新によってでした。

関白はもちろん、「人臣摂政」も廃止されて「皇族摂政」だけになり、天皇の譲位そのものがなくなるので、上皇は存在せず、院政がおこなわれる可能性も100パーセントなくなりました。これらは、ふりかえってみると、ほとんど1000年くらいつづいた制度の変革だったわけです。明治維新のスケールは、はんぱではありません。

で、本題にもどります。

院政がはじめられたのはなぜか?

律令国家の「公地」制がゆるむなかで、貴族や神社・寺院による私的な土地所有である荘園《しょうえん》が拡大します。朝廷や国司《こくし》の管理下にある公領《こうりょう》と荘園の割合は、鎌倉時代に全国平均で「ほぼ半々」とみられています(大石直正氏「荘園公領制をどうみるか」)。

その荘園の最大の所有者は上皇でした。

天皇じしんは「公《おおやけ》」の体現者たるべき立場ですから、荘園の所有者にはなりえません。その天皇にもっともちかく、しかも天皇のような制約にしばられていない上皇こそ、最高の寄進《きしん》対象でした。そこで、おびただしい荘園が、上皇に集中します。かくて、上皇は荘園制社会の頂点にたつことになりました。

各地での厖大《ぼうだい》な荘園の集積こそ、院政をささえる物質的な基盤でした。そのことから、この場合の上皇の立場は「封建《ほうけん》権力にほかならない」とされています（近藤成一氏「中世天皇の国制上の位置をめぐって」）。

しかも、荘園制の進展そのものが、荘園所有の保障とか、所有関係をめぐるトラブルの処理など、天皇の公的統治にかかわる伝統的なカテゴリーからハミ出るような政務を、どんどんふやしていきます。院政は、そうした課題にこたえるためにも、社会じたいの変化に対応してあらわれるべくしてあらわれた政治形態だったのです。

天皇に依存する封建権力

ただし、見おとしてはならないことがあります。それは、摂政が代行できない天皇固有の役割があったように、院政によってかたがわりできない、天皇だけがもつ権能が存在していた事実です。

それは――

(1)国家的儀礼の執行
(2)元号《げんごう》をあらためること
(3)官職の任命、位階の授与
(4)土地境界の判定
(5)神々への祭祀《さいし》

――などです(近藤氏「中世王権の構造」、富田正弘氏「室町殿と天皇」ほか)。

これらはすべて国家秩序の根幹にかかわるものばかりです。どれも天皇の命令(勅命《ちょくめい》)による形式が重んじられました。まさに「公」の体現者たるべき天皇にふさわしい権能といえるでしょう。

このことから、天皇が院政時代においても、やはり国家の公的統治の主体だったのにたいし、院政がになったのは、あくまで「主従制的支配権」にすぎなかったことが分かります。

社会じたいが荘園化、封建化によって、私的・個別的な支配・領有関係を拡大しつつある時代に、それに対応して、権力そのものの封建化のトップバッターとしてあらわれたのが院政だったといえるんじゃないでしょうか。

しかも、その「封建権力」はどこまでも天皇より下位のものとみられていました。人間関係としては、摂政・関白の場合、天皇の「母方《ははかた》」の祖父やオジがおもに国政で力をふるったのにたいし、院政では実権が「父方《ちちかた》」にうつりました。だから院政をおこなっているのは、天皇にとって直系尊属である父親や祖父にほかなりません。それでも、国制上は、天皇のしたに位置したのです。

そのことは、慈円《じえん》の『愚管抄《ぐかんしよう》』に白河上皇の院政のことを、

「臣下の御《お》ふるまひ（君主につかえる者としておこなわれる行為）」

と記していることに、よくあらわれています。

しかも重要なのは、院政がどれだけ権力を拡大しても、けっして天皇の権威そのものは否定できない、ということ。あたりまえですよね。上皇の権力は、天皇の直系尊属として、天皇の権威に依存することによって、なりたっていたのですから。

この構図は、このあと院政にかわって歴史の前面にでてくる、さまざまな「封建権力」でも、そのまま踏襲されることになります。

武家《ぶけ》独自の政治権力の拠点となった幕府《ばくふ》も、将軍《しようぐん》の地位を前提としてなりたっていました。その将軍（征夷大将軍《せいいたいしようぐん》）を任命するのは、ほかならぬ天皇です。天皇の権威がゆらげば、将軍の地位は失墜《しつつい》してしまいます。だから幕府が権力を維持すればするだけ、いささか逆説的にきこえるかもしれませんが、いっぽうで天皇の権威がもとめられたのです。

オッと、すこしさきばしりすぎましたかね。

「幼帝」と「院政」をめぐる話題は、ここらでうちきりましょう。いよいよこの章の主役、後鳥羽天皇の登場です。

天皇を擁する平氏を攻めるには

といっても、「平氏政権《へいしせいけん》」についてはふれざるをえません。なにしろ、この天皇の即位は源平合戦《げんぺいかっせん》の最中のことでしたので。

保元《ほうげん》・平治《へいじ》の乱《らん》（1156・1159年）をつうじて、武士《ぶし》は社会のなかで自分たちがもつ力をはっきり自覚し、また人々にそれを見せつけました。その新興勢力たる武士の頂点にたったのが平清盛《たいらのきよもり》でした。清盛は後白河法皇《ごしらかわほうおう》（法皇は出家した上皇、天皇としては77代／1155～1158年在位）の院政をささえることで権力をつかみます。1167年には朝廷のトップである太政大臣《だいじょうだいじん》にまでのぼりつめました。

だが、後白河法皇との対立がうまれ、法皇を幽閉して、その側近を追放する「平氏クーデター」事件をおこします（1179年）。

ここで、法皇じしんが清盛によって幽閉される事態におちいっているのが目をひきます。これは、法皇が政治権力の当事者だったためでしょう。それも、基本的には清盛と共通する「封建権力」としての性格をもっていたので、同一の平面上で真正面からぶつかった、とも言えるのでは。「公」の体現者で、国家統治の権威的源泉だった天皇とは、おのずから立場がちがっていたのです。

それでも、天皇の権威をわかちもつべき法皇を武士が幽閉したことは、もちろん前代未聞《ぜんだいみもん》のできごとであり、「当時の人間にとって、きわめて衝撃的な事件」でした（河内祥輔氏『頼朝の時代』）。

法皇の子、以仁王《もちひとおう》が挙兵し（１１８０年）、各地で反平氏のうごきがうまれます。源頼朝《みなもとのよりとも》の挙兵も、平家の非道を糾弾し、以仁王のよびかけにこたえることを大義名分《たいぎめいぶん》としていました（『吾妻鏡《あずまかがみ》』治承４年４月27日条）。

京都にいた清盛なきあとの平氏をおいおとしたのは、木曾義仲《きそよしなか》でした。でも、義仲は後白河法皇と対立することになり、頼朝の勢力によって討《う》たれてしまいます。

こうして、都落ちした平氏を頼朝の軍勢が攻めるという構図がはっきりしました。

でも、ここに大きな問題があります。それは何か？

平氏は安徳《あんとく》天皇（81代／１１８０〜１１８５年在位）を擁《よう》していました。「三種の神器《じんぎ》」も、もちさっています。平氏側こそ「官軍《かんぐん》」としての条件をそなえているのです。

京都には、後白河法皇はいても天皇は不在です。このままでは平氏を攻める側が「賊軍《ぞくぐん》」になってしまいます。

そうした構図を打開するため、この局面で皇位につくことになったのが、ほかならぬ後鳥羽天皇でした。

異例の即位

後鳥羽天皇は、後白河法皇の「詔書《しょうしょ》」（『践祚部類抄《せんそぶるいしょう》』）によって「受禅《じゅぜん》の儀《ぎ》」（『神皇正統記《じんのうしょうとうき》』）つまり譲位《じょうい》になぞらえた形式をふんで、神器のないまま異例の即位をします。ときに1183年（寿永2）8月20日のことでした。

平氏追討のため、官軍の条件をととのえるべく、新帝の擁立《しんていのようりつ》をつよく主張したのは、右大臣《うだいじん》の九条兼実《くじょうかねざね》でした。彼は、かつて継体天皇《けいたい》（26代）が皇位を継承した当初、神器を得ていなかったという700年ちかくも昔の「前例」を引き合いにだして、即位の正当性を強調したのです。でも内心、それが異例変則の「希代《きだい》の珍事《ちんじ》」であることは、自覚していました。しかし、追討軍に大義をあたえるためには、それ以外に選択肢はなかったのです（『玉葉《ぎょくよう》』寿永2年8月6日・20日条）。

このとき、新帝の候補者は何人かいました。高倉上皇《たかくら》（天皇としては80代／1168～1180年在位）の第3皇子《おうじ》の惟明親王《これあきらしんのう》とか、なき以仁王の遺児、北陸宮《ほくりくのみや》（本名は不明）などです。

後鳥羽天皇（本名は尊成《たかひら》）は高倉上皇の第4皇子でした。

安徳天皇は高倉上皇の第1皇子。第2皇子も兄とおなじく平氏によってつれさられていました。順序としては、兄の惟明親王が優先されてもおかしくありません。北陸宮は、まだ没落前だった義仲がつよく推《お》していました。

でも結局、人みしりしないで後白河法皇に気に入られた後鳥羽天皇が（『愚管抄』『平家物語《へいけものがたり》』）、うらないできめたようにみせかけて（『玉葉』）、天皇になります。ときにわずか4歳でした。

これによって、平氏追討の大義がたちます。

ちなみに、以仁王のよびかけにこたえて挙兵したと唱える頼朝は、安徳天皇の即位をみとめず、この天皇による元号（養和《ようわ》・寿永《じゆえい》）をいっさい、つかっていません（平泉澄『我が歴史観』）。もちろん、元号そのものは（安徳天皇以前の治承《じしよう》を）使用しています。ですから、「天皇」の権威そのものを否定しているわけではありません。安徳天皇の即位だけはみとめないという態度です。このような立場なら、それなりに平氏追討の正当性は主張できることになります。後鳥羽天皇の即位後は、当然のようにその元号をもちいています。ひとつの首尾一貫した態度といってよいでしょう。

いっぽう頼朝は、平氏への攻撃にあたり、安徳帝の身柄と三種の神器の無事安全にくれぐれも気をつけるよう、指示しています（『吾妻鏡』）。

にもかかわらず、壇《だん》の浦《うら》での平氏滅亡のさい、清盛の未亡人時子《ときこ》は正気《しょうき》とも思えない行動にでます。みずから海にとびこんで死をえらんだだけでなく、あろうことか8歳の安徳帝もいっしょに入水《じゅすい》させたのです。しかもこのとき、三種の神器のひとつ、草薙剣《くさなぎのつるぎ》の分身（宝剣《ほうけん》）も海に沈んでうしなわれてしまいました。いま皇室につたわる宝剣は後日、伊勢の神宮から後白河法皇に献上されたものです（『帝室制度史』5巻。ちなみに草薙剣の本体は、むろん異変なく熱田神宮《あつたじんぐう》でまつられている）。

皇室第一の詩人

源平争乱のただなかに即位した後鳥羽天皇が13歳のとき、後白河法皇がなくなります。その後、上皇がいないまま、天皇は太政大臣になった九条兼実と征夷大将軍に任命された源頼朝と相談しながら、国政をすすめます（『愚管抄』）。

政変があって兼実が失脚したときも、兼実を流罪《るざい》にしようとするうごきに反対し、とりやめさせました。このころ天皇はまだ17歳。「早くも君主としての見識と力量を示した」と評されています（目崎徳衛氏『史伝後鳥羽院』）。

19歳にして4歳の第1皇子に皇位をゆずります。土御門《つちみかど》天皇（83代／1198～1210年在位）の即位です。この翌年（1199年）、頼朝が53歳でにわかに亡《な》くなっています。落馬によるものとされていますが、「一種の『黒い霧』がかかっている」と不審をもらす研究者もいます（石井進氏『鎌倉幕府』）。

後鳥羽上皇は文武百般、あらゆる方向に才能をしめしたようです（『源家長日記《みなもとのいえながにっき》』など）。蹴鞠《けまり》、管弦《かんげん》、琵琶《びわ》、相撲《すもう》、水泳から笠懸《かさがけ》とよばれる射芸など。武芸にもすぐれていたのは、こんなエピソードがのこっていることからも、知られます。

「上皇は強盗のかしらだった交野《かたの》八郎の逮捕のさい、みずから船にのって見物にでかけた。しかも重い櫂《かい》をかるがると振りまわして指示をしたので、八郎は上皇の腕力におそれをなしてつかまった。上皇は彼の罪をゆるしてやり、そばにおいて雑用につかった」と（『古今著聞集《ここんちょもんじゅう》』）。

スゴイですね。あまりにもデキすぎた話のようですが、強盗逮捕のさい、上皇がひそかに船で見物にでかけ、強盗の罪をゆるしてやったことは、歌人、藤原定家《ていか》（さだいえ）の日記『明月記《めいげつき》』に書かれています（建永元年9月13日・29日条）。ですから、まんざら作り話でもないようです。

それら上皇がうちこんだ各方面のなかでも、特筆すべきなのはやはり和歌でしょう。

「日本詩人選」全20巻（監修、臼井吉見氏・山本健吉氏）というシリーズのなかに、歴代天皇でただひとり『後鳥羽院』（丸谷才一氏執筆）としておさめられています。あるいは『歌帝後鳥羽院』(松本章男氏)と題した評伝まで書かれているくらいですから。
「小倉百人一首《おぐらひゃくにんいっしゅ》」にいれられている和歌——

人もをし　人もうらめし　あぢきなく
世をおもふ故《ゆえ》に　もの思ふ身は
(あるときは人がいとおしく、またあるときは人を恨《うら》めしくおもう。この世をつまらないとおもって、ものおもいにふける私は)

——を知っている人もいるでしょう。
『新古今和歌集《しんこきんわかしゅう》』の完成に精魂をかたむけ、じしんがその代表的歌人《かじん》でもありました。
そこから2首。

ほのぼのと　春こそ空に　きにけらし
天《あめ》のかぐ山　霞《かすみ》たなびく

見渡せば　山もと霞《かす》む　みなせ川

ゆふべは秋と　何思ひけむ

『後鳥羽院御口伝《ごとばいんごくでん》』という歌論書をのこしています。

かの文豪、谷崎潤一郎は、上皇のことを「皇統を通じて（後鳥羽）院こそは皇室第一の詩人」と激賞しました（「増鏡に見えたる後鳥羽院」）。まさに折り紙つきの「歌帝」だったといってよいでしょう。

では、政治についてはどうだったのでしょう。

皇室をうやまう将軍、源実朝

意欲をもってとりくみました。

政変で没落していた九条家の復活を公平な立場からはかり、有力な守護《しゅご》（佐々木経高《ささきつねたか》）が京都で狼藉《ろうぜき》をはたらいたのにたいし、幕府のとりなしを排してきびしく処断しています。

あるいは、九条兼実の時代にもうけられた記録所《きろくしょ》（訴訟《そしょう》機関）の振興、上皇を中心とした評定《ひょうじょう》会議の強化、順徳《じゅんとく》天皇（84代／1210〜1221年在位）の即位にともない21か条の法令（建暦《けんりゃく》の新制《しんせい》）をさだめるなど。

朝廷の行事や儀礼も、かつての藤原氏（摂関家《せっかんけ》）に主導された形をあらため、君主の威厳をより強固なものにするよう努めています。

さらに武家（鎌倉幕府）にたいしても、公家《くげ》（京都の朝廷）と協力しつつ、忠実な奉仕者として天皇・上皇を補佐すべきであるとの態度でのぞみます。

さいわい、当時の鎌倉幕府のトップは3代将軍、源実朝《みなもとのさねとも》でした。

実朝の妻は、後鳥羽上皇の側近、坊門信清《ぼうもんのぶきよ》のむすめ。しかもその姉は、上皇の女房《にょうぼう》（西《にし》の御方《おんかた》）でした。いわば、上皇と将軍は義理の兄弟だったのです。

実朝はみやこにあこがれ、貴族のたしなみである和歌にしたしみ、蹴鞠をこのみました。

実朝の歌集『金槐和歌集《きんかいわかしゅう》』から2首だけ紹介してみましょう。

箱根路《はこねじ》を　わが越えくれば　伊豆《いず》の海や
沖《おき》の小島《こじま》に　波のよるみゆ

大海《おおうみ》の　磯《いそ》もとどろに　よする波
われてくだけて　裂《さ》けて散《ち》るかも

なかなかいい歌ですよね。

しかも実朝は、なにより皇室を敬愛する心があつかったのです。その思いを詠《よ》んだ歌を1首。

山はさけ　海はあせなむ　世なりとも
君《きみ》にふた心《ごころ》　わがあらめやも

たとえ山がさけ、海が色あせるような、とんでもない時代になったとしても、自分はかわることなく、うらおもてのない忠誠を「君」にささげるんだ、というのです。

じっさいに、朝廷からのさまざまな要求にたいし、幕府のトップとして最大限の譲歩をし、できるだけ誠実にこたえようとしていました（櫻井彦氏「院政開始」）。

朝廷側でも、これにこたえて実朝の官位をどんどん引きあげていきました。

この官位昇進については、「おそらく上皇は実朝を徹底的に懐柔《かいじゅう》し、その実朝を通じて幕府を制御《せいぎょ》しようと試みたのであろう」（美川圭氏『院政』）と推測されています。

実朝は幕府の政所《まんどころ》の別当《べっとう》を4、5人から9人にふやし、そのうちの3人はなんと上皇の側近だった人物でした。そのうえ、3人のなかのひとり、源仲章《なかあきら》は、別当でナンバーツーの身分でした（五味文彦氏『鎌倉と京』）。

上皇の意向がつよく幕府につたわるしくみになっていたのです。

朝廷・幕府の協調プラン

子どもにめぐまれない実朝が、後継者として上皇の皇子を将軍にむかえたいとねがいでたとき も、上皇はこころよく了承しています。

これは、忠誠心のあつい実朝を後見人《こうけんにん》として自分の皇子を将軍にたてると、朝廷と幕府の提携がよいかたちで実現できるとみていたからでしょう（上横手雅敬氏『日本中世政治史研究』）。

上皇のプランでは、実朝は昇進をかさね、人臣最高位の太政大臣まで引きあげるつもりだったのでしょう。そのポストを区切りに、いっさいの公職をはなれ、後継者の親王将軍の後見役にうつることになります。

京都には、上皇の皇子の天皇。それをささえるのは、むろん上皇じしんです。

いっぽう鎌倉には、その弟宮《おとうとみや》が親王将軍となり、その後見役が前太政大臣で前将軍という重い前職をもつ実朝。

この体制で、上皇と実朝が手をたずさえて政治にあたり、朝廷と幕府のよいかたちが定着すれば、上皇や実朝がなくなったあとも、国内の安定はとくに心配するにはおよばないはず――との構想だったかと想像できます。

奥山《おくやま》の　おどろが下《した》も　ふみわけて
道ある世ぞと　人に知らせん
(「おどろ」はやぶ、イバラのこと。1208年の作)

同時代の不正、矛盾にいきどおり、積極果敢にその打破に力をつくそうとの気概《きがい》をしめす上皇の和歌です。でも、上皇のプランがうまく実をむすべば、ことさら武力にうったえる必要は、もちろんなかったでしょう。
ところが――上皇の構想は決定的な挫折をむかえます。実朝が右大臣に就任してまもなく、暗殺されたからです。

実朝暗殺事件のナゾ

ときは1219年(建保7→承久1)正月27日。

ところは鎌倉、鶴岡八幡宮《つるがおかはちまんぐう》の境内《けいだい》。

鶴岡八幡宮は、鎌倉幕府の精神的支柱としてあつく崇敬《すうけい》されてきた、武家にとってならぶもののない「聖地」でした。

その聖地で惨劇がおこりました。

この日、鎌倉は夜になって雪がふりだし、60センチあまりもつもる大雪になりました。その雪のふりしきるなか、鶴岡八幡宮では京都からくだってきた貴族らもまじえ、実朝の右大臣就任をいわう拝賀《はいが》の儀式が盛大にとりおこなわれました。

このとき、実朝の参拝の直前になって、将軍のそばちかくで剣をささげる役だった「執権《しっけん》」の北条義時《ほうじょうよしとき》が「気分がわるくなった」といって、その役を源仲章にゆずっています。それが変事の予兆《よちょう》だったといえるかもしれません。

実朝が参拝をおえて石段をくだっているところを、頭巾《ずきん》をかぶった法師《ほうし》がかけよって「親のかたきはこう討つんだ」と叫んで斬りつけ、たちまち首をはねてしまいました。

ほとんど同時に3、4人の法師があらわれ、ともの者たちを追い散らし、義時の役をゆずりうけていた仲章も殺されてしまいます。

数千人の武士はすべて鳥居《とりい》のそと。その場にはだれも武装した人はいません。武家の棟梁《とうりょう》たるべき将軍の、まことにあっけない最期でした（『愚管抄』『吾妻鏡』）。

直接の下手人《げしゅにん》は鶴岡八幡宮寺《じ》の別当、公暁《くぎょう》。鎌倉幕府2代目の将軍、頼家《よりいえ》の遺児でした。父の死は実朝のせいだと思いこみ、幕府の実権をにぎった北条義時ともども殺そうと、行動をおこしたのです。

でも、彼の単独犯とはかんがえにくい。だれかそそのかした人物がいるはずです。公暁は事件後、逃げかくれせず、かねて縁のふかい幕府の有力者、三浦義村《みうらよしむら》のもとに使者を派遣して「将軍になる準備をせよ」とつたえています。この義村があやしいでしょう(永井路子氏『炎環』、石井氏前出)。

うまく義時を殺せていたら、公暁を名ばかりの将軍にまつりあげ、彼が幕府の実権をにぎれたはずですから。

だが、義時は事前に何らかの情報をつかんでいたのでしょう。間一髪のところで危機をすりぬけました。そこで義村は討手《うって》をはなって公暁を殺し、身の安全をはかったのです。

それとも、義時ももとからグルだったのかも。実朝が官位をこのままあげていけば、より大きな権威を身につけ、幕府内での影響力を拡大してしまう。そのうえ、源仲章のような上皇の意をうけた人物がもっと幕府運営にくいこんでくるかもしれない。そうした危険をはやめに除去する必要がある——とかんがえて、義村をつかって公暁をうごかした可能性もあります。剣をささげる役を仲章にゆずって、いっしょに殺させるなんて、事件全体の構図を知ってなきゃできないでしょう。

どっちにしても、この事件によって上皇のプランは完全に行きづまってしまいます。

上皇と執権の対立

幕府は事件後、約束どおり皇子を後継の将軍として鎌倉におくってほしい、と要請します。

だがすでに親王将軍誕生の前提が、根底からくつがえってしまいました。

「どうして将来、日本国を2つにわってしまうようなことをするものか」(『愚管抄』)

それが上皇の反応でした。

朝廷をうやまう実朝を殺してしまうような幕府に、皇子をおくってその権威づけに役立たせるようなマネができるか、というのです。

この上皇の発言は2つのことをつたえてくれます。

ひとつは、鎌倉幕府ができても、京都の朝廷がおさめる西日本の「国家」と、鎌倉幕府がおさめる東日本の「国家」というかたちで、日本が2分されていたのではない、ということ。あたりまえといえばあたりまえの話ですが。

もうひとつは、しかしヘタをすれば2分される危険性はあった、ということ。上皇の皇子という、ときの天皇におとらぬ血筋の人物が将軍になり、幕府の政治意志が完全に朝廷とはべつの方向にむいていたら、そんなこともおこりかねなかったのです。

上皇はそのことを見こして、皇子の鎌倉下向を拒絶しました。みごとな政治判断というべきでしょう。

かわりに九条道家《みちいえ》の2歳の子、三寅《みとら》(のちの頼経《よりつね》)が、女系で源頼朝の妹の血をひいていることを理由として、おくられることになりました。

いっぽう、上皇は目をかけていた伊賀局《いがのつぼね》（もと遊女の亀菊《かめぎく》）の所領の地頭《じとう》が領主の命令をきかないからやめさせるように幕府にもとめました。その所領、摂津国長江庄《せっつのくにながえのしょう》（大阪市）の地頭というのは北条義時その人だったんですね。幕府側は当然、これを拒絶します。

上皇と義時の対立はもう修復不可能な地点にまできていました。上皇がはじめから幕府と対立するつもりだったとみる意見もありますが、それはちがうでしょう（上横手氏『鎌倉時代政治史研究』ほか）。

だが、上皇が直接、指揮できる兵力なんて、ほとんどありません。京都にいる御家人《ごけにん》（鎌倉幕府将軍家の家臣《かしん》）たちと、後鳥羽上皇があたらしくもうけた「西面《さいめん》の武士」だけです。

西面の武士というのは、幕府の政争の〝負け組〟や、西日本の有力武士を組織したもの。院庁の西面につかえさせたことから、この名があります。

これらを総動員しても幕府の兵力の敵ではありません。そんなことは後鳥羽上皇もよくわかっていたでしょう。

目的は討幕ではなかった

上皇もじつは幕府そのものを倒そうとしたのではありません。「北条義時を追討することによって、幕府を完全に自らのコントロールのもとに置こうとした」のです（野口実氏「承久の乱」）。

だから、北条氏の専横に不満をもつ御家人たちが、上皇のよびかけにこたえて味方につく可能性にも期待したのでした。

たとえば三浦義村の弟、胤義《たねよし》は上皇方に参加していました。彼は、兄も味方してくれるはずだ、とかたっていました。

「上皇のおおせであれば、日本国の武士がどうして背《そむ》くことがあるでしょう。とくに兄の義村などは、日本国の総追捕使《そうついぶし》にしてやるとでもいえば、辞退するはずがありません」と（『承久記』）。

有力者の義村が味方になれば心強いですね。

また、上皇軍を編成するために、指揮官になれそうな在京の御家人を京都周辺の7か国の守護に任じたり、べつの人物に8か国もの国司《こくし》を歴任させるなど、それなりの布石《ふせき》はうっていたようです（本郷和人氏『武力による政治の誕生』）。

1221年（承久3）——。

4月20日、順徳天皇はわが子の仲恭《ちゅうきょう》天皇（85代／1221年4月〜7月在位）に皇位をゆずります。父後鳥羽上皇が計画している「承久《じょうきゅう》の変《へん》」に参加するためです。

5月15日、いよいよ北条義時追討の上皇の意向をつたえる宣旨《せんじ》がくだされます。

その中身は、義時が天下をみだし、将軍の名をかりて朝廷をないがしろにしているので「謀反《むほん》」と断じ、諸国の守護・地頭の結集をよびかけています。つまり、将軍も守護・地頭も、まったく否定していません。さきにもいったように、鎌倉幕府じたいの打倒をめざしていたのではなく、権力をほしいままにしている義時ひとりを討とうとしているにすぎません。

ところが、鎌倉では幕府そのものへの宣戦布告とうけとめられました。

それは北条政子《ほうじょうまさこ》のうったえが効を奏したためです。

義時追討の上皇の意向が鎌倉につたえられると、さすがに武士たちも動揺しました。武力の大小ではなく、天皇にもっともちかい上皇という立場がもつ「重み」ゆえです。その動揺をしずめたのが政子のことばでした。

当時、幕府の日常の政務をリードしていたのは、いうまでもなく執権の義時です。でも最高の権威、最高の実力者は〝尼将軍《あましょうぐん》〟政子でした。

なにしろ、幕府をおこした初代将軍、頼朝の未亡人で、2代将軍、頼家と3代将軍、実朝の母で、現執権、義時の姉――だったんですから。だれもアタマがあがりません。しかも、この一大事にさいし、みごとな「演説」で武士たちの心をまとめあげ、ふるいたたせたのですから、人物としてもたいしたものです。

政子はこうのべました――

政子の名演説

「みな、心を一つにしてよく聞きなさい。これが最後のことばです。なき初代将軍、頼朝公が、朝敵（天皇の敵、ここでは平氏）を征伐《せいばつ》し、幕府をひらいて以来、一同、どれだけその恩をこうむってきたか。その山よりも高く、海よりも深い恩に感謝し、むくいる気持ちが、みな浅いはずはありません。今、上皇をあやまらせる悪臣《あくしん》が義時をおとしめるために事実をネジ曲げ、道理にあわない宣旨がくだされることになりました。名誉を重んじる者ならば、はやく（上皇軍の指揮官の）藤原秀康《ふじわらのひでやす》・三浦胤義らを討ち取って、3代にわたる源氏将軍の遺託《いたく》にこたえなさい。もし上皇方につきたい者がいたら、今、私のまえでそう言い切ってみせなさい」と（『吾妻鏡』）。

これを聞いた者はみな涙をながし、幕府の指示にしたがうことを誓ったといいます。そうだろうなと思いますね。こんな演説を聞かされたら。のっけから「最後のことば」って、スゴイ〝つかみ〟ですよ。

まずここで政子は、ひとことも上皇を非難していません。悪いのは上皇をとりまいて、事実をネジ曲げている「逆臣《ぎゃくしん》」（原文）だ、というのです。だから討ち取る相手も藤原秀康、三浦胤義ら——ということになります。彼らは事実上は上皇軍の指揮官でも、政子のことばのなかには上皇とのつながりは一切、ふれられていません。これで「臣下対臣下のたたかい」というワクがもうけられます。

さらに、守るべきはただ義時ひとりではなく、頼朝をはじめ3代の将軍がきずき、ささえてきた幕府そのものとされるのです。

そのうえで「山よりも高く、海よりも深い」恩にむくいるのは今だ！　みたいなことをいわれたら、だれでもふるいたちますよ。

とにかくこれで、上皇方の戦略は二重に大きくくずれてしまいます。

「上皇のおおせ」が、じつはそうではなく、悪臣にミスリードされた「道理にあわない」形だけの宣旨にされてしまいました。また義時ひとりの追討が幕府全体の打倒に拡大されてうけとられてしまったのです。

かくて幕府はその総力をあげて立ちむかうことになります。

しかも軍議で、やはり上皇に気おくれしてでしょう、箱根方面をかためて防御《ぼうぎょ》につとめるべし、という消極策が大勢を占め、ひとりだけが京都に攻めこむべしという強硬論をとなえていることを耳にした政子は、ただちに京都への攻撃を命じたといいます。やはりこの女性、タダモノではありません。

三方から京都に攻めこむ幕府軍。じつに総勢19万人とつたえられています。

これにたいして上皇軍の数は――わずか2万数千人にすぎませんでした。

じつは上皇方は、朝廷をあげての挙兵という形になっていないのです。というより、貴族らの協力すらほとんど得られていないのです。どうなっていたのか？

「権門」としての挙兵

すこしくわしく実態をみてみましょうか。

当時、大きな神社や寺院は、宗教的権威を背景に、武力もそなえた政治勢力としての性格をもっていました。でも、それらの勢力は、上皇の義時追討のうごきにほとんど加勢していません。

それどころか、朝廷にあつまる貴族のなかでも、じっさいに協力したのは、上皇の母の七条《しちじょう》院《いん》（藤原殖子《しょくし》）とか、上皇の後宮《こうきゅう》のひとりで順徳上皇の母の修明門院《しゅうめいもんいん》（藤原重子《じゅうし》）につながる人々にかぎられていました。

上皇と順徳上皇の両者に皇后をだした九条家でさえ、三寅を将軍におくっている関係もあるでしょうけど、局外中立をきめこんでいるありさまです。

武士については、西日本から意外に多くの守護たちが参加しています（32か国中、不明10か国、非協力4か国をのぞく18か国）。だが、それらも、上皇と私的なつながりをもつ者たちで、しかも配下の武士たちをひきつれて参加したわけではなかったようです。

これは、貴族の場合と、同様の事情がみえてきます。

つまり、上皇の義時追討のくわだては、朝廷での公式の協議と合意を得てなされた、公権力の行使としての行動ではなかったということです。それは「権門《けんもん》（権勢ある家柄）としての院（上皇）」のたたかいでしかなかったようなのです（上横手氏「鎌倉幕府と公家政権」）。

これにたいし、義時サイドは公権力としての幕府の総力をあげて攻めてきたのですから、とても勝負にはなりません。

それが、さっきあげたような兵力の大差にもなったわけです。

しかも、もうひとつ。上皇方に味方した武士たちの顔ぶれをみると、3代でとだえることになった源氏将軍の関係者がめだっています。中心人物のひとり、二位法印尊長《にいのほういんそんちょう》などは、その代表例でしょう。頼朝の妹ムコ（一条能保）の子でしたから。ですから、源氏将軍につながる武士たちが将軍をないがしろにする北条執権勢力にたたかいを挑んだという性格ももっていました（石井氏「12～13世紀の日本」）。

したがって、一般にうけとめられている「武士団が朝廷と正面衝突をして勝利を得た」（山本七平氏『日本的革命の哲学』）という単純な話ではありません。

天皇の直系尊属（順徳上皇は父、後鳥羽上皇は祖父）とはいえ、一「権門」たる上皇方に源氏将軍系の武士らが加勢し、それらを公権力たる幕府が全力をかたむけて、たたきつぶしたというかたちですね。

この構図を決定したのは、やはり政子のあの演説でしょう。上皇対義時という「権門」どうしの対決になっていたら、義時のほうが不利だったかもわかりませんね。そのうえ、もし上皇が公権力としての朝廷そのものをうごかすことができていたら――。

天皇の位置に変更なし

でも、朝廷をあげての挙兵ではなかったことで、かえって敗戦後も国家運営の基本的なワク組みじたいは、決定的な変更をこうむらないですみました。

もちろん、4月に即位したばかりの仲恭天皇は二上皇の子であり、孫にあたる立場から、変後の7月には退位を余儀なくされました。即位式をあげるまえの退位だったことなどから、「九条廃帝《くじょうはいてい》」(『皇代記《こうだいき》』)などと呼ばれて、まえにも述べたように1870年(明治3)まで歴代にくわえられていませんでした。

また、後鳥羽上皇は隠岐島《おきのしま》(島根県)、順徳上皇は佐渡島《さどがしま》(新潟県)にながされ、土御門上皇は挙兵にくわわっていませんが、土佐《とさ》にうつることになりました。きわめて苛酷な事態です。

鎌倉幕府ができてからも、なお院政がにぎっていた「封建権力」としての政治上の実権の多くも、幕府に吸収されることになりました（貫達人氏「承久変論」ほか）。それをよく示すのが京都におかれた幕府の出先機関、六波羅《ろくはら》探題でしょう。朝廷を監視し、院政が西日本方面でもっていた多くの権限を包摂しました。

たしかに前代未聞のことが、つぎつぎとおこっています。これらだけをみれば、まさに激変です。

にもかかわらず——天皇という地位は、あたりまえのようにのこりました。仲恭天皇のあとは、後鳥羽上皇とはべつの血統をひく後堀河《ごほりかわ》天皇（86代／1221〜1232年在位）が即位しました。そのうえ、その父の後高倉院《ごたかくらいん》（守貞《もりさだ》親王）が、本人は天皇になったことがないのに、天皇の直系尊属として院政をおこなうというかたちで、院政もしっかり維持されています。

その結果——「乱後も院政が存続し、幕府がその下で諸国守護権を行使した点では変りはない」「（次代天皇の）決定権は公家政権の側にあった」「承久の乱の結果、直ちに皇位決定権が幕府に移ったとはいえない」「乱に勝利を得ながら、なおかつ公家政治への干渉はほとんど行わなかった」などの指摘がなされています（上横手氏「鎌倉幕府と公家政権」）。

承久の変後でも、朝廷と幕府の公式な順列関係は、こんなふうでした。幕府のトップの将軍は、朝廷で武家との窓口役をつとめた関東申次《かんとうもうしつぎ》の西園寺《さいおんじ》氏と同等。将軍につかえる位置にある執権の北条氏は、西園寺家の家政をあつかう家司《けいし》と同格。天皇や上皇からみるとはるかに下の位置づけでした。

この点について、「鎌倉幕府は……その政治的実力と消極的でへりくだった姿勢のあいだのねじれ関係を解消することなく滅びた」とされています（本郷恵子氏『将軍権力の発見』）。

「天のとがめ」をおそれて

承久の変をめぐって、『増鏡《ますかがみ》』にこんな話がでてきます。

上皇方の軍勢とのたたかいにさいし、北条泰時《やすとき》が父の義時に、こう問いただしたというのです。

「もし上皇ごじしんが軍勢の先頭にお立ちになってお出ましのときは、どうすべきでしょうか」と。

これに義時はこたえました。

「よくぞたずねた。そのときは武装をとき、ひたすらかしこまって降参せよ。そのかわり、お出ましのないときは、千人が一人になるまでうちとられても、最後まで命をすてて奮闘せよ」と。

この話の史実性は、一般にみとめられていません。デキすぎた話だし、乱後の情容赦《なさけようしゃ》のない苛酷な処置からして、義時の口からこんな殊勝《しゅしょう》なセリフがでるなんて信じられない、ということでしょう。

でも、あんがい事実かも。

上皇の意向にたてつくことは、武士たちにとって大変なプレッシャーでした。例の政子の演説のあとでさえ、防御策が大勢をしめていたことを思いだしてください。政子の指示で京都攻めにきまっても、しりごみするムードはのこっていたはずです。

それにピシャリと〝活《かつ》〟をいれるために、親子でひと芝居《しばい》うった可能性はありませんかね。もちろん、上皇じきじきのお出ましなんてないと踏んだうえで。

もし事実じゃなくても、こんな話がのちにつたえられているのは、武士にとって、たとえ「権門として」であっても上皇を相手にいくさをすることが、どれほど心理的なハードルの高い行動であったかを、よく示しているでしょう。

もうひとつ、変のあとのエピソード。

泰時は華厳宗《けごんしゅう》の僧、明恵上人《みょうえしょうにん》にあい、きびしく叱責《しっせき》されたといいます。そのときの上人の発言の主旨は──

「日本は神代《かみよ》のむかしから一系の皇室が天皇の地位をうけついでこられた。国内のすべては、この君主たる天皇のものといえる。それなのに、承久の変での幕府のむごい処置はまったく道理をたがえている。だからあなたは天のとがめをまぬがれることはできないだろう」

──というものでした（『明恵上人伝記《みょうえしょうにんでんき》』）。

これも、だいたい事実だったとみてよいのでは。

しかも、こうした感覚はけっして明恵上人ひとりだけのものではなかったでしょう。義時のあとをついで執権になった泰時の「善政」がよくかたられます。南朝《なんちょう》の「忠臣《ちゅうしん》」北畠《きたばたけ》親房《ちかふさ》の『神皇正統記』でさえ、「心ただしく、政《まつりごと》すなおにして……徳政《とくせい》（善政）をさきとし、法式《ほうしき》（貞永式目《じょうえいしきもく》）をかたくす」と手ばなしでほめています。

だがその動機の大きなひとつは、「天のとがめ」をまぬかれようとする〝罪ほろぼし〟の意識があったのではないでしょうか。

島にあること19年

後鳥羽上皇は隠岐島にながされても、和歌をつくりつづけています。

しかも京都の貴族たちも、上皇のもとめにこたえて、和歌を詠み、上皇のもとにおくっているのです。

かの地での和歌活動のひとつ、『遠島歌合《えんとううたあわせ》』では、15人の在京の歌人たちの作品がおさめられています。

「後鳥羽院は隠岐に流されてからも、歌壇の主であり続けた」といわれているとおりでしょう（石澤一志氏「後鳥羽院の歌壇」）。

ここでは、隠岐での作のうちとくに有名な一首だけを紹介しましょう。

我《われ》こそは　新《にい》じま守《もり》よ　沖《おき》の海《うみ》の
あらき浪《なみ》かぜ　心してふけ

鑑賞はどうぞそれぞれに——というところですが、いちおう丸谷才一氏の文章を参考までに引いておきましょうか（『後鳥羽院』）。
「『沖』が『隠岐』にかけてあることは言うまでもない。……後鳥羽院が沖の海の浪風に『我こそは』と呼びかけるとき、それはみじめな流人《るにん》として、しかも自分のため、哀願しているのでは決してなく、この島を守る者として、誰か他人のため、海に命令しているのである。その誰かとは荒天《こうてん》のため舟を出せずに当惑している漁師であると考えてもいいわけで、『新じま守』という言葉には、案外、つい先日まで支配していた日本の国全体の広さにくらべれば、こんな小島を司《つかさど》るくらいすこぶる易《やさ》しいという自負がこめられているかもしれない」——で、この島での和歌へのとりくみの最大のものは、隠岐本《おきぼん》『新古今和歌集』の選定でしょう。勅撰和歌集のなかでも異例な、ほとんど上皇じしんの苦心の撰ともいえる『新古今和歌集』。これをたずさえてかの地にわたった上皇は、さらにみずからこれに手をくわえました。

約二千首（現行本は1978首）をさらに厳選して1600首、20巻の「決定版」を完成させたのです。ときに1237年ごろ。上皇にとって最晩年にあたります。

在島じつに19年。1239年2月22日、上皇は60歳で崩御しました。隠岐で火葬のうえ、分骨は京北、大原《おおはら》の地（京都市）にうつされました。

北条氏はついに上皇を都にもどすことを拒絶しつづけました。それはおそらく、上皇がもどることで生じる可能性がある政治的な波紋《はもん》への「恐怖」が、なくならなかったからではありませんか。つまり「強さ」ゆえではなく、「弱さ」ゆえのことだったでしょう。

しかも上皇への恐怖は、その死をもってもおわりませんでした。「怨霊《おんりょう》」の発動です。

「怨霊」の発動

じつは、上皇の生前から、すでに「怨念《おんねん》」の恐怖がかたられていました。

たとえば1225年、承久の変で強硬論をとなえた大江広元《おおえのひろもと》が死去。このとき執権の泰時は、3上皇たちへの厳重な警固を命じています（『明月記』）。怨念の介在を予想していなければ、こんな反応はでてこないでしょう。

また、上皇の孫の仲恭天皇をおしのける形で即位した後堀河上皇の中宮《ちゅうぐう》（正妻）と本人が、25歳、26歳の若さであいついでなくなります（1233年と翌年）。人々はやはりこれを隠岐の上皇の「御怨念」とかんがえました（『五代帝王物語《ごだいていおうものがたり》』）。

上皇本人が死期をさとって書いた置文《おきぶみ》には、死後の唯一の希望として、自分の血統から皇位につく者がでることが記されています（置文とは後継者に従い守るべきことをつたえる文書）。

「百千にひとつでも、この世の妄念にこだわって魔縁《まえん》となるようなことがあれば、この世のために障害となるだろう。千万にひとつでも、わが子孫が皇位につくことがあれば、わが力とおもうがよい」と（『水無瀬神宮文書《みなせじんぐうもんじょ》』）。

で、いよいよ上皇がなくなったあとは――。

崩御後、わずか3か月で「顕徳院《けんとくいん》」という「おくり名（諡号《しごう》）」がたてまつられました（『百錬抄《ひゃくれんしょう》』『歴代皇記《れきだいこうき》』）。崇徳《すとく》天皇（75代／1123〜1141年在位。保元の乱で上皇として後白河天皇と対立、やぶれて讃岐《さぬき》〈香川県〉にながされ、同地でなくなる）とか、安徳天皇のように異境の地で「無念の死」をとげて「怨霊」になることがおそれられた天皇のおくり名には、「徳」の字をつかって鎮魂《ちんこん》するのが例でした（『玉英記抄《ぎょくえいきしょう》』）。

だから、はやばやと顕徳院との諡号がきめられたのは、いかに後鳥羽上皇の「怨霊」化がおそれられていたかを示しています。

でも、それもムダでした。

上皇がなくなった年（1239年）の暮《くれ》、さっそく承久の変で上皇方からとくに味方になることを期待されながら応じなかった、幕府の有力者、三浦義村が急死します。つづいて翌年、京都攻撃の大将で、変後も六波羅にとどまった北条時房《ときふさ》も急死（『平戸記』）。しかも、その死のまえ、時房のけらいが後鳥羽上皇らが時房を召し取りにくる夢をみていました。

人々が上皇の「怨霊」発動に恐怖したことは、いうまでもありません。さらに、その死につづく鎌倉での大火事、同年のはげしいひでりは、よりその恐怖をふかめます。

そして1242年正月9日。後堀河天皇のあとをうけて即位した、その子の四条《しじょう》天皇（87代／1232〜1242年在位）までもが事故によってわずか12歳でなくなってしまいました。人々はいよいよ上皇の怨霊をウワサしました（『増鏡』）。

当然でしょう、これによって幕府がたてた後高倉院の系統は断絶してしまうのですから。

まごが天皇、ひまごが将軍に

四条天皇の急死のあと、皇位についたのは土御門上皇の皇子でした。土御門上皇は後鳥羽上皇の第1皇子。ですから、その孫《まご》にあたることになります。後嵯峨《ごさが》天皇（88代／1242〜1246年在位）です。

ついに、後鳥羽上皇が置文に唯一の希望として記していた子孫の皇位継承が、死後わずか3年にして実現したのでした。こうして、皇位は後鳥羽上皇の血統にもどります。以後、皇位はこんにちにいたるまで、この血筋によってうけつがれています。

おなじ年の6月15日夜、北条泰時がもだえ苦しみながら死去。その死にざまは『平戸記』にこう書かれています。

「前後もわからないほど正気《しょうき》をうしない、体温は火のようにあつくなって、人がそのかたわらに近づくこともできないほどだった」と。むごい死にかたでした。

それから10日ほどたった26日、朝廷ではなき上皇の「顕徳院」のおくり名を「後鳥羽院」との追号にあらためます。おくり名をあらためるのは、まったく前例のないこと。これは上皇の「うらみ」がすでにとけて、怨霊として鎮《しず》める必要がなくなったと考えられたからでしょう。

それまでに、鎌倉では三浦義村、北条時房・泰時、京都では後堀河上皇とその中宮、さらにその子の四条天皇までをも呪《のろ》い殺した――と信じられたのです。

こうして、はやくも後鳥羽上皇の血筋に皇位がもどってきました。その念願は達せられたのです。後嵯峨天皇が即位し、泰時も死んだ以上、時をおかず「顕徳院」から「後鳥羽院」に改名されたのは当然だったでしょう。

それから5年後（1247年）。幕府はついに「聖地」鶴岡八幡宮のかたわらに後鳥羽上皇の霊をまねいて新若宮《しんわかみや》なる社《やしろ》を創建します。のちには、なくなった順徳上皇の霊なども合祀されました（『吾妻鏡』『神明鏡《しんめいかがみ》』）。これは、当時の将軍だった九条頼嗣《よりつぐ》の正妻（北条時氏《ときうじ》のむすめ、泰時の孫）が18歳の若さでなくなるまで、さまざまな託宣があったためとされています（『歴代皇記』）。

それにしても、幕府の精神的支柱だった鶴岡八幡宮のすぐそばに、承久の変をおこした後鳥羽上皇（および順徳上皇）の霊がまつられたんです。スゴイですよね。

さらに1252年。幕府は頼嗣将軍を廃し、あらたに宗尊《むねたか》親王を将軍にむかえます。この親王は後嵯峨上皇の第1皇子です。第2皇子が後深草《ごふかくさ》天皇。弟が皇位をついだのは、後深草天皇の生母が正妻である中宮だったのにたいし、宗尊親王の母の身分がおとっていたためでした。でも、上皇からは後深草天皇についで目をかけられていました（藤井貞文氏『神とたましひ』）。

とにかくここに、後鳥羽上皇の曾孫《ひまご》が、京都では天皇、鎌倉では将軍の地位につくことになったのです。

鎌倉幕府滅亡、そして「神」へ

まだ話はおわりません。

1333年。後鳥羽上皇の霊がふたたび発動します。この年の閏《うるう》2月、上皇ゆかりの水無瀬《みなせ》御影堂《みえいどう》が「鳴動《めいどう》」し、後醍醐《ごだいご》天皇（96代／1318〜1339年在位）に味方して幕府軍に敗れ、京都の賀茂川《かもがわ》の河原にさらされていた赤松円心《あかまつえんしん》軍の首が大雨でながされました（『続史愚抄《ぞくしぐしょう》』）。このことは、「後鳥羽の怨霊は再び鎌倉幕府の倒幕に立ち上がった」と評されています（今野慶信氏「後鳥羽院の怨霊」）。おなじ月に、討幕をくわだてて隠岐島（！）にながされていた後醍醐天皇が、うまく島を脱出でき、その3か月後の5月にはついに鎌倉幕府をたおせたのも、すべて上皇の霊のたすけによるものとされたのです（『後鳥羽院御霊託記《ごとばいんごれいたくき》』）。

幕府滅亡ののち、後醍醐天皇はかの上皇の置文をとりよせて読み、さらにつねの行法《ぎょうほう》の壇上において祈念《きねん》していたといいます。これは、後醍醐天皇の幕府打倒の行動が、後鳥羽上皇の挙兵のこころざしを受けつぎ、さらにすすめたものであったことを想像させます。

興味ぶかいのは、のちの室町将軍家が上皇の肖像をおさめる水無瀬御影堂を保護し、祈りをかさね、一族の守護神とあがめていった事実です。

朝廷・幕府の崇敬はときとともに高まり、やがて1494年には、ときの後土御門《ごつちみかど》天皇（103代／1464〜1500年在位）が後鳥羽上皇の霊を「神」とあがめ（『水無瀬神宮文書』）、水無瀬宮《みなせぐう》がいとなまれることになりました。これがいまもつづく水無瀬神宮《みなせじんぐう》（大阪府）のおこりです。

世はすでに戦国時代へと突入していました——。

第8章　歴史上もっとも貧しかった後奈良天皇

ごならてんのう【後奈良天皇】

●1496・12・23〜1557・9・5
在位1526・4・29〜57・9・5

後柏原天皇の第二皇子。名は知仁《ともひと》。母は豊楽門院《ぶらくもんいん》藤子。一五一二年（永正九）親王宣下。二六年（大永六）践《せん》祚《そ》したが、即位礼は費用が調わず、一〇年後の三六年（天文五）大内義隆らの献金により行われた。しかし大嘗会は行うことができず、四五年伊勢神宮に大嘗会未遂を詫びている。

戦国乱世の天皇とは

戦国乱世の時代――。

日本の歴史上、「中央政権の実力が極限まで小さくなった時期」とされています（永原慶二氏「応仁・戦国期の天皇」）。

いいかえると、地方の権力が極限までつよくなり、国内の政治的統一がほとんどうしなわれていた時期、ということです。

そんな時代に、よく天皇という地位が存続できたものだという気もしますが、じっさいどうだったのか？

すでにずっと前から、朝廷は「中央政権」としての実質をうしなっています。

政治権力をにぎっていたのは、足利氏が京都にたてた室町幕府《むろまちばくふ》。

でも、その室町幕府も応仁《おうにん》の乱《らん》（１４６７～１４７７年）以前から、政権としてはほとんど機能不全におちいっていました。

しかも、しばらくは室町幕府にとってかわる中央権力はあらわれません。

そうするとどうなるか。

いうまでもなく、ほとんど「無政府」にちかい状態になってしまいます。

朝廷をささえる財源も当然、おぼつかなくなります。

そんな時代が、ほぼ1世紀もつづいたのです。

で結局、室町幕府はつぶれてしまいます（１５７３年）。

まァ、当然といえば当然ですね。やがて室町幕府にかわる「中央政権」が登場してくるわけですから。

いっぽう、朝廷はつぶれてなくなったわけではありません。でも窮乏化した貴族らが、生活の糧《かて》をもとめて地方にくだるなどして、朝廷の行事に参加しない例もめだつようになります。こちらも、ほとんど解体寸前だったといってよいでしょう。

ですから、当時の天皇のありかたについて「太政官も廷臣も必要としない天皇制」などと表現されたりしています（富田正弘氏「戦国期の公家衆」）。ほとんど丸裸の「天皇制」ということですね。

しかも、なんと天皇が皇位をうけついでも、即位式すら満足にあげられないありさまでした。もちろん、財源がないからです。当時は「赤字国債」なんて便利な（？）ものもありませんし。

極小の天皇

すこし具体的にみてみましょう。ざっとこんなカンジです。

後土御門《ごつちみかど》天皇（１０３代／１４６４〜１５００年在位）。１４６４年に皇位をうけつぎ、翌年に即位式。即位式の挙行は即位と同年が普通ですが、まァ許容範囲でしょう。でも、その2年後に応仁の乱がおこります。こののち世は戦国時代へと突入。

後柏原《ごかしわばら》天皇（104代／1500～1526年在位）。1500年に皇位につくも、即位式をあげたのは1521年。なんと21年後のことでした。このときの即位式は、室町幕府の将軍、足利義稙《あしかがよしたね》らの献金によってまかなわれています。

後奈良《ごなら》天皇（105代／1526～1557年在位）。この章の主人公です。皇位継承から10年たった1536年に即位式。大内義隆《おおうちよしたか》ら戦国大名の献金によって挙行しました。

正親町《おおぎまち》天皇（106代／1557～1586年在位）。毛利元就《もうりもとなり》らの献金で3年後に即位式。

これらの天皇はみな、即位式にならぶ重要な皇位継承儀礼である大嘗祭《だいじょうさい》は、ついにおこなえませんでした。それどころか、先帝《せんてい》の葬儀の費用さえままならない状態でした。

さらにこのころは、宮廷の警備もよほど手薄だったらしく、ちょくちょくドロボウがしのびこんでいます。ウソのような話ですが、天皇の日記をはじめ、女官や貴族たちの記録といった一級史料に出てくるたしかな事実なんです、これが（『後奈良天皇宸記《しんき》』『御湯殿上日記《おゆどののうえのにっき》』『実隆公記《さねたかこうき》』『言継卿記《ときつぐきょうき》』など）。ドロボウが平気で出没するなんて、朝廷の「弱体化」もここに極まれり！　ってカンジですね。いやはや。

かんがえてみると世界史上、ここまで貧乏した君主というのも、めずらしいかもしれません。

というのも、武力をもたず、政治権力をうしない、そのうえ財力までなくしても、君主の地位を代々、保持できるって、よほど例外的なことでしょうから。

以上あげた戦国期の天皇たちこそ、日本史上その存在感が「極小」だった天皇でしょう。と同時に、おそらく世界史のなかでも「極小」の君主の部類にはいるはずです。

皇室「冬の時代」

戦国時代の皇室の貧窮ぶりは、さまざまな〝伝説〟をうみだしています。たとえばこんなぐあい――

「織田信長のころの内裏《だいり》のあれはてたようすは、築地塀《ついじべい》もなく、竹の垣にイバラなどをからませた粗末なありさまだった。内部に人の姿も見えず廃墟《はいきょ》同然だったが、信長が領地を寄進してやっと人が住めるようになった」（『老人雑話《ろうじんざつわ》』）

「内裏の築地塀がやぶれて、三条橋のほとりから三種《さんしゅ》の神器《じんぎ》のひとつの八咫鏡《やたのかがみ》の分身をおさめる内侍所《ないしどころ》の灯明《とうみょう》が見えたという」（『白石先生紳書《はくせきせんせいしんしょ》』）――と。

スゴイ話ですね。でもこれらの伝説は、とてもそのまま史実として信じるわけにはいかないことが、すでに明らかになっています。

そうはいっても、この当時、皇室がかなり困窮していたのは事実。そのことは、すでに戦時中（昭和17年）の研究で、綿密かつ実証的に解明されています（奥野高広氏『皇室御経済史の研究』）。

その結論は、後柏原天皇が皇位について22年目に即位式をあげた１５２１年から、信長が正親町天皇の代に内裏を修復した１５６９年までの約50年間の年ごとの収入の平均はおよそ６２０貫文《かんもん》以上で、16世紀末ごろとくらべると、その４分の１から５分の１くらいだった――というもの（ただし内裏修理費はべつ）。

また近年の研究でも、この章の主役の後奈良天皇が即位した１５２６年から１５３１年までの年ごとの収入を、１５０～５５０貫文くらいと計算しています。これは最大値でも、荘園の数にして１、２荘から数荘ほどの収入にすぎません。院政時代の厖大《ぼうだい》な皇室の荘園群のなかの１ブロックだった八条院領《はちじょういんりょう》だけで２２０荘以上あったのとくらべると、その収入のすくなさは歴然としています（永原氏前出）。

まさに皇室の「冬の時代」でした。

伊勢神宮の「神殿」も消失

「中央政権」の機能マヒのため、古代から20年ごとにくり返されてきた皇祖神をまつる伊勢神宮の建てかえ（式年遷宮《しきねんせんぐう》）も費用の手当てができず、中断してしまいます。

後花園《ごはなぞの》天皇（102代）のときに、伊勢の内宮《ないくう》と外宮《げくう》の遷宮がおこなわれました。が、これ以降、100年以上もおこなわれなくなります。

外宮は1434年の第39回遷宮、内宮は1462年の第40回遷宮で中断してしまったのです。神宮の神職たちはもちろん、式年遷宮の実施を朝廷に願いでます。朝廷に異存があろうはずはありません。しかし、財政の実権は室町幕府がにぎっています。そこで幕府に指示をします。幕府も、将軍を任命する天皇の権威の源泉というべき皇祖神をまつる伊勢神宮のことですから、おろそかにするつもりはありません。でも、このころの幕府は政治的にも経済的にも、あまりにも無力でした。結局、その経費を用立てることができないのです。

もともと神宮の建物《たてもの》は唯一神明造《ゆいいつしんめいづくり》といって、式年遷宮を前提とした耐久年数のみじかい建てかたをしています。そこで遷宮が中断しますと当然、建物はいたんでしまいます。ついには八咫鏡をまつる神殿（正殿《しょうでん》）そのものが倒壊の危機をむかえます。そこで八咫鏡はべつの建物（宝殿）にうつさざるをえなくなってしまいました。この間、じつに85年間も伊勢神宮に神殿じたいがないという、想像を絶した異常な状態がつづいたのです（中西正幸氏『神宮式年遷宮の歴史と祭儀』、同「近世・近代の遷宮」）。

伊勢神宮のおこりは垂仁《すいにん》天皇（11代）の時代とつたえられています。それをだいたい史実とみとめてよいでしょう（岡田氏「伊勢神宮」、拙著『歴史から見た日本文明』）。実年代は3世紀後半〜４世紀前半ころのことです。

式年遷宮の制度化は第４章でふれました。天武天皇代の末年、６８５年のことだったでしょう。

以来、８００年ちかい歳月をへて、やむなく中断してしまい、神殿すら維持できない日がこようとは、いったいだれが予想できたでしょうか。

大嘗祭とともに、わが国の伝統的な信仰である神道《しんとう》にとって、国家的な見地からもっとも重要な祭儀というべき式年遷宮も中絶してしまう――戦国期とはそんな苛酷な時代だったのです（復活は１２３年間の中絶をはさんで正親町天皇の時代だった）。

ドン底でも「君主」らしく

そんな戦国時代の天皇のなかから、この章では後奈良天皇をとりあげることにしました。なぜこの天皇なのか？　それは後奈良天皇の時代こそ「戦国の色の最も濃い時代で……皇室の経済はなはだ窮乏し、もっとも式微《しきび》した（ひどく衰えた）時であった」（『歴代天皇紀』）とされているからです。先帝（後柏原天皇）の葬儀費もままならず、１か月ほどもおくれたくらいでした。

いってみれば、「極小」中の最極小、皇室のドン底がここにある――ってことでしょうか？

その「ドン底」の時代にあっても、後奈良天皇は「自分は君主である」という自覚をしっかり持ちつづけていました。

まず、そんな苦境のなかでも学問、修養をおこたっていません。雅楽《ががく》や和歌はもちろん、わが国の古典『伊勢物語《いせものがたり》』や『源氏物語《げんじものがたり》』『古今和歌集《こきんわかしゅう》』などを、この方面に造詣《ぞうけい》がふかかった貴族（三条西実隆《さんじょうにしさねたか》ら）にまなんでいます。また漢籍についても、それぞれ専門家（月舟《げっしゅう》寿桂《じゅけい》、常庵《じょうあん》龍崇《りゅうすう》ら）からおしえられていました。

皇位について11年もたって、やっと41歳で即位式をあげられるメドがついたときも、感慨をこめて自分の日記に２００年ほどもまえの南北朝時代の神器をめぐるいきさつを書いた当時の記録（洞院公賢《とういんきんかた》の『園太暦《えんたいりゃく》』）について、言及しています。

天皇が平素、いかに熱心に前例や故実をしらべ、マスターしていたかを、よくしめす事実でしょう。それは当時、よりよき君主であるために必要とされた素養だったのです。

意外でしょうが、著書がいくつも知られています（和田英松氏『皇室御撰之《ぎょせんの》研究』）。日記としては『天聴集《てんちょうしゅう》』『後奈良院御記《ごならいんぎょき》抜書《ぬきがき》』『後奈良天皇宸翰宸記《しんかんしんき》』『後奈良宸記』などがつたえられています。

『後奈良院宸翰御記』なるものも、他書に引用されています。どうやら内容は朝廷の行事を記録したもののようです。が、残念ながら今はのこっていません。

そのほか、歌集も『後奈良院御製《ごならいんぎょせい》』ほか何点もつたえられています（岡野弘彦氏、中村正明氏編著『天皇文業総覧』（下））。また俳諧《はいかい》が台頭してきた時代相をうつして、さまざまな人の作の発句《ほっく》をあつめた書（『発句集《ほっくしゅう》』）もまとめていたり。ちょっと変わったところでは、当時のナゾナゾをあつめた『御奈良院御撰何曽《なぞ》』も。ただし、これは天皇じしんの著書か疑うむきもありますが。

戦国「冬の時代」であっても、宮廷の風雅《ふうが》はたもたれていたのです。というより、血なまぐさい戦国乱世の時代であればこそ、地方の武士たちにとって、朝廷の高雅な文化は遠いあこがれ——というのが実情だったようです。この点は、のちに触れましょう。

民衆救済の写経

後奈良天皇の君主意識は、災害のときによりストレートにあらわれます。

1534年（天文《てんぶん》3）——『続史愚抄』にこんな記事がでてきます（6月4日条）。

「当春以来《このかた》、天下に疫病流布《えきびょうるふ》し、人民多く死す」と。

これにたいし、天皇はふかく憂慮し、『般若心経《はんにゃしんぎょう》』を書写して大覚寺《だいかくじ》（京都府）におさめ、その功徳《くどく》で国民のくるしみをのぞこうと思いたちます。

5月中旬に書写し、寺に使者がはこんだのが6月19日のこと（『御湯殿上日記』）。

紺色《こんいろ》の紙に金泥《こんでい》（金粉《きんぷん》をニカワで溶《と》いた絵具）で書かれています。奈良時代以来の伝統にしたがったものです。

この行為じたい、まさに君主そのもののふるまいでしょう。

奥書《おくがき》には写経の動機がはっきりと書かれています。

「このごろ、悪性の流行病が民衆にひろがり心を痛めている。そこで自分の不徳もかえりみないで、平安初頭の嵯峨《さが》天皇（52代）の太平の世の跡をしたって功徳がいちじるしい般若心経を写す。天よ、わがまごころに感応し、国と国民の多くの苦難をのぞくことを仰ぎ願う。全世界ひとしく益したまえ」

ときに天皇は39歳。いまだ自身の即位式もあげられないままのころのことでした。

しかし、民衆をいつくしむ思いは、じつに深く厚いものでした。

この写経の現物は、いまも大覚寺にあります。その文字をみると、それじたい侵《おか》しがたい威厳をそなえていて、見る者が思わず背スジをぴんと伸ばしてしまう気品をただよわせています。

小松茂美氏の『天皇の書』には、その鮮明な写真がおさめられているので、関心のあるかたはご覧になってみてください。それをみるだけで、この写経奉納が、近ごろの政治家がときどきやってみせる軽薄なパフォーマンスなどと同列にあつかえないことが、わかるはずです。

奥書に嵯峨天皇の前例に言及しています。これは８１２年（弘仁３）の流行病と日照りの被害のさい、天皇が伊勢神宮に使いを派遣して民衆の救済をいのったときのことです。『日本後紀《にほんこうき》』にその記事がでてきます。経を献じた大覚寺は、ほかでもないその嵯峨天皇がいとなんだ山荘、嵯峨院をのちに嵯峨天皇の像などをおさめて寺院としたものでした。この一事《いちじ》からも、後奈良天皇の学問のふかさはわかります。

この書について小松氏はこう評しています。

「もともと、金粉の重い粒子《りゅうし》を筆先《ふでさき》に含ませての金字《こんじ》写経は、運筆《うんぴつ》がままならない。謹厳重厚《きんげんじゅうこう》、さながら金星を連ねたようなこの写経に、後奈良天皇の入木《じゅぼく》（書道）習熟の妙技に加えて、国王として国民を救済せんとする至情がまざまざと流露《りゅうろ》する」と。

「民の父母」として

1539・1540年（天文8・9）のころにも、台風、洪水、飢饉《ききん》、疫病の流行が集中しました（小鹿島果編『日本災異志』）。

このときは、さらに被害がはげしかったようです。100年米、たえてなかったほどの飢饉だったといわれるほどですから（『妙法寺記《みょうほうじき》』）。

むごい話ですが、凶作で食べ物が底をつく一方、悪疫で死者が続出したためでしょう、人肉食をうかがわせる史料もあります（『続史愚抄』）。

このとき、後奈良天皇はみずから筆をとり、ふたたび『般若心経』の写経をしています。今度は諸国の一宮《いちのみや》（地元で第一の神社）におさめました（1540年6月17日）。じつに九州から関東、北陸にいたる25か国の神社におよんでいます。

その奥書には、こうありました。

「今ここに天下《てんか》大疫《たいえき》、万民《ばんみん》多く死亡に阽《のぞ》む。朕《われ》、民《たみ》の父母《ふぼ》として、徳覆《おお》うこと能《あた》わず。はなはだ自《みずか》ら痛む。ひそかに般若心経一巻を金字に写して、（三宝院《さんぼういん》の）義堯僧正《ぎぎょうそうじょう》をしてこれを供養《くよう》せしむ。こいねがわくは、疾病《しっぺい》の妙薬《みょうやく》となさんことを」（京都・三宝院所蔵）

自分は「民の父であり母」であるべき立場なのに、不徳のために天下の民衆は塗炭《とたん》の苦しみをなめている――とみずからをきびしく責めているのです。「民の父母」つまり君主としてのふかい自覚がなければ、こんな言葉はでてこないはずです。

しかも天皇は写経をした6月17日から22日の6日間にわたり、宮中で「天下の大疫」をおさめるための祈禱《きとう》をおこなっています。

財政の逼迫《ひっぱく》した当時の朝廷にあって、紺紙に金泥で書写した『般若心経』を遠隔の地まで使者をたてて広範におさめさせ、宮中でも数日間も祈禱の行事をつづけるなど、かなり大きな経済的負担だったはずです。

でも天皇はそうした負担をいとわず、ひたすら己れを責め、「民の父母」として最大限の祈りをささげたのです。

最低、最悪の時代。にもかかわらず、「民の父母」であることの自覚をけっしてわすれていませんでした。

そのことをしめす事実をもうひとつだけ紹介しましょう。

平和回復への祈り

1545年（天文14）8月28日、後奈良天皇は伊勢神宮に謝罪のため、自筆の宣命《せんみょう》をささげています。皇位継承に伴なっておこなうべき、大嘗祭をおこなえないことへの謝罪です。そのおよその内容は以下のとおり。

「伊勢神宮にかしこみつつしんで申し上げます。自分が皇位についてすでに20年。しかし、いまだに大嘗祭をおこないたいという願いを達することができていません。これは、おこたる気持ちがあってのことではなく、国の力の衰えによるものです。どうぞおわかりください。

国内に公道はおこなわれず、下剋上《げこくじょう》の風潮がさかんで、各地のみつぎ物もとどこおり、武士らが力に任せて横取りして、神社の行事も、朝廷につどう皇族、貴族、役人らもみな衰えてしまっています。皇位の将来さえ、あぶない状態です。

どうか神のお力をいただき、国内の平和回復、民衆の繁栄、皇位の安定を実現し、ついに大

嘗祭もおこなえますように、つつしみかしこんでお願い申し上げます」（京都御所東山御文庫所蔵）

大嘗祭のことでなぜ伊勢神宮に謝罪するかといえば、大嘗祭でまつられる主祭神《しゅさいじん》が神宮にまつられる天照大神だから。

で、ここで注目すべきなのは、天皇が願っている中身と、その優先順位でしょう。まずはじめにあげられているのは「平和回復」。これなくしては、どんな願いも実現できませんから。当然の順序ですね。

つぎが「民衆の繁栄」。これが2番目にくるあたり、まさに「民の父母」ですね。3番目が「皇位の安定」。うーん。これよりも、民衆の生活改善のほうが先にきているんですよね。

そして最後が大嘗祭の執行です。大嘗祭がおこなえないことを詫《わ》びて、その執行を願うはずの宣命なのに、この順番。平和の回復と民衆の生活向上あってこその大嘗祭——との考えによるものでしょう。

しかも率直《そっちょく》にいって、当時の国内情勢は大嘗祭をおこなえるような状態ではありません。それは後奈良天皇もよく認識していたでしょう。それでも「民と向きあう天皇像」を確認する大嘗祭の大切さを考えると、かんたんには断念できなかったのでしょう。

また中断期でも、こうした願いが代々の天皇にうけつがれていたからこそ、のちの大嘗祭の復活もありえたのでしょう（大嘗祭は江戸時代の東山《ひがしやま》天皇〈113代〉のときに復活〈1687年〉。221年、9代の天皇におよぶ中断だった。こののち、つぎの中御門《なかみかど》天皇〈114代〉をのぞき、現在までとだえることなくつづいている。拙著『天皇と民の大嘗祭』参照）。

ずいぶん以前から政治上の実権をうしない、今や経済的にも極端に疲弊《ひへい》しながら、なおこうした姿勢をたもちつづけていることは、やはり驚異とすべきことがらではありませんか。

ここで私は、かつての吉本隆明氏の指摘をおもいだしてしまいます。

オマエタチノタメニ

吉本氏は「天皇」についても、ずいぶんつきつめて考えたひとりでしょう。彼の「天皇および天皇制について」と題した一文には、こんなことが書かれていました。

「じっさいに〈天皇（制）〉が農耕社会の政治的な支配権をもたない時期にも〈自分ハソノ主長ダカラ農耕民ノタメ、ソノ繁栄ヲ祈禱スル〉といういしきたりを各時代を通じて世襲しえたとすれば、この世襲には〈幻想の根拠〉または〈無根拠の根拠〉が、あるひとつの〈威力〉となって付随することは了解できないことはない。いま、〈大多数〉の感性が〈ワレワレハオマエヲワレワレノ主長トシテ認メナイ〉というように否認したときも、〈天皇（制）〉が〈ジブンハオマエタチノ主長ダカラ、オマエタチノタメニ祈禱スル〉と応《こた》えそれを世襲したとすれば、この〈天皇（制）〉の存在の仕方には無気味な〈威力〉が具備されることはうたがいない。わたしの考察では、これが各時代を通じて底流してきた〈天皇（制）〉の究極的な〈権威〉の本質である」――と。

ここでいわれている「農耕民」のための「祈禱」というのは、大嘗祭をさしています。吉本氏はここで、その大嘗祭すら中断した時代のことは「考察」のそとにおかれているようです。さらに近年、天皇は「非農業民」にとっても「主長」であったという側面が注目されるようになりました（たとえば網野善彦氏『日本中世の非農業民と天皇』ほか）。でも、時代の大勢が天皇に背をむけているように見える局面でも、天皇が「オマエタチノタメニ祈禱スル」との立場をつらぬいた場合、そこに「威力」や「権威」が生じうるのをしっかり見とどけたのは、的《まと》を射た見方ではないでしょうか。

大嘗祭をおこなえず、即位式すら先送りしなければならない逆境下でも、「民の父母」として「祈禱」することをやめなかった後奈良天皇のふるまいを見ると、わが国における天皇の「威力」とか「権威」というものの「本質」が、チラッとわかるような気がしませんか。

では、戦国時代当時、民衆は天皇をどう見ていたのでしょう。「オマエヲワレワレノ主長トシテ認メナイ」と考えていたんでしょうか。とんでもありません。

民衆の天皇観

当時の日本人の天皇への態度については、宣教師らの証言がのこっています。たとえばこんなぐあいです。

「(天皇について) 日本人はこれを日本の頭《かしら》とし、ほとんど神のごとく尊崇《そんすう》している。この君は威厳が広大なので、足を地につけることができない」(ルイス・フロイスの1565年〈永禄8〉2月20日付報告書)

「この国王 (天皇) は、日本の創始より直系に継承し……日本諸国の統治は権利および正義により彼に属している」(ドン・ロドリコ『日本見聞録』)

「第1の王 (天皇) は、彼ら (日本人) の言葉でワゥ (王) と呼ばれている。これは彼らの間で最も有力な血統である。……この王は私たちの教皇のような存在のように思われる。彼は……あらゆることを、彼らの言葉でゴショ (御所) と呼ばれる者 (将軍) に任せている。御所は私たちの皇帝のような存在であり、日本全土に命令権、支配権を持っているが、前述の王《ワウ》に服従している」(ニコラオ・ランチロット『第1日本情報第1稿』)

こうした国内の天皇観が、急にあらわれたり、なくなったりするとは、考えにくいでしょう。人々が戦国時代以前からいだき、戦国時代のあいだも大きな変化がなかったものと見てよいはずです。

あるいは、後奈良天皇の時代のできごとでも、こんなことがありました。

まず即位から3年後の1529年（享禄2）正月。奈良の修南院でさる山中に僧のすまいを建てることになったが、山の神のタタリを避けるために、天皇が側近に命じてだす文書（御教書《みぎょうしょ》）をたまわりたいと願いでて、それをうけとっています（『御湯殿上日記』）。

さらに同じ年の7月にも、京都の藤森神社の神木の伐採にあたり、天皇の裁可をあおいでいます。

これらは、人々が天皇を一般の神より上位の存在とみていたことをしめす事実でしょう。

朝廷の行事に多くの民衆がつめかけていた事実もあります。

やはり後奈良天皇のころの例をあげてみましょう。

1538年（天文7）4月4日。先代の後柏原天皇の法事がおこなわれたとき、見物人がことのほか多かったようです（『御湯殿上日記』）。

さらに1545年（天文14）正月15日のサギチョウ（のちの民間の「どんど」焼きの源流）のときには2万人もの見物があったといいます。1600年ごろの人口はおよそ1227万人くらいだっただろうと推計されています（社会工学研究所『日本列島における人口分布の長期時系列的分析』）。今のおよそ10分の1です。ということは、そのころの2万人は今でいえば約

20万人に匹敵します。多少わりびいて見つもっても、現在の皇居《こうきょ》での新年一般参賀（1月2日）をはるかに上回る人出《ひとで》でしょう。

このようであれば、さきの後奈良天皇の「民の父母」という表現も、たんにアタマのなかだけのことではなく、リアルな実感がともなっていたはずです。

また、多くの民衆が朝廷の行事につめかけている背景には当然、天皇への「尊崇」や敬愛があったと考えるのが自然でしょう。

武士の天皇への態度

以上のことは、和辻哲郎氏が謡曲《ようきょく》を手がかりに戦国時代の民衆の天皇観をさぐり、つぎのように述べているのと、それほど大きなズレはないはずです。
「（戦国時代は皇室がもっとも衰えた時代といわれるが）しかし民衆は（謡曲を演じる能の）舞台の上にいつも『当今《とうぎん》（その時代の天皇）に仕《つか》え奉《まつ》る臣下』を見、『帝《みかど》よりの勅使《ちょくし》』を見、『神と君との御恵《みめぐ》み』の讃歌を聞き、そうして理想的に治まった天皇の御代《みよ》を憧憬《しょうけい》したのである。すなわち民衆の側にあっては、あらゆる理想的なものは皇室に結びつき、あらゆる精神的な栄光は皇室の上に輝いたのであった」（『尊皇思想とその伝統』）
では、この時代の「主役」というべき武士たちはどうだったのでしょうか？

彼らは懸命になって、天皇からあたえられる官位や栄誉などをもとめていました。それは戦国大名も、その家来の武士たちもおなじです。

後奈良天皇の時代の代表例として、山口方面の大内義隆のケースをとりあげましょう。

義隆は「大宰大弐《だざいのだいに》」のポストをのぞんでいました。大宰大弐というのは、律令国家の制度では九州全域を管轄《かんかつ》する朝廷の重要な出先機関である大宰府の次官。でももちろん、当時はとっくにその実体をうしなっていました。だから、いってみれば名前だけ。しかし、天皇からこのポストをあたえられることは、たいへんなステータスだったのです。

幕府が実力をうしなっていくなかで、それは守護《しゅご》への任命にかわる「〝新しい〟正統性表現のスタイル」だったともいわれています（今谷明氏『戦国大名と天皇』）。

だからこそ、義隆は莫大《ばくだい》な出費もおしみません。

１５３５年（天文４）、内裏の門のひとつ日華門《じっかもん》をたてる費用として、その全額の１万疋《びき》を献上しました。１００貫文です。これは１５３０年（享禄３）の皇室の年間収入の総額が１５０貫文だったのにくらべると、じつにその３分の２。巨額の献金です。でもこのときは、うまくポストをえることができません。

その翌年2月26日、即位後10年たって後奈良天皇の即位式がおこなわれます。この式のために義隆は20万疋、つまり２０００貫文もの破格の献金をしています。おそらくその結果でしょう、同年5月6日、義隆は上京して念願の大宰大弐に任じられました（『後奈良天皇宸記』）。戦国大名たちが、天皇からさずけられるポストをいかに切実にもとめていたか。そのことをよくしめす例でしょう。

さらに、そうして天皇から官位やポストをあたえられた戦国大名は、家来たちの官位、ポストの獲得を仲介することで、みずからの統制力をつよめていったようです（脇田晴子氏「戦国期における天皇権威の浮上」）。このことは、家来の武士たちにとっても、天皇からさずけられる官位やポストは、なんとか手にいれたい対象だったことを前提としているはずです。

――ということは、結局、天皇という存在そのものの「権威」がひろくみとめられていた、ってことですよね。そう考えないとツジツマがあいません。

天皇権威の「浮上」

歴史は皮肉なものだと思います。

幕府が求心力をうしない、政治上の権力を手ばなしたために、中央政権の機能がマヒしてしまい、皇室をささえる財政基盤がほぼ解体して、経済的には「極小」化をさけられませんでした。このため皇室は前例をみない貧窮にされされます。

でもそのいっぽうで、幕府が権力をもたない「権威」化したことで、幕府よりさらに上位の権威である天皇の立場が、にわかにクローズアップされることになったのです。

おもしろいものですね。

さらに朝廷の高雅な文化への武士や民衆の「あこがれ」も無視できません。こんな指摘があります。

「長い伝統につちかわれた文化的優位性を武器に、いわば天皇は文化の家元の位置につき、公卿貴族は全国の大名の師匠格になったのである。……

天皇の宗教的、文化的権威は、天皇の（政治的な）無力さと反比例して、この時期、逆に大きくなる。……

寺社の再建なども、勅許（天皇の許可）によるものが増加した。勅許がなければ再建できなかったのではなく、勅許があれば、勧進《かんじん》（寄付あつめ）などに効果があったからである。

天皇家が伝統的に中心となっていた宗教・文化が、日本全体のコミュニケーションの拡大によって、より津々浦々《つつうらうら》に浸透していったこと、一般庶民まで伊勢や熊野に社寺参詣《さんけい》するという、文化の『大衆化』現象を天皇中心に組織・包含したことが、天皇浮上の条件であった」――と

（脇田氏、大系日本の歴史『戦国大名』）。

一見、「無政府」状態のような戦国時代に、かえって天皇の権威が「浸透」し、「浮上」したというのです。

歴史のめぐりあわせというのは、やっぱり一筋縄《ひとすじなわ》ではいきません。「オマエヲワレワレノ主長トシテ認メナイ」どころではなかったわけです。

天皇にのこされた権能

では、政治的には「極小」化していたこのころの天皇のじっさいの権能とは、どのようなものだったのでしょう。

おもなものは、つぎのとおりでした（奥野氏『戦国時代の宮廷生活』ほか）。

(1)太上《だいじょう》天皇・親王《しんのう》・准后《じゅごう》（皇族や摂政《せっしょう》・関白《かんぱく》、僧侶などを皇后《こうごう》等に准じた待遇とする）などの称号をさずけること。
(2)摂政・関白・征夷大将軍以下、貴族や役人、武士たちに官位をあたえ、官職に任じること。
(3)伊勢神宮はじめ全国の神社へのたてまつりもの。
(4)暦《こよみ》の頒布《はんぷ》。
(5)元号をあらためること（改元）。
(6)大赦《たいしゃ》・特赦《とくしゃ》。
(7)祭祀《さいし》・節会《せちえ》など朝廷行事の主催。
(8)宗教方面で「禅師《ぜんじ》」「国師《こくし》」など名誉の称号をさずけ、もっとも尊貴な色とされる紫の袈《け》裟《さ》と法衣《ほうえ》（ひっくるめて紫衣《しえ》）の着用を許可するなど。
⑼神社への「大明神《だいみようじん》」号の付与や勅願寺《ちよくがんじ》の許可、本寺―末寺関係の認定など。
これらについても、朝廷が衰えていた時代なので、幕府が介在する場面が多かったようです。でも、天皇をまったく除外して幕府だけでことをおこなうようなマネは、もちろんできませんでした。

究極の主体はあくまでも天皇なのです。

ここにあげた、「極小」化した天皇に最後までのこされた権能をみると、天皇って宗教的な超越性をおびた存在で、同時にわが国における至上の「公《おおやけ》」の体現者なんだと、あらためて気づきますね。あるいは、国家秩序の本当の「芯《しん》」の部分をになう地位なんだと。

で、そのような立場にある本人は、経済的な苦境下にあっても、かわらずに「民の父母」であるとの自己規定をもちつづけていたことが、すくなくとも後奈良天皇の自筆の文章（奥書）からはわかります。

こうみてくると、「極小」化した天皇といえども、権力をつかってその地位を否定するなんて、ありえなかったことがわかります。戦国乱世にあっても、天皇は存続すべくして存続した――としかいいようがないんじゃないでしょうか。

それどころか、後奈良天皇のあとの16世紀後半、正親町天皇、後陽成《ごようぜい》天皇（107代／15

86〜1611年在位）の時代に、しだいに戦国大名らがみずからの権力を「公儀」化して公的な性格をつよめ、やがて「天下」の再統一がめざされるような局面にはいると、天皇の「権威」はむしろ戦国大名サイドから積極的に意味づけられるようになります。

「戦国争乱が最終局面に達するなかで、天下を目ざす人びとが、その全国支配の公儀性・正統性の根拠を形式的にととのえる目的で、天皇の権威を積極的に『浮上』させているのである」といわれているように（永原氏前出）。

これはいいかえると、天皇の権威こそ国内統治の正統性をささえる、歴史に担保された唯一の源泉だった、ということにほかなりません。

神の「ちかい」

以上のようなら、織田信長、豊臣秀吉、徳川家康ら3代の統一事業による中央政権の再建のなかで、天皇が国制上どのように位置づけられていくかは、およそ想像できるでしょう。

こころざしなかばで本能寺《ほんのうじ》の変《へん》でたおれた信長はともかく、秀吉が天皇の権威にたよったことは、よく知られているでしょう。

秀吉は小牧《こまき》・長久手《ながくて》の戦いで家康にやぶれ、「征夷大将軍」への就任はムリになってしまいます（今谷氏『武家と天皇』）。そこでやむなくえらんだのが「関白」。

天皇から関白に任じられた秀吉は、天皇から全国の支配権をゆだねられたとして、自己の権力を確立します。そのうえさらに、天皇からさずけられる官位と官職によって大名らの順列づけをはかったのでした。

秀吉の「惣無事令《そうぶじれい》」とか「豊臣平和令」などとよばれている大名らへの私戦停止の命令も、どこまでも「天皇の意志にもとづく命令」という形式をまもっていました。

まァ、すさまじいまでの天皇「依存」というべきでしょう。

家康は秀吉がはたせなかった「征夷大将軍」への就任をはたし、江戸幕府をひらきます。でも幕府は将軍への就任を前提とし、将軍への就任は天皇による任命を前提としています。だから当然、江戸幕府は天皇を秩序の頂点とする国制上のワク組みを踏襲《とうしゅう》せざるをえません。

後奈良天皇は、ドン底の窮状のなかにあって、そんな歴史のゆくえを予見していたのでしょうか。

「神祇《じんぎ》」と題した興味ぶかい和歌をのこしています。

宮柱《みやばしら》　くちぬちかひを　たておきて
末《すえ》の世《よ》までの　あとをたれけむ
（『後奈良院御製集』）

日本の神々は、「宮柱」によって象徴される天皇の地位(皇位)がけっして「くちぬ」、つまり永遠に安泰であるという「ちかひ」をたてて、末代《まつだい》までかわらぬ姿を示し、模範をのこされたことよ——と詠《よ》んでいるのです。

『日本書紀《にほんしょき》』の「神代《じんだい》」の巻《まき》におさめられた「一書《あるふみ》」にでてくる天照大神のことばをおもいださせるような和歌です。このことばは、のちに平安時代の『古語拾遺《こごしゅうい》』(斎部広成《いんべのひろなり》)や『神皇正統記《じんのうしょうとうき》』(北畠親房《きたばたけちかふさ》)などにものせられて、ひろく知られることになります。それはこんな内容でした——。

「末の世」に民の父母として

神話のなかで、天照大神が孫のニニギのみことに地上をおさめるように命じて、天上からくだらせるときに、こうのべたというのです。

「葦原千五百秋瑞穂国《あしはらのちいほあきのみずほのくに》(日本)は、わが子孫が君主であるべき地です。なんじ皇孫(ニニギのみこと)よ、行っておさめなさい。さぁ、行きなさい。君主の地位がさかえることは、天地とともに窮《きわま》ることがなく、永遠につづくでしょう」と。「天壌無窮《てんじょうむきゅう》の神勅《しんちょく》」とよばれるものです。

天皇の地位の永遠の安泰は、そもそものはじめに、至高かつ最貴の神とされる天照大神が約束しておいてくれたもの――という考え方です。

まさに後奈良天皇のさきの和歌とピッタリかさなりますね。

で、この和歌が詠まれたのが1521年（大永1）。まさに父である後柏原天皇が即位して21年後にやっと即位式をあげることができた年です。

即位当時はヒドいものでした。室町幕府の将軍にも即位式をささえる財力がなく、各地の大名に献金をもとめます。それでも資金はあつまりません。それどころか、有力者の細川政元《ほそかわまさもと》はこう言いはなったといいます。

「即位式なんて無用だ。即位式などやっても実質がなければ、だれも君主とも思わない。即位式はやらなくても、自分は君主とみとめている。だから末の世にことごとしい即位式なんてふさわしくない」と（『大乗院寺社雑事《だいじょういんじしゃぞうじ》記《き》』）。

これを聞いた人々もみな「もっとも」と同感したというんですから、たしかに「世も末」だったというべきかもしれません。

それでも紆《う》余曲折《よきょくせつ》のすえ、やっと即位式をあげることができました。

そのよろこびを「宮柱くちぬちかひ……」と詠みあげたのです。神はやはり「ちかひ」を守ってくれた――と。

おそらくその後、自分が即位してからも、心の一番底ではこの神の「ちかひ」への確信はあんがい、ゆらぐことがなかったんじゃないでしょうか。

正確な歴史の予見はできなくても、皇位の将来に絶望することはなかったはずです。事実としても、むすこの正親町天皇の代からはっきり天皇の地位の「上昇期」へとはいっていきます（さきにふれたように伊勢神宮の式年遷宮も復活）。

ともあれ、後奈良天皇は皇室にとって歴史上もっとも苛酷な日々を「民の父母」としての自覚をもってつらぬきました。在位は32年におよんでいます。

なくなったあとにおくられた追号《ついごう》に「後奈良」とあるのは、平安時代はじめごろの平城《へいぜい》天皇（51代）の別称「奈良帝《ならのみかど》」の〝奈良〟に「後」をつけたもの。父だった先帝の後柏原天皇の追号が、平城天皇の父の桓武天皇（50代）の別称「柏原帝《かしわばらのみかど》」の〝柏原〟に「後」をくわえたのにならったのでした。

第9章
強大な江戸幕府と向き合った後水尾天皇

ごみずのおてんのう【後水尾天皇】

●1596・6・4〜1680・8・19
在位1611・3・27〜29・11・8

後陽成《ごようぜい》天皇の第三皇子。名は政仁《ことひと》。母は近衛前久《さきひさ》の女中和門院前子。幼称三宮。一六〇〇年（慶長五）一二月親王宣下。二〇年（元和六）六月将軍徳川秀忠の女和子（東福門院）を女御《にょうご》とした。その後紫衣《しえ》事件など幕府の朝廷干渉への反発もあり、二九年（寛永六）一一月にわかに譲位。五一年（慶安四）五月落飾して法名を円浄と称した。禅宗に傾倒し、一糸《いつし》文守《もんじゅ》ら禅僧に深く帰依した。和歌や書などの学芸にもすぐれ、古今伝授の継承や、修学院離宮の造営など、宮廷文化繁栄の中心的役割をはたした。

幕府の「天皇かこいこみ」

戦国乱世の時代にピリオドをうち、本格的な中央政権の再建を最終的になしとげたのは、あらためていうまでもなく徳川家康《とくがわいえやす》でした。

しかも家康がうちたてたあらたな中央政権である江戸幕府《えどばくふ》は、これまでの武家《ぶけ》権力のなかで最大最強でした。

その結果、天皇をとりまく環境にどのような変化がおこったのでしょうか？

まず、江戸幕府の財政的な支援をえることで、戦国時代の貧窮からぬけだすことができました。

また、強大な江戸幕府のトップである将軍の任命権者である天皇の権威も、幕府権力の巨大さに比例してより高まったといえるでしょう。

しかしいっぽうで、幕府からの強烈な圧力にも直面することになりました。

それはこういうことです――。

さきにものべたように、幕府の開設に将軍がかかせない以上、その将軍を唯一、任命できる天皇の存在は、絶対に否定できません。

否定できないどころか、将軍を任命する天皇の権威の低下は、将軍の地位そのものの低下に直結します。天皇の権威をそこなうことは、幕府じたいの自殺行為。だから幕府はどうしても天皇の権威の維持につとめなくてはなりません。

しかし、だからといって、天皇がみずから政治の実権をにぎるようなことは、幕府としてはまったく容認できません。そこまでいかなくても、独自に政治上の影響力をおよぼすことは、なんとしても抑止しなくてはならないのです。

さらに、個々の大名らと天皇が直接むすびつくことも、幕府の立場をゆるがすことになりかねないので、厳重に禁止されました。

そのうえ、天皇が公然と外出して一般民衆にその存在をしめすことをおそれ、行幸《ぎょうこう》（お出まし）をきびしく制限します（高埜利彦氏「江戸幕府の朝廷支配」）。

18世紀後半の尊皇家《そんのうか》、山県大弐《やまがただいに》はこのことを「禁裏《きんり》（天皇）は行幸もこれなく、囚《とら》われ同然の由《よし》」と非難して弾圧されました（明和《めいわ》事件、1767年）。

のちに明治《めいじ》天皇も、「明治維新《めいじいしん》の宸翰《しんかん》」（1868年）のなかで、つぎのように批判していま す。

「朝廷の政治がおとろえてからは、武家が権力をほしいままにして、表面は朝廷をおもんじているようにみえて、じつは敬して遠ざけるというやりかたで、天皇が国民の〝父母〟として知るべき民衆の真情を知ることができないようにしてしまい、むかしより朝廷を尊重しているようで朝廷の権威はますます衰え、おさめる者とおさめられる者の懸隔《けんかく》は天地ほどもへだたってしまった。こんな状態で天皇として君臨しているといえるはずがない」と。

つまり「民に向き合う」君主の実質が、ほとんどうしなわれていた、というのです。

これは武家政治全般への批判ながら、とくに時代として一番ちかい江戸幕府の朝廷政策を念頭においたものでしょう。

それはひとことで言ってしまえば、強大な権力を背景とした「天皇かこいこみ」政策です。

そのきびしい現実と、最初に真正面から対峙《たいじ》することになったのが、この章でとりあげる後《ご》水尾《みずのお》天皇でした（ゴミノオともよむ。108代／1611～1629年在位）。

天皇「無化」の提案

「天下分け目の関ヶ原《せきがはら》」なんていう言い方があります。勝敗や優劣がきまる非常に重要な分かれ目のことを一般的にさす言葉です。

でもじっさいの関ヶ原の合戦《かっせん》（1600年）は、かならずしも家康による天下統一を決定づけた戦いではありませんでした。

というのも、戦いの当日（9月15日）に家康の主力軍は、関ヶ原に到着していません。信《しん》州上田城《しゅううえだじょう》で真田昌幸《さなだまさゆき》・幸村《ゆきむら》父子の頑強《がんきょう》な抵抗にあって、てこずったためです。

で、どうなったかというと、結局は豊臣《とよとみ》系で石田三成《いしだみつなり》と対立していた大名らの軍事力にたよって勝利をおさめることになります。

そうなると、家康方（東軍）についた豊臣勢力を優遇せざるをえません（笠谷和比古氏『近世武家社会の政治構造』）。

関ヶ原の合戦以後も、豊臣勢力は家康にとってあなどりがたい脅威でありつづけていたのです。

このような〝弱み〟をかかえた状態では当然、天皇や朝廷にたいしても、まだあまり強圧的な態度をとることはできません。

状況がかわるのは大坂《おおさか》の陣《じん》（冬の陣＝１６１４年、夏の陣＝１６１５年）で豊臣氏をほろぼしてからです。

目のうえのタンコブだった豊臣氏をたたきつぶしてしまえば、もう家康に軍事的・政治的に対抗できる勢力はいなくなります。

あとは、天皇、朝廷との関係をどうするかだけです。

江戸後期の儒者《じゅしゃ》、塩谷世弘《しおのやせいこう》が19世紀中ごろの建白書《けんぱくしょ》のなかで、大坂の陣直後のころのこととして、こんなエピソードをつたえています。

家康の面前で、そのブレーンだった天台宗《てんだいしゅう》の僧、天海《てんかい》と津藩《つはん》の藩主、藤堂高虎《とうどうたかとら》が天皇の位置づけをめぐって意見をたたかわせたというのです（安政２年６月「御文教之儀《ごぶんきょうのぎ》に付奉申上《つきもうしあげたてまつり》

候《そうろう》」、『津市史』第1巻。深谷克己氏『近世の国家・社会と天皇』）。

天海いわく――

「天皇や貴族は伊勢《いせ》へうつして、伊勢神宮《じんぐう》の神主《かんぬし》にしてしまえば、将軍さまの地位はおのずと君主同様のいきおいになりでしょう」と。

これは、天皇の君主としての地位を否定する、事実上の天皇「無化」論といってよいでしょう。きわめて大胆な発言です。

天海は僧侶ながら政治的手腕もあなどりがたいものがありました。なにより家康につよい影響力をもっていました。政権中枢にふかくかかわっている人物が、ここまで踏みこんで天皇の地位を否定する提言をしたのは、おそらく前後に例がないでしょう。

当時、こんな発言がでてくる「空気」があったんでしょうか。

これに真《ま》っ向《こう》から反論したのが高虎でした――。

幕府は天皇を否定できない

彼はこうのべています。

「将軍は天皇、朝廷をささえてこそ、天下の諸大名もしたがい、民衆もうやまうものです。それなのに、天海がいうようなことをしてしまったら、天皇をないがしろにすることを理由におしたてて、諸大名は武力にうったえてたちあがり、天下はふたたび大乱の世に逆もどりしてしまうでしょう」と。

堂々たる反論というべきでしょうか。

で、家康はどうしたのか？

高虎の発言を支持し、天海をきびしく叱《しか》ったとつたえられています（塩谷世弘著『昭代記《しょうだいき》』第6巻にも同様のやりとりがでてくる）。

日本史上、数少ない、天皇の地位をトータルに否定する選択肢が、わずかでも現実味をおびて浮上した一瞬、だったかもしれません。

大坂の陣直後のころといえば、当時の天皇はほかでもない後水尾天皇です。天海は後水尾天皇を京都から伊勢にうつしてしまえ、と主張していたことになります。

結局、家康によってしりぞけられたとはいえ、こんな発言がでてきてしまう局面で、後水尾天皇は在位していたわけです。

後水尾天皇が直面していた現実のきびしさは、強大無比な政治権力と向き合っていただけに、一面では戦国時代の比ではなかったともいえるでしょう。

家康は天海の提案をはっきり拒絶しました。

家康の現実主義的発想からみて、あまりにも危険なバクチと受けとられたからでしょう。

そもそも前にものべたように、幕府をきずいて政治権力の拠点とする構想は、将軍を任命する天皇という存在を抜きにはなりたちません。

天皇の地位を否定するには、幕府にかわる、歴史上これまで前例のない統一権力を独自に打ち立て、その正当性への国内の全面的かつ安定した支持を確保しなければなりません。

はたしてそんなことが現実において可能なのか？

答えはあきらかでしょう。

高虎にいわれるまでもなく、家康は、そんな選択肢がじっさいにはありえないことを、十分わきまえていました。

だからこそ、家康はべつの手を考えたのです。

それは何か？

利用と抑圧

2つの手をかんがえていました。

その1つは昔ながらの古いやりかたです。

むすめを天皇にとつがせる。首尾よく男子がうまれたら即位して天皇に。そうすると、自分は外戚《がいせき》としてより大きな権力をわがものにできる。

まさに第1章でみた葛城《かずらき》氏以来の手法です。いったい何度くり返されてきたことでしょう。

だが、おなじ外戚の地位をねらうやり口でも、家康はそれまで誰もやらなかった、どころか想像すらしなかったような、じつにエゲツない、残酷な手をつかいました。

このことは、のちにお話ししましょう。

もう1つは、まったく前例のないやり方です。

それは臣下《しんか》の分際《ぶんざい》で独自に「法度《はっと》」（おきて）をつくり、それで天皇まで縛《しば》ってしまうという企て。これはさすがに曠古《こうこ》のこと。

これについても、あとですこしくわしく触れます。

どうですか、家康のやり方は？

とにかく、天皇の地位そのものを否定してしまうようなことは、しない。

これが大前提です。

そのうえで——

天皇の権威は、幕府の権力をつよめるために活用し、利用する。これがたとえば1つ目の外戚策です。

ただしその一方で、天皇が独自の影響力を発揮して、幕府の権力をゆるがすことがないように、ガッチリ枠《わく》にはめる。その代表例が2つ目の「法度」の天皇への適用です。

さきにのべた「かこいこみ」もこれですよね。

いってみれば、アクセルとブレーキのつかいわけ。じつに巧妙というか、ズルイというか。

当事者の後水尾天皇にとっては、たまったものではありません。

ではまず「法度」の件をとりあげましょう。

「法度」でしばる

ただしくは「禁中並公家諸法度《きんちゅうならびにくげしょはっと》」。

まさに大坂夏の陣の直後、1615年（元和1）7月にだされています。

あの天海と藤堂高虎の論争のちょいあと——のタイミングですね。

天皇の地位は否定しない、でもしっかり制限するというやり方です。

江戸時代前〜中期の兵学者、大道寺友山《だいどうじゆうざん》の『岩淵夜話《いわぶちやわ》』にはこの法度について、

「わが国の代々の将軍で前代未聞《ぜんだいみもん》のこと」

——と書いています。

北条泰時《ほうじょうやすとき》の『御成敗式目《ごせいばいしきもく》』（貞永式目《じょうえいしきもく》）をはじめ、武家が独自の「法」を制定したことは、これまでにもありました（もちろん、泰時は執権《しっけん》で将軍ではありませんが）。

でも、武家が作った法で天皇まで拘束しようなどとは、だれも考えたことがありません。

まさに「前代未聞」(『岩淵夜話』の原文にでてくる表現)です。

この法度は、家康の側近で「黒衣《こくい》の宰相《さいしょう》」とよばれた禅僧の金地院崇伝《こんちいんすうでん》の起草。前関白の二《に》条昭実《じょうあきざね》、将軍の徳川秀忠《ひでただ》、「大御所《おおごしょ》」家康の3人の署名があります。朝廷と幕府の「合意」による、という形ですね。すべてで17条ありました。

その第1条には天皇について——

「天皇が修めるべき第一は学問である」

と規定しています。

ただしこの場合の「学問」とは、ただ天皇を政治から遠ざけるため、現実とかかわりのない世界へ没入させようというのではありません。

条文中には、わが国とシナの「帝王学」の教科書というべき文献からの引用が、ズラッとあげられています。

唐《とう》の名君《めいくん》とされた太宗《たいそう》とすぐれた臣下たちの問答をおさめた『貞観政要《じょうがんせいよう》』。

宇多《うだ》天皇(59代)が、わが子の醍醐《だいご》天皇(60代)への譲位にさいして与えた訓戒書『寛平御《かんぴょうご》遺誡《ゆいかい》』。

順徳天皇(84代)がまとめた有職故実《ゆうそくこじつ》の書『禁秘抄《きんぴしょう》』。

などからの引用です。

こうした引用からもわかるように、ここでいう「学問」というのは、君主としての素養を身につけることにほかなりません。

なぜこんな条文をいれたのでしょうか？

まえにも述べたように、将軍の正統性を保証してくれる天皇が、権威を失墜《しっつい》するようではこまるからです。

宗教的権威にも規制

また、元号は古代以来、かならず天皇によって定められる形式がうけつがれてきました。「法度」でも、さすがに天皇の元号制定権までは否定していません。でも、「シナの前例のうちからよいものを選ぶように」という制限をもうけています（第8条）。

これも天皇権威の安定を考えてのことでしょうが、朝廷側からすれば「よけいなお世話」ってことでしょうね。

しかも、じっさいの改元《かいげん》は幕府の同意とか、発意《はつい》でなされています。

さらに見のがせないのは、天皇の宗教方面への栄典《えいてん》授与などの権限が制約されたことです（第14〜17条）。

たとえば第17条。

「紫衣《しえ》を許される寺の住職は、以前は極めてまれだった。ところが近年はやたらと天皇によって許されている。これは僧の序列をみだし、公的なあつかいをうける寺院の名を汚すことにもなる。大変けしからんことだ。これからは、能力があり、経験をつみ、高い評価をうけた者だけにすべきである」

さらに諸寺院を統制する「法度」が、これにつづいて出されていきます（ひとくくりに「元和《げんな》令《れい》」といわれる）。

戦国時代の天皇については、前章でも紹介したように「天皇家が伝統的に中心となっていた宗教・文化」「（その）天皇の宗教的、文化的な権威は、天皇の（政治的な）無力さと反比例して、この時期、逆に大きくなる」（脇田晴子氏『戦国大名』）。

家康は、その天皇の「宗教的権威」に法的な規制をかけようとしたのです（『禁中並公家諸法度』以前にも1613年〈慶長18〉の「勅許紫衣法度」があったものの、十分守られていなかった）。

これも「前代未聞」のことでしょう。

こうした法度を出していることじたい、江戸幕府がそれまでの武家政権がふみこまなかった「聖域」にまで、平然と足を踏みいれる前例のない政治権力であったことがわかります。

でじっさい、寺院統制の法度が実行にうつされたのが有名な「紫衣《しえ》事件」（1627年〈寛永4〉)。

「有名な」といいましたが、知らなくても大丈夫です。これから説明しますから。

勅許がホゴに

僧侶にとって最高の名誉である紫衣の着用には、天皇の許し(勅許《ちょっきょ》)がかかせません。

ところが幕府は、事前に幕府の同意が必要だと言いはじめたのです。

これにたいし、後水尾天皇は以前のとおり独断で紫衣の勅許をつづけていました。

天皇の立場からすれば当然ですね。それは古代以来、伝統的にみとめられてきた天皇の権限なんですから。なにを幕府がいまさらゴチャゴチャいうか、といった受けとめかたでしょう。

しかし、じっさいに権力をにぎっているのは幕府です。しかも幕府には、「宗教界も自分らの統制下にいれる」という明確な意図がありました。

その結果どうなったか?

幕府は強権を発動して、1615年以後の紫衣の勅許の取り消しを命じたのです。

これによって、あろうことか多数の勅許がホゴにされることになりました。

「綸言汗《りんげんあせ》のごとし」といいます。君主がいったん表明した言葉は、いったん体から出た汗がふたたび体内にもどらないように、もとにもどることはない——ということです。

ところがその「綸言」が、何十というオーダーで大量にくつがえされる事態になったのです。まさに「前代未聞中の前代未聞」ともいうべきできごとでしょう。

後水尾天皇にとっては耐えがたい屈辱です。

ただし幕府の決定をよくみると、一見、強硬そうで、そうとばかりは言えないところがあります。

まず「元和令《げんなれい》」（1615年）以前はすべて〝時効〟として不問にふしています。

つぎに決定事項について一方的に強制するのではなく、「叡慮《えいりょ》（天皇の考え）をうかがう」手つづきをとることにしていました。

天皇の立場にたいして、いちおう配慮しているかたちですね。

このことから近年は、後水尾天皇の勅許を無効にした幕府の法令は、あくまで寺院の統制を目的としたもので、「天皇の権能を一方的に侵害しようとしたものではなかった」と評価されていたりします（石田俊氏「紫衣事件」）。

ただそれでも、後水尾天皇にとって許しがたい暴挙だったことにはかわりないでしょう。

財政の収入も支出もにぎる

幕府による天皇へのしめつけ策として、もうひとつあげておきます。

それは、もっとも基底的なコントロールといってよいかもしれません。財政面での幕府の関与です。

家康は関ヶ原の戦いで勝利をおさめたあとの1601年（慶長6）、ただちに皇室の財政基盤として禁裏御料《きんりごりよう》1万石《ごく》を当時の後陽成《ごようぜい》天皇に献上しました。

その後、後水尾天皇の時代に江戸幕府はさらに1万石を追加します。

さらにのちの東山天皇（113代／1687〜1709年在位）の代の1705年（宝永2）にも、おなじく1万石が追加されました。

またべつに上皇のための仙洞《せんとう》御料が後水尾天皇の譲位のさい、それまでの3000石から1万石へと加増されました。

ですから、禁裏御料の3万石プラス仙洞御料の1万石、つまり合計4万石が江戸時代の皇室の基本的な財政基盤でした。

江戸時代、1万石以上の領地をもつ武家の領主が大名《だいみよう》と呼ばれました。当初の禁裏御料は1万石ですから、やっと大名の仲間入りができる程度。3万石とか4万石というのは、ちいさな大名クラスといったところでしょうか。

ちなみに江戸幕府の直轄地《ちよつかつち》は1615年当時で200万石ほど。ピークは18世紀中ごろで460万石。その後すこしずつへるが、それでも幕末まで400万石以上を維持しています。

皇室領とはくらべものにならない巨大さです。

しかも――

禁裏御料（皇室領）は早くから幕府の管理下におかれていたようです（藤井譲治氏「江戸幕府の成立と天皇」）。

おそくても後水尾上皇の時代の1634年（寛永11）ないし1648年（慶安1）のころには、禁裏御料の管理権が朝廷から幕府にうつっていたようです（『京都御役所向大概覚書』ほか）。

さらに収入面だけでなく、支出についても1643年（寛永20）以前から幕府が監督するようになっていました（『大内日記《おおうちにっき》』）。

江戸時代の皇室は、財政規模が制限されていただけでなく、収入・支出の両面で幕府の統制下におかれていたことになります。ガッチリ財布《さいふ》のヒモをにぎられているカンジ。

これって、貧しくても経済的な自立性はもっていた戦国時代より、ある面ではキツイ状態と言えるんじゃないでしょうか。

つぎは「外戚策」について。

和子をめぐるゴタゴタ

将軍、秀忠と江《ごう》（お江与《えよ》の方、崇源院《すうげんいん》）のあいだに生まれたのが和子《まさこ》。6歳にして早くも即位まもない後水尾天皇にとつぐため、朝廷と幕府の立ち入った交渉がはじめられました（1612年〈慶長17〉）。

結婚のことが正式にきまったのが2年後。

それをつたえる天皇の使い（勅使《ちょくし》）が家康のもとに派遣されました。家康はもちろん、大よろこびです。

これが大坂冬の陣のすこしまえ。

ということは、翌年の大坂夏の陣のあとに天海が、

「天皇を伊勢の神主にしてしまえば……」

などと建言したのは、すでに外戚策に「王手《おうて》」をかけていた家康にとって、とても受けいれられる提案ではなかったわけです。

ただしこのあと、大坂の陣が2年ごしであり、その翌年に家康も死去。さらにつぎの年には後陽成上皇の崩御《ほうぎょ》もつづきました。

あらためて和子との結婚のことがクローズアップされるのは1618年（元和4）でした。

いよいよ翌年、実現のはこびで朝廷と幕府が合意したと思ったら一転、延期に。なぜ？

天皇のおそばにつかえる官女《かんじょ》（およつ）が皇子《みこ》を出産したのが理由らしい（『資勝卿記《すけかつきょうき》』）。

名前は賀茂宮《かものみや》（『新蘆面命《しんろめんめい》』）。

これを幕府側が不快におもったようです。

でも、当時は天皇も将軍も大名も、側室《そくしつ》がいて当然の時代です。こんなことでメクジラたてるのも不思議な気がします。

将軍の妻だった江の怒りが一番の原因かも。

この女性、有名な戦国大名の浅井長政《あさいながまさ》と織田信長《おだのぶなが》の妹（お市の方《いちのかた》）の間に生まれています。すごい血統ですね。姉は、豊臣秀吉の側室になった淀君《よどぎみ》。江は秀忠より6歳も年上の妻で、秀忠が3人目の夫でした。女性関係にはきわめて厳格だったようで、将軍だった秀忠は正式な側室は1人ももてませんでした。秀忠がこっそりメカケに生ませた保科正之《ほしなまさゆき》（会津《あいづ》藩主）とは生涯、1度も顔をあわせなかったほどです。

将軍もアタマがあがらない潔癖性《けっぺきしょう》の彼女が、賀茂宮出産にどう反応したか。だいたい想像できますね。

いっぽう、後水尾天皇はどう対応したか？

側室の出産くらいで大騒ぎするなんていいかげんにしろ！　ってカンジでしょうね。

だって、結婚延期にともなう紛糾《ふんきゅう》を収拾《しゅうしゅう》するために藤堂高虎が上京して、懸命に奔走《ほんそう》しているさなか、おなじ官女がまた子どもを生んでいるんですから（皇女、梅宮《うめのみや》）。

これはべつに幕府への面《つら》あてでもなければ、ことさら高虎をこまらせようとしているのでもありません。宮中《きゅうちゅう》のペースで普通にことをはこんでいるだけです。

もともと和子との結婚も、天皇がのぞんだことではありません。むしろ徳川氏の女性との結婚なんて、気がすすまなかったでしょう。

幕府サイドの「外戚策」として、いわば押しつけられたもの。

つべこべいうなら――というので、天皇は「譲位」をチラつかせます（1619年〈元和5〉9月5日、『宗国史《そうこくし》』）。

和子のこしいれ

強大な幕府の権力をまえにして、このころの天皇ができる抵抗の手だてなんて、ほとんどありません。せいぜい譲位くらいのものです。

「高虎の尽力《じんりょく》はありがたいが、今年の結婚は延期したい。当方のおちどで秀忠が不快なら、弟のだれかに皇位はゆずろう」

――と結婚の再延期を高虎につたえました。

これにたいし、高虎はかなり荒っぽい手をつかって威圧にかかります。

朝廷内の幕府との窓口役をとおして、天皇のそばちかくにつかえる貴族6人を処罰しました

（同年9月18日）。そのなかには、例の官女の父もふくまれていました。露骨なイヤガラセです。

天皇は激怒し、ふたたび譲位の意向をしめします。

これにたいし、高虎は上級貴族らを相手に、後鳥羽上皇らが隠岐島《おきのしま》などにうつされた前例を示唆《しさ》して、「天皇を配流《はいる》し、自分は責任をとって腹を切ってもいいんだゾ」ってスゴんでみせたともいいます（『藤堂家記《とうどうけき》』）。

でもこれって藤堂家関係の史料にでてくる話だし、カッコよすぎ。ホントかなぁって疑っちゃうよね。

しかも結局、幕府は天皇のいいぶんをそのまま受けいれて、結婚の再延期に同意しちゃってるし。

こうして――すったもんだの末《すえ》、和子がこしいれしたのは1620年（元和6）6月18日のこと。

このときの行列は数百人ものお供《とも》をしたがえた、それはみごとなものだったようです。いまにつたわる『東福門院入内図屏風《とうふくもんいんじゅだいずびょうぶ》』（三井文庫蔵）によって、当日の行列のさかんなさまをしのぶことができます。

当時、むかえる天皇は26歳。とつぐ和子は14歳でした。

幕府はとついでゆく和子のために、70万石を用意しています（『武野燭談《ぶやしょくだん》』）。おどろくべき巨額の費用ですね。

のちのちまで目をやると、和子は派手ずきなところはあったが、聡明《そうめい》で心のやさしい立派な女性だったと、はっきりいえます。

後水尾天皇との仲も、結婚するまでのギクシャクがウソだったかのように、円満でした。

だから天皇は純度100パーセントの「政略結婚」ながら、とても幸せな結婚をしたことになります。うらやましい——と言ってはは家内にしかられますが。

だがこの結婚ののち、数年後にはさきにみた「紫衣事件」がおこります。

さらに朝廷も幕府も「アッ!?」とおどろく事態がもちあがりました。

それは——

譲位決行

まえぶれなしの突然の譲位でした。

「俄《にわか》の御《ご》譲位《じょうい》」事件です。

ときは1629年（寛永6）11月8日。

早朝、天皇の信任のあつかった土御門《つちみ》泰重《かどやすしげ》の屋敷の門をたたくものがいる。泰重はまだ床のなかにいた。「こんな朝早くに、いったいなにごと?」と表にでてみると、朝廷からのつかい。

「どうぞ正式の装束《しょうぞく》（束帯《そくたい》）をお召しの上、午前8時におあつまりください」

そう口上《こうじょう》をのべて、つぎの連絡先へと立ち去ってゆく。

ふつう、朝廷の行事については何日かまえに、あらかじめ文書でしらせがある。束帯を着用する重大事なのに当日、しかも口頭でしらせてまわるとは。まったくの異例。

午前8時近くに内裏にあつまってきた貴族らもみな束帯姿で威儀《いぎ》をただしているものの、なぜ集合するのか不審げなおももちだ——といったことが泰重の日記（『泰重卿記《やすしげきょうき》』）にかかれています。

ほかの貴族の日記などをみても、みな寝耳《ねみみ》に水《みず》のできごとだったようです。

内裏で公式の宴会（節会《せちえ》）がはじまり、御簾《みす》ごしに天皇の意をつたえられた側近の貴族が、行事の責任者にそれをとりつぎます。

このときの責任者は右大臣《うだいじん》の二条康道《にじょうやすみち》。康道はさらにそれを部下につげます。

「今日、譲位がおこなわれるので、各役所にすぐ準備させよ」——と。

天皇の譲位がこれからおこなわれると知った貴族ら一同、みなビックリ仰天、顔面蒼白《がんめんそうはく》になったようです。

それはそうでしょう。譲位といえば国家の一大事。入念の準備が必要です。しかもこのころは、事前に幕府の同意をえることが長年にわたり定着していました。もちろん、幕府にはいっさい通知していません。

そこへ降《ふ》ってわいたような譲位断行のしらせ。おどろくな、という方がムリでしょう。

どうやら事前にこのことを知っていたのは、行事責任者をつとめた康道ほか数名ほどだったようです（今谷明氏『武家と天皇』）。

正妻である和子にさえ、しらせていません（『大内日記』）。和子には、そばでつかえるお付きの武士がいました。その武士は幕府のスパイみたいなものです。だから、和子につたえたら、そのまま情報はつつぬけになってしまいます。きびしい現実がたしかにあったわけです（久保貴子氏『後水尾天皇』は、和子はさすがに事前に知らされていたのでは、と想像しています。でもその証拠は、なにもありません）。

女帝の再登場

唐突《とうとつ》な譲位もたいへんなハプニングですが、もうひとつ重大なことがありました。

それは、このタイミングでの譲位は、そのまま天皇と和子とのあいだに生まれた興子《おきこ》（当時6歳）の皇位継承を意味したということです。

つまり——女帝《じょてい》の再登場。

第5章であつかった称徳《しょうとく》天皇（48代）以来のことです。じつに860年ぶりのことになります。こっちもスゴイことですね。

で、幕府はどうしたのか？

じつはおなじ年の5月、天皇は譲位の希望を幕府につたえていました。

このとき、将軍の家光《いえみつ》は父の秀忠の考えにしたがう姿勢で、秀忠は「いまだおそからぬ」との返答でした（『東武実録《とうぶじつろく》』）。つまり、まだ早すぎるとの態度です。

しかし、その返事には「女帝は昔もめでたい例が多かった」との一文がふくまれていました。

天皇はそこに、ある種の手応《てごた》えを感じとったのでしょう（高埜利彦氏「近世の女帝ふたり」）。

これはやればできる——と。

そこで大きな賭けにでたのでしょう。

しかし、譲位のことを知った幕府からは、なんの音沙太《おとさた》もありません。

そこで幕府との窓口役（中院通村《なかのいんみちむら》）は不吉な過去の例をあげて、上皇にもういちど天皇の地位にもどるようすすめます（『泰重卿記』）。

不吉な前例とは、源平合戦《げんぺいかっせん》のみぎり、8歳で壇の浦に没した安徳《あんとく》天皇（81代）のことです。

この天皇も武家の最高権力者のむすめから生まれていました。

図のように、かさなってくるというのです。

これにたいし、上皇はキッパリ拒絶しました。断固《だんこ》たる決意をしめしたわけです。

さらに幕府の出先役人である京都所司代《きょうとしょしだい》からも圧力がくわわります。
でも、上皇と上皇をささえる貴族らの姿勢はゆるぎません。
では、そもそも譲位の理由はなんだったのでしょうか？

譲位の理由

おもてむきの理由は「腫《は》れ物《もの》」などの治療のため――をあげていたようです（『資勝卿記』『孝亮宿禰日次記《たかすけのすくねひなみき》』）。

といっても、ピンとこない人が多いかも。

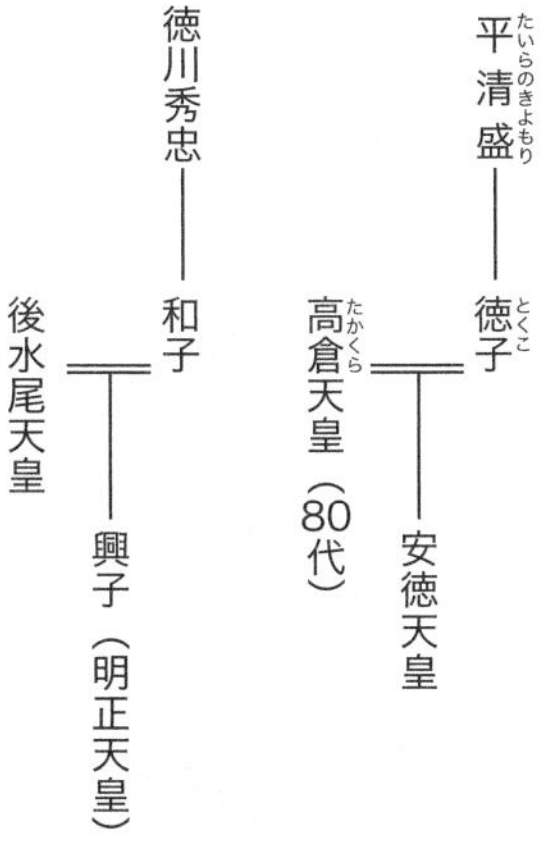

治療に当時は「お灸《きゅう》」をすえました。でも在位中の天皇の体にお灸なんて「おそれおおい」という考え方が根強くありました。
当時の記録をみると、医者が御所《ごしょ》をたずねた記事もあり、天皇の腫れ物はたしかに悪化していたようです（『泰重卿記』）。
お灸による治療が必要だが、天皇のままだと治療ができないので譲位――というつながりです。

現代の一般的な感覚からするとずいぶんヘンな話だと思われるかもしれませんね。でも、いまの世間の「常識」で歴史を語るわけにはいきません。

だから本当に治療のための譲位だったという意見もあります（洞富雄氏「譲位と灸治」）。

でもそれもクビをかしげます。

在位中の天皇の体へのお灸はたしかにタブーでしたが、まったく前例がないわけではありません。げんに、後水尾天皇の父の後陽成天皇も在位中にお灸をすえていました（１６０４年〈慶長９〉。『御湯殿上日記《おゆどののうえのにつき》』）。

だから腫れ物の治療が、すくなくとも唯一の理由とは考えられません。というより、表面上の口実にすぎない可能性がたかいでしょう。

ならば本当の理由は何だったのか？

これについては、京都で情報収集につとめ、幕府に報告書を提出した細川忠興《ほそかわただおき》の証言がもっとも信用できるでしょう（『細川家史料』）。

彼は５つの理由をあげています。

その１は、貴族らに官位をさずけるにも幕府の介入があって思うにまかせないこと。

その２は、さきにふれた財政の収入・支出とも幕府にガッチリにぎられていること。

その3は、皇室担当の武家の役人があまりの財源を天皇につかわせないどころか、私腹をこやすために民間に貸しつけて金利をむさぼっていること。これはヒドい。

民間では「天皇の米や金銀を○○だけ借りている」と言い合っていて、「神話の昔から皇室にとってこんな恥ずかしいことはなかった」と天皇ごじしんが受けとめておられるだろう、と忠興も同情しています。

その4は、例の紫衣事件へのいきどおりです。天皇の許し（勅許）が一挙に「70、80」もくつがえったのは、これ以上ない恥辱《ちじょく》でしたから。

このことが大きな理由だったのは、幕府との窓口役だった中院通村が、譲位の理由として所司代にこれだけをつたえた事実からも、察することができるでしょう（『新蘆面命』）。

さらに――「隠《かく》し題《だい》」という表現を忠興はつかっていますが、5番目の隠された理由があったのです。紹介するのも胸が悪くなるような話ですが……。

幕府のジレンマ

正妻である和子以外、つまり側室らが生んだ子どもたちは、いくら生まれてもみな生まれたはしから、所司代が手をまわして殺させたというのです。

和子の子を天皇にして、徳川家の外戚としての地位を手にするうえで障害となる可能性があるものは、いっさい取りのぞくためです。

なんとも酷《むご》い話です。

こうした慣行は、当時の上流武家のあいだでは、ふつうにおこなわれていたようです（辻善之助氏『日本文化史』5巻）。

とくに秀忠夫人の江は、侍女が妊娠すると、ことごとく処分したといいます。かの保科正之もあわや殺されるところだったようです。

後水尾天皇の子どもをあらためてチェックしてみると、和子との結婚以後、譲位するまでのあいだ（1620〜1629年）、5人生まれていて、すべて和子の子ばかり。

どうみても不自然です。

しかも、譲位後はつぎつぎに側室から子どもが生まれました。その数、22名。

ますます不自然でしょう。

「隠し題」の件は、やはり事実だったと判断する以外ありません。

しかし、こんな残酷な風習は皇室や貴族のあいだにはありませんでした。ですから、天皇にとって耐えがたいことだったにちがいありません。

以上5つの理由によって、天皇の〝レジスタンス〟としての譲位の決意はゆるがぬものだったのです。

そのことは、細川忠興がつつみかくしなく幕府に報告しました。

なお、譲位のうごきが出る直前、将軍家光の乳母《うば》（おふく、春日局《かすがのつぼね》）が無位無官の身でありながら、さる貴族の妹分の名目で強引に天皇に拝謁《はいえつ》するできごとがありました。天皇にたいし、あるまじき無礼でしょう。おもな理由ではなくても、これがひとつのキッカケになったかもしれません。

ここで幕府は難問に直面します。

こんな急な譲位は、天皇の幕府への不満の表明以外のなにものでもないことが、あまりにもあきらか。

それをみとめることは、幕府のコケンにかかわります。抗議をそのまま受けいれるようなものですから。

そのうえ、天皇をうやまうフリをしている幕府が、じつは天皇を抑圧していたんじゃないか、ということが天下にしられてしまいます。

さらに、和子の子の興子が女帝になっても、そのころの観念では独身でとおすことになります（当時、女帝にかぎらず、皇女の多くは結婚していない。服藤早苗氏編『歴史のなかの皇女たち』）。そうすると、せっかく外戚の地位をえても、ヘタをすると1代かぎりになりかねません（じっさいそうなった）。

だから幕府としては、譲位をみとめたくないのがホンネ。

でも拒絶するとどうなるか？

上皇の決意のかたさからして、トコトンこじれてしまうでしょう。

それを強硬におさえにかかると、幕府の天皇への姿勢が不当に抑圧的なものとして、より露呈することになってしまいます。

あるいは、将軍を任命するより高次の権威であるべき天皇の地位に、キズがつくことにもなりかねません。

それもこまるのです。まさにジレンマです。

で結局、幕府はどうしたのかといえば――やむなく譲位を認めるほかありませんでした。

情報戦の勝利

12月27日、幕府側の譲位にたいする態度がしめされました。11月8日の譲位決行からすでに2か月ちかく経過しています。
「将軍は譲位のことに大そう驚きましたが、とにかく上皇のお考えにまかせます」（『孝亮宿禰日次記』ほか）
――と文書でつたえられました。

こうして翌年9月12日、明正天皇《めいしょう》（109代／1629～1643年在位）が即位します。当時、わずか7歳でした。

ちなみに追号にある「明正」は、奈良時代の女帝の元明天皇《げんめい》（43代）と元正天皇《げんしょう》（44代）の「明」と「正」をくみあわせたもの。

それにしても、徒手空拳《としゅくうけん》でほとんど丸腰の後水尾天皇が、よくぞ強大無比な幕府のはっきりとした譲歩をひきだせたものです。

ひとことで言って、不退転の決意と「情報戦」の勝利でしょう。

情報戦というのは、こういうことです。

1つは、情報の秘匿《ひとく》。

譲位がじっさいおこなわれるまで、いっさい情報が幕府側にながれなかったことです。情報網をはりめぐらせていたはずの京都所司代も、まんまと出しぬかれました。ほとんどの貴族らにも当日まで、情報がつたわっていなかったのは、もちろんそのためでした。

幕府は、後水尾天皇がすでに譲位をすませて上皇になってしまった時点から、動きはじめることになりました。

これは、いかに巨大な権力をもつ幕府といえども、決定的に不利なことでした。

既成事実がすでにできてしまった「あと」ですから。

さらにもう1つ。こっちは逆に情報の提供。

細川忠興が京都で譲位をめぐる情報収集にあたったことは、さきにのべました。それは当然、幕府の命をうけたものです。

後水尾天皇は、この忠興の情報収集活動を逆に利用した形跡《けいせき》があります。

というのも、忠興は天皇の譲位への決意のかたさをしめす和歌まで情報としてつかんでいます（1629年12月27日付のむすこ忠利《ただとし》あての手紙）。これは天皇サイドで故意にながした情報のひとつでしょう。

そのほか、譲位の理由の5項目についても、天皇側がどうしてもつたえたかった内容です。とくに「隠し題」とされた件なんか、天皇のほうで意図的にながさなければ、とても表面化しない情報ではないでしょうか。

忠興じしん、かなり天皇に同情的になっています。それはもちろん、幕府のやりかたがヒドすぎたということもあるでしょう。忠興の人がらもあるでしょう。と同時に、同情をひくような情報提供のしかたがあった可能性も、否定できないと思います。

げんに忠興の報告書は、幕府が譲歩する大きな要因になったようですから。

後水尾天皇の政治的手腕はみごとなものだったと言えるでしょう。

天皇が譲位のさいに詠《よ》んだとつたえられる和歌——

葦原《あしはら》や　しげらばしげれ　おのがまま
とても道ある　世とは思はず

強烈な幕府政治への批判とよめます。

江戸時代の君主は？

ところで、「強大な」幕府に果敢にいどんだ「無力な」天皇——という構図ばかりを強調しては、歴史をゆがめることになってしまいます。もう一面の真実にも、キチンとふれておく必要があるでしょう。

それは江戸時代をつうじて天皇こそが君主でありつづけたということです。

だからこそ、将軍の任命権も、もちえたわけです。

天皇をしめつけ、かこいこんだ幕府も、この一点だけはほぼ一貫してゆるがせにしていません。

そのことをしめす興味ぶかい事実があります。

それは将軍が外交文書のなかで、ほぼ一貫して「国王」とはけっして名乗らなかったという事実です。

相手国がしばしば将軍のことを「日本国王」と呼んでいたにもかかわらず。

たとえば、1607年(慶長12)6月に朝鮮通信使が将軍秀忠に提出した国書は、「朝鮮国王」から「日本国王」へという形式でした。

ところが秀忠の返書では、「日本国 源《みなもとの》(徳川は名字《みょうじ》で姓《せい》は源)秀忠」から「朝鮮国王」あてでした(『朝鮮物語』)。

家康はカンボジア、シャム、ルソンなどへの書簡の署名はすべて「日本国源家康」のみで、肩書なし。

秀忠の場合、ルソン、ゴアあての国書に「日本国征夷大将軍源秀忠」「日本国征夷将軍秀忠」と国内の官名を称しています。

イスパニアのドケデ゠レルマ宰相あて朱印状にも「日本国征夷将軍源秀忠」。

家康は明《みん》との勘合《かんごう》貿易をのぞみながら、みずから「国王」の称をさけたため、ついに不調におわっています。

3代将軍家光のころから、朝鮮への国書に、国王をさけた「日本国大君《たいくん》」が使用されるようになります。途中、6代将軍家宣《いえのぶ》のころに、新井《あらい》白石《はくせき》の提案によって「国王」をつかった時期があったものの、多くの非難をうけ、白石の失脚後は、「大君」にもどりました。

この事実は、幕府じたいが、将軍をけっして「王」(君主)とは考えていなかったことをしめしています。

では「王」は誰か?

まえにあげた『禁中並公家諸法度』の第14条に天皇のことを「国王」としるしています。

つまり天皇=「国王」(=君主)というのが幕府の公式見解だったわけです。だから、かたくなまでに将軍が「国王」を名乗るのをさけたのでした。

ちなみに白石が「大君」を「国王」にあらためた背景については、つぎのような指摘があります。

「大君《たいくん》が天子の異称(大君《おおきみ》)に似るというだけでなく、それが朝鮮では『臣《しん》』に授ける官職であって……朝鮮国の下位には立たぬという『国体』の観点からだった」と(深谷氏前出)。

つまり白石の提案も、将軍を「君主」化するのを第一義と考えたものではなかったと言えるでしょう。

なお家康は死後、自分が「神」となることで徳川体制をより強固なものにしようと考えていました。

その場合、織田信長はみずから神格化をはかって失敗し、いっぽう豊臣秀吉が「豊国大明《とよくにだいみょう》神《じん》」の神号《しんごう》を天皇からさずけられて成功した前例があります。

死後の家康を「東照大権現《とうしょうだいごんげん》」としてうまく神格化するためには、どうしても天皇の宗教的権威にたよるしかありませんでした。

この点でも、幕府は天皇にたいし「弱み」をもっていたのです。

家康への神号に勅許をあたえたのは、もちろん後水尾天皇でした。

文化史上の偉大さ

後水尾天皇については、のべるべきことが数多くあります。

たとえば、ふかく学問をおさめたこと。

これは、その著書の多さが証明しているでしょう。

有職故実の研究、和歌や物語の注釈、はては創作まで。

和田英松氏『皇室御撰之研究』でその点数をかぞえると、じつに46点におよびます。

「おそらく残された著述の量という点からすれば……空前絶後とみてよいだろう」とされるとおりでしょう（熊倉功夫氏『後水尾天皇』）。

また、和歌を愛したこと。

その歌数、ほぼ２０００首。かの「歌帝」後鳥羽《ごとば》天皇以来、もっとも和歌にうちこんだ天皇といわれています。

ここではさきの和歌とはべつに、2首だけ紹介しておきましょう。

まもるより　代々《よよ》にただしき　風もあれや
北野の松の　ことのはの道

いかにして　此身《このみ》ひとつをたださまし
国をおさむる　道はなくとも

さらに特筆すべきは、立花《りっか》（花道）をこのんだこと。

日本花道史において、後水尾天皇は「最大のパトロンの1人」とされています（熊倉氏前出）。

1629年5月12日の内裏での大がかりな立花の会では、貴族や僧侶から庶民にいたるまで、とにかく立花に心をよせる者がひろく参加したようです（『槐記《かいき》』）。

ついでに言っておくと、意外なことに当時、民衆が内裏《だいり》にはいる機会はけっこうありました。

宮中のもっとも神聖な場所である、八咫鏡《やたのかがみ》の分身をまつる内侍所《ないしどころ》（賢所《かしこどころ》）への庶民の参拝もゆるされていたりとか（『基長卿記《もとながきょうき》』ほか）。

このへんは、幕府のしばりもきかなかったようですね。

後水尾天皇は日本の文化史のなかでもユニークで偉大な存在だったといえます。

でも、もうたちいる余裕はありません。

そこで著作のひとつ、『当時年中行事』のことに簡単にふれるにとどめます。

意志をつたえる

この書は、戦国時代以来の朝廷の伝統行事の後退に歯止めをかけ、そのあるべき姿を求めていこうとする姿勢につらぬかれています。

手本として、承久《じょうきゅう》の変《へん》にくわわった順徳《じゅんとく》天皇の『禁秘抄』と、建武《けんむ》の中興《ちゅうこう》をいったんはなしとげた後醍醐《ごだいご》天皇（96代）の『建武年中行事』をあげています。興味ぶかいですね。

さらに戦国時代にはいって途絶《とだ》えた大嘗祭《だいじょうさい》を再興できないでいることを残念がっています。

とにかく「失われた伝統」を取り戻そうとする強い意志のもとに書き上げられた著作でした。

この書は明正天皇のあとに即位した後光明《ごこうみょう》天皇（110代／1643〜1654年在位）につたえられました。それがなにを意味するかは明らかでしょう。

しかし、それは内裏の火事でもえてしまいます。幸い、草稿がのこっていたので、それをもとに書きあらためて、一冊は後西《ごさい》天皇（１１１代／１６５４〜１６６３年）に、あたらしい清《せい》書本《しょぼん》は霊元《れいげん》天皇（１１２代／１６６３〜１６８７年在位）にさずけられました（和田氏前出）。後光明天皇、後西天皇、霊元天皇はみな後水尾天皇の皇子たちです（ただし母は和子ではない）。

大きく後退した朝廷の本来のすがたを復興しようとする強い意志を、しっかり次の時代のわが子たちにつたえようとしたのでした。

ちなみに、霊元天皇の皇子の東山《ひがしやま》天皇（１１３代）のときに小規模なかたちながら大嘗祭がついに復活します（ただし、つぎの中御門《なかみかど》天皇のときだけはナシ）。

その東山天皇の遺志と新井白石の建策によって、皇統の安定した存続をはかるため、閑院《かんいん》宮《のみや》家が創設されました。

そのおかげで、後桃園《ごももぞの》天皇（１１８代／１７７０〜１７７９年在位）が継嗣のないまま亡《な》くなったとき（崩御の年に生まれたばかりの皇女ひとり）、閑院宮から養子としてはいった光格《こうかく》天皇（１１９代／１７７９〜１８１７年）によって、皇位継承の危機を回避できたのです。

この光格天皇のころから、将軍権力は天皇からの「委任」によるという、大政委任《たいせいいにん》論がはっきり浮上していきます（藤田覚氏『幕末の天皇』）。

老中《ろうじゅう》の松平定信《まつだいらさだのぶ》は「将軍家御心得《おこころえ》十五ヵ条《じょう》」で、

「国内の60余州はすべて朝廷から将軍家がお預《あず》かりしたものだから、けっして将軍じしんのものものように考えてはいけない」——

などと11代将軍、家斉《いえなり》をさとしていました。

ここまでくれば、内外情勢の推移によって「大政委任」から「大政奉還《ほうかん》」へと転換するのは、もう目のまえです。

ゆきゆきて

オッと、時代がさきにすすみすぎました。

後水尾天皇がなくなったのは１６８０年（延宝8）。85歳でした。

昭和天皇があらわれるまで、年代のたしかな天皇のうちでは最高齢でした。

その昭和天皇ごじしんは、後水尾天皇を抜いて最長寿になられたとき（昭和60年7月12日）、つぎのようにのべておられます。

「数字的な年齢で昔のひとと比べるのは難しい。今は医学が進歩しているが、後水尾天皇は環境がお悪かったにもかかわらずご長寿となった。私どもは感激もし、学ばなければならないと思います。

後水尾天皇は素質に加え、多方面にわたって学問、和歌、書などに幅広い趣味を持たれ、気力もすぐれていらした」と。

追号の「後水尾」は本人の遺勅によるもの。水尾帝とよばれた平安時代の清和《せいわ》天皇をもとにしています。『基量卿記《もとかずきようき》』は、ふだんからのこころざしによる、としています。『葬送記《そうそうき》』にはさらに在位がおなじ18年間で、法皇《ほうおう》としての期間がながかったことなどが似ていたためとも（ただし、清和天皇は出家の翌年に崩御）。

辞世《じせい》——

ゆきゆきて　思へばかなし　末《すえ》とほく
みえしたか根《ね》も　花のしら雲

第10章 身を捨てて戦争をとめた昭和天皇

しょうわてんのう【昭和天皇】

●1901・4・29～89・1・7

在位1926・12・25～89・1・7

大正天皇の第一皇子。母は貞明《ていめい》皇后。名は裕仁、幼称は迪宮《みちのみや》。一九一二年（大正元）皇太子となり、二一年大正天皇の病状悪化により摂政に就任。二四年には久邇宮邦彦《くによし》王の長女良子《ながこ》と結婚し、二六年（昭和元）一二月大正天皇の崩御により皇位を継承する。張作霖爆殺事件で田中義一首相を叱責したことが内閣総辞職をもたらし、二・二六事件では反乱軍に激怒し鎮圧を命じた。戦争の拡大を憂慮し、対米戦争にも消極的だったが、これを防ぐことができず開戦に至る。四五年八月御前会議で戦争継続の主張を退けて終戦を決断。四六年神格化を否定して人間宣言を行い、四七年に日本国憲法で国民統合の象徴とされた。生物学者としても著名。八九年一月崩御。昭和天皇と追号された。御陵は武蔵野陵。

「昭和の日」ができた

平成17年5月13日、参議院の本会議で祝日法（国民の祝日に関する法律）を改正して4月29日を「昭和の日」とする法案の採決がおこなわれました。結果は——

賛成——202
反対——14

賛成が圧倒的多数。

すでに衆議院では1か月まえの4月5日に可決されていました。

よって、ここに「昭和の日」法案が成立したのです。

天皇陛下《へいか》による決裁と公布は5月20日。

で、この法律にもとづいて4月29日がじっさいに「昭和の日」という祝日名にあらためられたのは、平成19年からのことでした。

法律上の祝日の趣旨は——

「激動の日々を経て、復興を遂げた昭和の時代を顧み、国の将来に思いをいたす」——というもの。

4月29日は昭和時代、昭和23年に祝日法が施行されるまでは「天長節《てんちょうせつ》」、施行後は「天皇誕生日」という名前の祝日でした。

ところが、昭和天皇がなくなって時代が平成にうつると、この日は「みどりの日」という祝日にかわりました。

自然をいつくしまれた昭和天皇をしのぶ祝日——と受けとった国民もいたでしょう。

でも、法律と政府の見解では昭和天皇とは無関係とされてました。

それに違和感をおぼえた国民のなかから、4月29日を昭和天皇と昭和の時代にちなんだ祝日にあらためるべきだという声がおこります。祝日をなくして平日にもどすのならともかく、昭和天皇のお誕生日を祝日として残しているなら、何らかのかたちで昭和天皇とかかわりのある祝日とすべきなのは当然、という意見です。

ちなみに、明治《めいじ》天皇も大正《たいしょう》天皇（123代）も、なくなったあと誕生日を祝う「天長節」は当然ながら次代の天皇の誕生日にうつり、それまで天長節だった日は平日にもどっています（ただし、明治天皇の誕生日の11月3日はのちに「明治節《めいじせつ》」として復活。いまは「文化の日」）。

4月29日を「昭和の日」にあらためよう——という国民の声のひろがりが、ついに国会をうごかしたのです。それまでの「みどりの日」は5月4日にうつりました。

ここで注目したいのは、昭和天皇がなくなって10数年もたって「昭和の日」が実現した事実です。

法律の改正がたやすくないことは、もちろんわかります。だから時間がかかったことじたいは、べつにビックリする必要はありません。でも、ご本人がなくなって10数年もたてば、モチベーションもかなり下がってあたりまえです。しかしそうはならず、困難な法改正をねばり強い取りくみのすえに、ついに実現しているんですね。

このことは、昭和時代を生きた日本人にとって、昭和天皇がどんな存在だったかを考えるひとつの手がかりになるんじゃないでしょうか。

「明治節」という祝日

ここで思いおこすのが、さきにもすこし触れた明治天皇の誕生日が祝日として復活した件です。

11月3日が祝日「天長節」として太政官布告《だじょうかんふこく》によって制定されたのは１８７３年（明治6）。１９１２年（明治45）7月30日の明治天皇の崩御《ほうぎょ》によって「大正」に改元。天長節も大正天皇の誕生日である8月31日にうつりました。ただし、この日は「暑中」との理由でべつに10月31日が「天長節祝日」とされています。異例の措置です。

でも、めざましい発展をなしとげ、近代統一国家の建設に成功した「栄光の明治」に君臨した明治天皇をしたう国民の気持ちはとても強く、国民多数のねがいによって、まず明治天皇（とその皇后の昭憲皇太后《しょうけんこうたいごう》）をまつる明治神宮（東京都）が創建されました。１９２０年（大正9）のことです。

このとき、全国からのべ11万人の若者たちが上京して、神宮の造営にボランティアとして参加しています。さらに各地から365種類、10万本の献木《けんぼく》もありました。それがいま、うっそうと茂る明治神宮の森となっています。

そのうえ、明治天皇の誕生日だった11月3日を祝日として復活させようという国民運動がおこりました。

それがみのったのが1927年（昭和2）。11月3日が「明治節」という祝日として復活しました。明治天皇がなくなって15年後のことです。

昭和天皇が崩御ののち16年後に「昭和の日」が制定されたのと共通しているのは、どちらも国民のつよい要望が背景にあったことです。

「天皇制批判」の動機から明治天皇の評伝をかきはじめた近代史家の飛鳥井雅道氏は、そのしめくくりにつぎのようにしるしています。

「日本近代の発展を全否定するなら別であろう。わたしたちが近代を現在の前提とする以上、明治天皇は、実像と虚像の双方において、『大帝《たいてい》』であったことを確認しなければ、近代批判の手がかりさえもえられないのである」――と（大帝とは偉大な帝王のこと）。

その書名も、みずから『明治大帝』とつけています。

天皇に「批判」的な研究者も「大帝」とみとめざるをえない「実像」が、明治天皇にあったということでしょう。

天皇は「魂」のように

ついでだから、ポール・クローデルの「明治」と題するエッセイの一節も引用しておきましょう。

クローデルは、いうまでもなくヴァレリーとならぶ20世紀象徴主義を代表するフランスの詩人。大正時代、外交官として日本に数年、滞在しています。さらにそれ以前、中国に駐在していたころ、明治時代の日本にもおとずれていました。

彼はこうのべています。

「日本の天皇は魂のように存在する。彼は常にそこに居るものであり、いつまでも居続けるものである。正確にはそれがどのようにして始まったのかは知られていない。だが、それがいつまでも終わらないであろうことは誰もが知っている。個々の行動を天皇に帰するのは不都合であるし、不敬でもあろう。彼は介入しない。民の問題に労働者のように口をさしはさみはしない。だが、彼がそこに居なければ、物ごとはそれまでのように立ちゆかなくなるであろうこと、たちまち物ごとが頓挫し、逸脱してしまうであろうことは知られるとおりである。……彼は、自分はいつまでも留まるものであると同時に、他者には変化するよう強制するものであり、また、数々の転変と時代を横切って、あらゆるものを根源に結び付け、永遠に死んではならぬという義務を国家に押し付けるものである。

このようにして、明治天皇の、太陽の天子という称号が、それまでの無名の状態から抜け出たのは、まさに、日本が島の内部での鎖国状態から脱して、八方から攻撃を仕掛けにきた全世界に対応しなければならないときだったのである」（『天皇国見聞記』所収、樋口裕一氏訳）――と。

なかなか含蓄《がんちく》のある表現ですね。

これだけ明治天皇に言及したのなら、やっぱり昭和天皇の父である大正天皇にも触れておくべきでしょうか。

天性の詩人、大正天皇

大正天皇は明治「大帝」と、やはり巨大な存在感をもった昭和天皇のあいだにはさまれて、在位も15年とみじかく、年齢も47歳の若さでなくなったこともあり、比較的「影がうすい」印象はいなめません。

そのうえ、晩年は昭和天皇が皇太子として摂政《せっしょう》につくなど、病弱というイメージがつよいでしょう(あるいは「遠眼鏡《とおめがね》」事件とか。しかしその真相については『椿《つばき》の局《つぼね》の記』参照)。

でも、たとえばつくった漢詩の数は歴代天皇のなかでもズバ抜けて多かったといえるでしょう。これまで1367首の漢詩が確認されているといいます(木下彪氏『大正天皇御製《ぎょせい》詩集謹《きん》解《かい》』。ただしじっさいは、それよりいくらか少ないか。古田島洋介氏『大正天皇御製詩の基礎的研究』)。

その漢詩については、こんな評価があります。

「平安初期の嵯峨《さが》(52代)・淳和《じゅんな》(53代)の帝《みかど》を連想するほど、大正天皇は漢詩に堪能《たんのう》だったのである」(岡野弘彦氏「大正天皇の歌風」)

和歌は465首が公表されています。明治天皇は生涯に9万3032首を詠《よ》んだとされ(公表は1687首)、昭和天皇も約1万首詠まれたといわれています(公表は865首)。これらにくらべると、明らかに数はすくないようです。

でも、すぐれた作が多くあります。3首だけ紹介しましょう。

はるかなる　沖《おき》の浪間《なみま》の　はなれ島
夕日をうけて　あらはれにけり
(大正4年)

かきくらし　雨降り出《い》でぬ　人心《ひとごころ》
くだち行く世を　なげくゆふべに
（大正9年）
神まつる　わが白妙《しろたえ》の　袖《そで》の上《え》に
かつうすれ行く　みあかしのかげ
（大正10年）

ちなみに、大正天皇の病気がおもくなり、第1回の病状発表があったのが大正9年3月。ついに摂政をたてることになったのが大正10年11月でした。

これまで知られているところでは、漢詩が大正6年、和歌は大正10年の作までです（「神まつる……」が知られている最後の和歌）。

大正天皇の和歌をめぐっては、つぎのような評が——。

「歌からうかがわれる（大正）天皇は、こまやかで、鋭い物の見通しと、それを短歌の表現にさわやかに凝縮してしらべ豊かに歌う、すぐれた才能を持っていられたことがわかる。その面の才能においては、近代の3人の天皇の中で、随一《ずいいち》の力を持っていられたのが大正天皇で、何よりも歌がそれを証明している」（岡野氏前出）

西郷隆盛より雄大な「書」

もうすこしつづけて――。

「(「神まつる……」の和歌は)神をまつる天皇の白い衣の袖の上に、暗いうちはあかあかと輝いていた灯明《とうみよう》の光が、暁《あかつき》になって薄れてゆくという、痛いほど鋭利な感覚である。……その傷つきやすい心は詩歌人《しいかじん》にとっての恩寵《おんちよう》にちがいない。

この不幸な帝王は、あるいは神に愛された人であったかも知れないのだ」(水原紫苑氏「大正天皇の歌〜うつろいの相から」)

「大正(天皇の)御製(和歌)には構《かま》えがない。……つまり天性無垢《てんせいむく》で高貴。反無垢・反高貴の(大正)時代にこんな人物が王者になったら悲劇を生きるほかはないだろう。……(「神まつる……」の和歌)にいう『かつうすれ行くみあかしのかげ』は神なき時代に神をまつる人の生命の炎《ほのお》の光のことでもあろう」(高橋睦郎氏「王者振り」)

さらにこの天皇の「書」も取りあげておかなくてはなりません。なにしろ大正天皇の書への評価はものすごく高いですから。

わたしがじっさいに見たのは数点ですが、素人目《しろうとめ》にもハンパではないスケールの大きさを感じさせます。それこそ「構えがない」し、「天性無垢で高貴」そのもの。

何人かのコメントをあげておきます。

「大正天皇は書が素晴らしい。歴代の帝王の書の中でも最もいいもののひとつではないでしょうか。……大正天皇の書にあるような帝王ぶりが昭和天皇の場合は和歌に受け継がれたような気がする」（高橋氏、池内紀氏との対談「美しい国・ニッポン」）

「大正天皇の書は、その高雅《こうが》な風韻《ふういん》が早くから注目されている。青年期から書跡《しょせき》の研究に精進《しょうじん》する私も、早くから心秘《ひそ》かに鑽仰《さんぎょう》していた。過去半世紀の研究生活の中においても、同感の人々との話題に花を開いた記憶も一再ではなかった」（小松茂美氏『天皇の書』）

「（明治維新の志士のなかで）最高と感銘していた南州《なんしゅう》（西郷隆盛）雄大の達筆も、この（大正天皇の）御宸筆《ごしんぴつ》（筆跡）の前には全く微小と云《い》わなければならなかった」（影山正治氏「大正天皇の大御歌」）

では、昭和天皇の話題にもどりましょう。

弔旗の列

多くの人々の記憶に、いまも鮮《あざ》やかなのは、昭和64年1月7日の昭和天皇崩御当日の光景ではないでしょうか。

在位64年（正確には昭和元年と64年がそれぞれ1週間なので62年と2週間）、年齢は87歳。

年代のたしかな歴代の天皇のなかで在位年数は最長、年齢も後水尾天皇《ごみずのお》をこえて最高齢でした。

この日、わたしは所用のため外泊しており、朝のニュースで昭和天皇の崩御を知って愕然《がくぜん》としました。

もちろん、前年の9月20日にたおれられて以来、110日間のご不例《ふれい》ですから、なくなられることは予想していました。でもイザその場面がおとずれてみると、やはり驚きを禁じえませんでした。

家内に電話をして「東京駅まで喪服《もふく》をもってきてくれ」と、自分でも不思議なくらい、スラッとそんなセリフが口からでました。

そとは、かなしげなつめたい雨。

街頭にはじめて弔旗《ちょうき》の列をみました。

国旗のポールのさきの金色の玉を黒い布でおおい、旗はポールの先端よりすこしさげられ、そこに黒い布がむすびつけられています。

かなしみをあらわす弔旗の知識はいちおうもっていても、まさかそれをじっさいに目にする日がこようとは、うかつにも想像したことがありませんでした。

しかしこの日、まさに弔旗が列をなす陰鬱《いんうつ》な情景を、この目でみることになったのです。

東京駅の丸善でワイシャツを買い、家内がとどけてくれた喪服に着がえて、そのまま皇居《こうきょ》の弔問《ちょうもん》記帳の長い長い列にくわわったのが、ついきのうのことのように思い出されます。

新聞もテレビも「昭和天皇崩御」一色でした。

道ゆく人の誰もが、説明しようのない喪失感をかかえるか、そうでなければ不安と無力感にとらわれているように見えました。

そして街は巨大な静寂にのみこまれていたのです。

昭和天皇の「威力」

昭和天皇が死の床《とこ》にふされたのが昭和63年9月20日。この日をさかいに、国内の空気はガラッとかわったような気がします。

皇居をはじめ、各地にお見舞いの記帳所がもうけられました。このお見舞い記帳におとずれた人数は、崩御までで累計900万人以上にのぼりました。連日おとずれるような人もいましたから、実数は多少、わり引いて考える必要があるでしょう。それにしてもすごい数です。日本人の13人に1人くらいが、わざわざ記帳所に足をはこんで記帳した計算になりますから。

私が皇居のお見舞い記帳所におもむいたときも、多くの人がならんでいました。記帳をおえた人々は、ごく自然な感じで昭和天皇がふせっておられる吹上御所《ふきあげごしょ》のほうにむかって手をあわせたり、深々と頭をさげたりしていました。

テレビからはお笑い番組が姿を消しました。昭和天皇が病いの床にふせっておられるのに——という配慮からでしょう。

芸能人の結婚式も延期するケースがあらわれます。東京都が毎年10月1日におこなっている「ふるさと東京まつり」のパレードなども、この年は中止になりました。

全国の大学での学園祭もつぎつぎに中止もしくは小規模化しました。あるいは、日本歌謡大賞の中止、プロ野球日本シリーズの優勝にともなう球場での花火の打ち上げや関連イベントがひかえられ、10数年に1度という浅草寺《せんそうじ》の大開帳も取りやめになるなど、さまざまな「自粛《じしゅく》」現象がひろがりました（私の印象では、それは今回（平成23年）の東日本大震災後の自粛ムードより大がかりだったような気がします）。

いまから振りかえると「いきすぎ」だったと思えるケースもあるでしょう。でも、あのとき人々が抱いていた素朴な「つつしみ」の感覚は、けっして軽視できません。

戦後、天皇の地位は憲法上、なんら「国政に関する権能を有しない」（4条）存在とされています。学校の教育でも、無力な「象徴」にすぎないと教えられているはずです。マスコミも天皇の存在をことさら大きくあつかうようなことはしてきませんでした。

さらに昭和天皇ご自身が積極的に自己をアピールしたり、天皇や皇室という存在を宣伝するようなことも、とくにありませんでした。

なのに——どんな有力な政治家も、有名な芸能人も、権威ある学者・芸術家も、経済的成功者も、まったく足もとにもおよばない国民心理への巨大な影響力を、ただ黙々と病いの床にふせるだけの昭和天皇が、現実にしめしたのです。

これが昭和の激動をこえて一貫、在位してきた昭和天皇の「威力」でした。

あるいは、それこそが「国民統合の象徴」がもつ威力だった、と表現できるでしょうか。

それは、歴史に担保された「公《おおやけ》」の究極の体現者たる「天皇」の威力だった、といってよいのかもしれません。

海外での「昭和天皇」報道

ここで、昭和天皇の崩御が海外でどのように報道されたか、その「独断と偏見」ぶりもふくめて、その一部をちょこっとのぞいてみましょう（朝日新聞社編『海外報道にみる昭和天皇』）。

まずアメリカから。

「（昭和）天皇は自らを、日本国を象徴し国家の父たることを義務とする立憲君主である、とみていた。

しかし、決定的な時期に1度、天皇は受動的な役割から踏み出して、事態に自らの手で対処した。1945年8月、アメリカ軍による原子爆弾投下後、日本政府が連合国の降伏条件を受け入れることを命令した。……結果は、国を救っただけではなく、天皇制をも護持したのである。

この決断によってヒロヒト（昭和天皇）の歴史に占める位置は紛れもなく決定づけられた」（『ニューヨーク・タイムス』1989年（昭和64）1月7日）

「終戦直前、頑固な軍支配者らは、天皇の地位だけでなく、命の保証もないような降伏条件を受諾することを執拗《しつよう》に拒《こば》んでいたが、天皇自身はそのような恐れから超然としていた。……自身の安全の保証はなくとも降伏を選んだのであった」（『ロスアンゼルス・タイムズ』同）

つぎにイギリス。

「大戦中の天皇の役割については意見が分かれている。しかし、戦後、天皇の神性の放棄、並びに国政において純粋に儀式的役割に徹することを承諾したことが、国家の再興に大きく貢献したという点では広い合意が存在する」（『フィナンシャル・タイムズ』同年1月9日）

フランス。

「ヒロヒトは、先の大戦後に不死鳥のように灰から甦《よみがえ》って経済大国となった日本を象徴することになった。……ヒロヒトは、過去にしっかりと根を下ろしており……近代派の前衛に位置する日本人は、自らの根源に復帰することで、狂気のような利益の追求とのバランスを取ろうとしているかのようだ。この場合、三つ揃《ぞろ》いの背広という西洋から輸入した見掛けのはなやかさに包まれているとはいえ、天皇制ほど安心のいくものがあるだろうか」（『ル・モンド』同1月

8・9日）

イタリア。

「神として生まれ、普通の人間として死亡し、多くの人間にとっては英雄であり、その他の人間にとっては、戦争犯罪人であった。……今世紀の偉大な人物の一人だったが、未知の部分も多い」（『コリエレ・デッラ・セーラ』同1月8日）

オーストラリア。

「敗れた陸軍もすくんだ内閣にも欠けていた敗戦を認める勇気を持っていたのはヒロヒトであった。……ヒロヒトと日本、それに近隣諸国の悲劇は、国民にとって神とされた人物が、彼が望んでいたにもかかわらず、彼の名が常につきまとう悲惨な戦争を止めることができなかったことである」（『シドニー・モーニング・ヘラルド』同1月9日）

罪人か、神か

韓国の場合、かなりトーンがちがう。

「『ヒロヒト』日皇（天皇）の死は韓国国民に恥辱《ちじょく》の時代を再び思い起こさせた。彼が日本人に『天皇』として君臨した62年間は韓国にとっては屈辱とその屈辱を克服する時代であった。……『ヒロヒト』は（韓国併合など）この途方もない韓民族に対する罪科に対し、究極的に責

任を負うべき最高の象徴的人物である」(『中央日報』同1月7日)
「在位60余年間、日本国家の最高権力者であり、彼の名で朝鮮民族を奴隷化した『大日本帝国の昭和天皇』の死に対しては、我々が哀悼すべき理由は何ひとつなく、またそうした心情でもない」(『ハンギョレ新聞』同1月8日)
ではインドネシアはどうか。
「近代の歴史を振り返ると、日本と中国の皇室の違いがわかる。中国の皇室は西洋諸国の圧力に屈し、指導力を発揮できぬまま、1911年に崩壊した(辛亥《しんがい》革命)。それ以後、長い間戦争と革命が続いた。ところが日本では明治時代に、皇室は近代化を進めながら、国を統合させてゆく機能を果たした。そして現在……明治天皇の孫に当たる昭和天皇のもとで、日本は世界で最も発展した工業国になった。私たちインドネシア人は……日本の経験を学ぼうと、かつて努力したものである」(『スアラ・ブンバルアン』同1月11日)
タイ。書き手(ククリット・プラモート氏)の感情もストレートに表現された記事です。
「仏教の、形あるものはやがて崩れ去り、朽ち果てていくという教えをもってしても、陛下(昭和天皇)が崩御されたと知った時、私は心の動揺を抑えることができなかった。
なぜなら、生まれてこのかた、日本といえば『ヒロヒトという名前の天皇陛下がおられる国』という印象が強く、私の今までの人生の中で……天皇といえば、この日本国の天皇(昭和天皇）ただ1人だったのである。……

陛下のご経歴やお振る舞いから察するかぎり、実際の陛下はつねに平和と穏やかさの中に身を置いておられたことがうかがえる。

日本が他国を侵略し、捕虜に対して残酷な行いをしている時、陛下の真の御心《みこころ》を察した人が果たして存在しただろうか。……

戦争が終ると……アメリカ軍が日本を支配し、憲法を改定した。

その憲法の中では、天皇は、神ではなく日本国の象徴でしかないものであると規定されている。……

しかし、神であるか否かは、紙の上に書かれた法律によって定められるものではないはずである。それは神聖な問題である。人々の心の中深く刻まれているものであり、誰も規制することはできない」（『サヤームラット』1月9日）

——いかがですか。いっさいコメントはひかえ、海外報道の紹介はここらで打ち切ることにしましょう。

破滅の淵に立つ日本

さて、昭和天皇のご生涯からもしひとつだけトピックを取りあげるとしたら、さきに紹介した海外の複数の報道でも触れられていた「大東亜戦争《だいとうあ》」の終結の場面でしょう。昭和20年（1945）8月。天皇はそのころ44歳でした。

当時の日本がおかれていた状況を、もっとも単純化して説明してみると、こうなります。

条件の1。これ以上、戦争を継続することは、客観的にはとてもムリでした。

条件の2。でも、戦争終結について国内の合意をすみやかにつくり上げるのは至難でした。

条件の1と2が完全にチグハグな状況だったわけです。

戦争継続がムリ（条件1）でも、すみやかに「降伏」の合意ができるのなら、致命的な「つまずき」は回避できます。

ぎゃくに戦争終結の合意が簡単にはできなくても（条件2）、まだ戦争をつづけられる「余力」があれば、何とか時間をかけてソフトランディングの方策をさぐることができるかもしれません。

でも、戦争を「継続」する力がないのに「終結」もできないとなると、――あとは最悪の事態が待つのみです。ひとことでいって「破滅」。

でも当時、わが国がすんなり「降伏」できなかったのには、理由がありました。

それは、アメリカが「無条件降伏」にこだわり、戦争終結のハードルを下げなかったからです。

アメリカ国内にも、戦争をはやく終わらせるために（それはアメリカの若者たちの犠牲をへらすことにもなる)、「ハードル」を下げるべし、との有力な意見がありました。

たとえばグルー国務長官代理やスティムソン陸軍長官などは、「現在の皇統下での立憲君主制」の存続さえ保証すれば、日本はすみやかに降伏に応じるだろう、と主張していたのです(仲晃氏『黙殺』上)。

これはたしかにそのとおりでした。その保証さえあれば、原爆を投下(8月6・9日)しなくても、ソ連の参戦(8月8日)がなくても、日本は降伏したはずです。

だからぎゃくに、アメリカがハードルを上げつづけていたのは、日本がはやく降伏することで、せっかく開発をすすめていた原爆投下のチャンスをうしないたくなかったためではないかという見方も、でてくるのです。

無条件降伏をもとめるのではなく、「降伏条件」をしめしたポツダム宣言は、日本が一番もとめていた「現在の皇統下での立憲君主制」(当時、わが国では「国体」とよんでいた)の保証をもりこんでいません。

そのことが戦争「終結」への合意形成を決定的に阻《はば》んでいたのです。つまり、さきの条件2は、アメリカに強いられた側面があるのです。

だがそれでも、ポツダム宣言の受諾による戦争終結というシナリオを、なんとか実現しなければなりません。そこで当時の鈴木貫太郎《すずきかんたろう》首相は、明治憲法下でほとんど「禁じ手」とでもいうべき手だてを講じます。

それが――昭和天皇ご自身の判断、「聖断」をうかがうことでした。

1度目の「聖断」

8月9日深夜12時ちかく――。

ポツダム宣言の受諾をめぐる第1回の御前《ごぜん》会議が皇居でひらかれました。

出席者は7名。議長役の鈴木首相のほかはつぎのメンバーです。

東郷茂徳《とうごうしげのり》外務大臣、阿南惟幾《あなみこれちか》陸軍大臣、米内光政《よないみつまさ》海軍大臣、梅津美治郎《うめづよしじろう》参謀総長、豊田副武《とよだそえむ》軍令部総長、平沼騏一郎《ひらぬまきいちろう》枢密院議長。

会議はなかなか結論に達しません。

ポツダム宣言受諾派は東郷・米内・平沼の3名。

なお戦争を継続しようという抗戦派が阿南・梅津・豊田の3名。

鈴木はもちろん「受諾派」。だから単純多数決でいけば4対3でポツダム宣言の受諾にきまりそうですが、最高戦争指導会議も閣議も「全会一致」が原則でした。そのうえ抗戦派をおいつめても、とても「秩序ある終戦」などのぞめません。抗戦派が態度を硬化させてクーデターがおきかねないからです。

10日の午前2時をすぎても意見がまとまりません。鈴木は最後まで自分の意見はのべず、決もとらず――「まことに異例でおそれ多きことながら、聖断を拝して本会議の結論といたしたく存じます」とのべます。

このときの昭和天皇のご発言の要旨はつぎのとおり（下村海南『終戦秘史』）。

大東亜戦は予定と実際とその間に大きな相違がある。

本土決戦といっても防備に見るべきものがない。

このままでは日本民族も亡《ほろ》びてしまう。国民を思い、軍隊を思い、戦死者や遺族をしのべば断腸《だんちょう》の思いである。

しかし忍《しの》びがたきを忍び、万世《ばんせい》のために平和の道を開きたい。

自分一身のことや皇室のことなど心配しなくともよい。

――会場は嗚咽《おえつ》につつまれます。

鈴木は立ち、ひとことだけ言いました。

「会議は終りました。ただ今の思召《おぼしめし》を拝し、会議の結論といたします」――と。

このあと首相官邸で午前3時から閣議がひらかれます。国家の正式な意志を確定するには、あらためて閣議決定の手つづきをへる必要があるからです。

誤解されがちですが、明治憲法下の天皇はけっして専制独裁の君主ではありません。だから御前会議での「聖断」イコール国家意志の確定――とはならないのです。

このあたり、すこし説明しておきましょう。

天皇は独裁君主ではなかった

近代の天皇のありかたについて「絶対主義的天皇制」だったという古い学説がありました。コミンテルン（国際共産党）のいわゆる「32年テーゼ」（1932年〈昭和7〉）にもとづく見方です。

べつに実証的な根拠をもつものではなく、たんなる政治的命題にすぎません。

それでも学界ではしばらく影響力をもちました。教科書なんかには、まだ古い見方が影をおとしているので、意外と多くの人が今もこうしたイメージをひきずっているかもしれません。

でも明治憲法下の天皇は「絶対的」な権限をもたず、その君主権はハッキリ制限されていました（大日本帝国憲法制定史調査会『大日本帝国憲法制定史』）。

行政権の行使については、かならず国務大臣（内閣）の「輔弼《ほひつ》」（という名の同意）が必要でした（55条）。

立法権についても、帝国議会の「協賛《きょうさん》」（という名の同意）が欠かせませんでした（5条）。

司法権にいたっては（「天皇の名」において）裁判所がまったく独立しておこないました。

よって――

「明治憲法体制は君主の独裁政治、恣意《しい》的な専制政治を行なうことが困難な体制であった」(鈴木正幸氏「天皇と政府・議会」)

――というのが実情でした。

ならば鈴木首相が〝切り札《ふだ》〟として「聖断」をもちだしたのは何故か？

天皇の独裁権限できめてしまうようなことは憲法上、もちろんできません。

でも天皇のご内意がしめされることによって、困難だった合意形成をめぐる状況は劇的にかわるわけです。

それは法的・政治的な強制力ではなく、精神的・社会的な昭和天皇の「威力」というべきものでしょう。

鈴木はそのことに日本の運命を賭けたのです。

はたして、ひとたびは至難におもわれたポツダム宣言受諾の合意を、からくも実現することができました。

アメリカ側には〝国法上の天皇の地位〟を変更しないとの前提でポツダム宣言を受諾すると(スイス政府を経由して)つたえました。

ところが――

バーンズ回答の真相

アメリカのバーンズ国務長官からの回答はつぎのような内容でした。

「天皇および日本国政府の国家統治の権限は……連合国最高司令官の制限の下に置かるるものとす(subject to)……

最終的の日本国政府の形態は……日本国民の自由に表明する意思に依り決定せらるべきものとす」

どこにも「天皇の地位」の保証は明記されていなかったのです。

これではとてもポツダム宣言の受諾などできない——と陸軍ではクーデター計画もふくめ、抗戦へのうごきがふたたび活発化します。

ただし、これにはアメリカ側のウラ話があります。

日本側の「条件つき受諾」の態度にたいし、アメリカの指導者のなかで意見が大きくわかれました。

グルーやスティムソン、さらにリーヒ大統領軍事顧問などは、日本の言い分をのめばいいという意見です。

それに猛烈に反対したのがバーンズ。

けっきょく、フォレスタル海軍長官がだした妥協案でまとまりました。
①日本側の申しいれを受諾する。
②でもアメリカはいっさい譲歩していないと言いはる。
思わずニヤリとしたくなるような「落としどころ」でした。

ところがその結論をうけて、じっさい回答の起草にあたったのが強硬派のバーンズだったため、あんなアイマイな文面になってしまったのです。

でもよく読むと、占領下に「天皇および日本国政府」が占領当局の「制限の下に置かれる」のは当然です。しかも「制限の下に」天皇の地位の存続はみとめているわけです。

さらに「日本国民の自由の表明する意思に依り決定」されるというのは、アメリカは関与しないと表明していることになります。

だからバーンズとしては、さきの結論をくつがえしているのではなく、強硬派の彼らしく多少、表現をアレンジしたまでのことでした。

このあたりの事情を当時の日本人は、もちろん誰もしりません。

だからポツダム宣言の受諾を確定するために、もう1度、御前会議がひらかれることになります。

8月14日――。

異例中の異例、2回目の御前会議

このときの御前会議こそ、異例中の異例でした。

ふつう、御前会議で天皇のお出ましをいただくのは、すでに全会一致で結論をみたうえでのことです。ところがいまだ一致した決論のでないまま「聖断」をおねがいしたのが9日深夜からのポツダム宣言受諾をめぐる第1回御前会議でした。これも十分、異例のことでした。

ところが14日の第2回御前会議は、なんと昭和天皇ご自身の「お召し」による会議となったのです。

御前会議というのは、重要な国務を審議する会議に天皇のお出ましをいただくのが、通例。天皇のほうから召集するということは、前例がありません。

でもこのときは、陸軍・海軍がポツダム宣言の受諾を前提としたような会議開催に同意していませんでした。このままでは「終戦」は宙にういてしまいます。

そこで軍部も拒絶できない、天皇の「お召し」というかたちで御前会議がひらかれたのです。

前回は最高戦争指導会議のメンバーと平沼枢密院議長だけでしたが、こんどは全閣僚も皇居にあつめられました。

このときは、ポツダム宣言の受諾に反対の3名だけが発言。まず阿南陸相が「このままでは国体が護持しえない」と5、6分、声涙《せいるい》ともにくだる言上《ごんじょう》をおこないました。ついで梅津、豊田両総長がそれぞれ1、2分ずつ。

そのあと、昭和天皇はつぎのように述べられました（下村前出）。

「ほかに別段意見の発言がなければ私の考えを述べる。

反対論の意見はそれぞれよく聞いたが、私の考えはこの前申したことに変りはない。私は世界の現状と国内の事情とを十分検討した結果、これ以上戦争を続けることは無理だと考える。

国体問題についていろいろ疑義があるとのことであるが、私はこの回答文（バーンズ回答）の文意を通じて、先方は相当好意を持っているものと解釈する（このあたり、さきにウラ話として触れたアメリカの真意をよく見抜いておられるというべきか）。先方の態度に一抹《いちまつ》の不安があるというのも一応はもっともだが、私はそう疑いたくない。要は我が国民全体の信念と覚悟の問題であると思うから、この際先方の申入れ（ポツダム宣言）を受諾してよろしいと考える、どうか皆もそう考えて貰《もら》いたい。――

自分はいかになろうとも

――さらに陸海軍の将兵にとって武装の解除なり保障占領というようなことはまことに堪《た》え難いことで、その心持《こころも》ちは私にはよくわかる。しかし自分はいかになろうとも、万民《ばんみん》の生命《せいめい》を助けたい。この上戦争を続けては、結局わが邦《くに》はまったく焦土《しょうど》となり、万民にこれ以上苦悩《くのう》を嘗《な》めさせることは、私としてじつに忍び難い。祖宗《そそう》の霊にお応《こた》えできない。和平の手段によるとしても、もとより先方《せんぽう》のやり方に全幅《ぜんぷく》の信頼を措《お》き難いのは当然であるが、日本がまったく無くなるという結果にくらべて、少しでも種子が残りさえすれば、さらにまた復興という光《こう》明《みょう》も考えられる。

私は明治大帝が涙をのんで思いきられたる三国干渉（1895年〈明治28〉）当時の御《ご》苦衷《くちゅう》をしのび、この際耐え難きを耐え、忍び難きを忍び、一致協力、将来の回復に立ち直りたいと思う。今日まで戦場にあって陣歿《じんぼつ》し、あるいは殉職《じゅんしょく》して非命に斃《たお》れた者、またその遺族を思うときは悲嘆《ひたん》に堪えぬ次第である。また戦傷《せんしょう》を負い、戦災《せんさい》をこうむり、家業を失いたる者の生活に至りては、私の深く心配する所である。

この際、私としてなすべきことがあれば何でもいとわない。国民に呼びかけることがよければ私はいつでもマイクの前に立つ。一般国民は今まで何も知らせずにいたのであるから、突然この決定を聞く場合、動揺も甚《はなは》しかろう。陸海軍将兵にはさらに動揺も大きいであろう。この気持ちをなだめることは相当困難なことであろうが、どうか私の心持ちをよく理解して、陸海軍大臣はともに努力し、よく治《おさ》まるようにして貰いたい。必要あらば自分が親しく説き諭《さと》してもかまわない。この際、詔書《しょうしょ》（終戦の詔書）を出す必要もあろうから、政府はさっそくその起案をしてもらいたい。

以上は私の考えである」（ただし、古川隆久氏『昭和天皇』は『昭和天皇発言記録集成』によって、「自分はいかになろうとも……」の発言を否定。その上で、昭和天皇が「自分の命を度外視」していた事実はみとめる）

場所は皇居内、吹上御苑《ぎょえん》にある御文庫《おぶんこ》の防空壕《ぼうくうごう》から通じる地下会議室（第1回目も同じ）。参集した閣僚、軍人たちは24人。

おことばがはじまると、大の大人、それも一国を代表する指導者たちがみな泣きだしました。彼らは深く頭《こうべ》をたれ、嗚咽し、やがて号泣《ごうきゅう》する者もあらわれます。天皇の御前にもかかわらずイスからすべり落ち、床《ゆか》にくずれながら声をあげて泣く者も――。

昭和天皇は左手にもった白いハンカチで2、3度、メガネをぬぐわれました。

おことばが終ると、すすり泣き、しゃくり上げる声のなか、鈴木は立ちあがり、至急、詔書案の準備にはいることを申し上げ、くり返し聖断をわずらわせた罪をお詫《わ》びして、うやうやしく引きさがります。会議はおわりました。

昭和天皇が席をたたれますと、阿南は天皇にとりすがるように慟哭《どうこく》します。

昭和天皇はやさしくお声をかけられました。

「阿南、阿南、お前の気持ちはよくわかっている。しかし、私には国体を護れる自信がある」

辞職か、クーデターか

わが国の終戦は事実上、この第2回御前会議できまった——のちの時点からふり返ると、たしかにそう言うことができます。

でも、国家意志を確定する手つづきはまだ残っていました。閣議で正式決定し、あらためて昭和天皇のご裁可をいただく必要があったのです。

抗戦派は、この御前会議と閣議のスキ間に最後ののぞみを託しました。

閣僚らがいったん首相官邸にあつまったとき、抗戦派のリーダー竹下正彦中佐（阿南の妻の弟）がしばしの時間、阿南にサシで最後の説得をこころみます。

「大臣を辞職するか、クーデターに賛同するか」と。

クーデターは論外としても、辞職は合法的だし、天皇といえども止めることはできません。しかも当時は、陸海軍の大臣は現役の軍人でなければなりませんでした（軍部大臣現役武官制）。ということは、阿南が辞職して陸軍が後任の大臣をださなければ、鈴木内閣はたちゆかなくなります。当然、ポツダム宣言の受諾もふっ飛んでしまいます。

でもこのとき阿南は「辞職などしたら（平和回復をねがっておられる）陛下に顔むけできな

くなる」とことわっています。

日本の終戦が本当にきまったのはこの瞬間だった、といってもよいほど重大な場面でした。このときの阿南の心中がどうであったか。どうぞ想像してみてください。

阿南は陸軍省にもどり、部下たちに言います。

「聖断はくだったのである。いまはそれにしたがうばかりである。不満に思う者はまずこの阿南を斬れ」——と。

王冠は敗戦を生きのびれない

8月15日正午、天皇の肉声（玉音《ぎょくおん》）による「終戦の詔書」がラジオ放送されます。まさに史上初のできごとでした。

こんなことがおこなわれたのも、国内の各層になお戦争継続の意志が根強くあったためです。それをおさえるために、終戦はまぎれもなく昭和天皇ご自身のお考えによることを、一点のうたがいもないかたちで国民にあきらかにする必要があったのです。

ほかならぬ天皇ご自身が戦争終結を真剣にのぞんでおられる——その事実こそ抗戦への意志をとどめる最大の「力」になったのです。

こうして、宮城《きゅうじょう》事件や厚木《あつぎ》航空隊事件など限定的なうごきはありましたが、日本は全体としてはきわめて平穏《へいおん》に、整然と「秩序ある終戦」をむかえることができたのです。

それは言いかえると、わが国が「破滅」をさけることができたということです。

このとき日本を救ったのは、まぎれもなく昭和天皇の「自分の命を度外視」した平和への意志と、その精神的・社会的な「威力」だったといえるでしょう。

ここで見おとしてはならない事実がひとつ。

「王冠は敗戦を生きのびることができない」——ということ。

第1次大戦の敗戦国だったドイツ、オーストリアの君主制はほろびました。この戦争中の戦争処理をあやまったロシアも同様。

第2次大戦ではイタリアをはじめ、敗れた枢軸国側にくわわった国、あるいは枢軸国の制圧下にあった国の王朝が、のきなみ倒れています。ユーゴスラビア、ハンガリー、ルーマニア、ブルガリアなどです（石田圭介氏『戦後の天皇擁護論』）。

このことから、ドイツの政治学者レーヴェンシュタインは以下のようにのべています。

「今日ではもはや王朝は敗戦を切り抜けることはできない。たとえ王朝が敗戦に責任がないばあいですら、君主制は贖罪山羊《スケープゴート》なのであり、荒野に追いやられるだろう」と（『君主制』）。

こうした世界史的な趨勢《すうせい》をあたまにいれると、「敗戦」の決断を天皇ご自身に下していただくというのは、国民へのあつい信頼をふまえても、なかなか困難なことだったにちがいありません。

「天皇を処刑せよ」

さらに当時、連合国の各国の国内には、天皇の処刑をもとめる声がうずまいていました。たとえばアメリカの場合、ギャラップ世論調査によると、世論はつぎのような意見をしめしていました（『ワシントン・ポスト』1945年6月29日）。

処刑	33%
裁判で決定	17%
終身刑	11%
追放	9%
軍閥《ぐんばつ》の道具にすぎないから何もしない	4%
日本を動かすカイライとして利用	3%
その他、回答なし	23%

そのころのわが国の体制において、昭和天皇が立憲君主として近代憲法の制限下におかれ、個人としては最後まで戦争の回避をねがっておられたことなど、アメリカの一般国民は何も知りませんでした。だから、もっとも戦争責任を負うべき人物とみられ、こんな結果があらわれ

ても不思議ではありません。それはほかの連合国でも同様です。

もちろん、日本にそうした連合国の内部情勢をめぐる個々の具体的な情報が、正確につたわっていたわけではありません。でも、敗戦後、国制上の頂点に位置した天皇にたいし、連合国側がどんな理不尽な「報復」的行動にでるか予測できないという危惧《きぐ》は、ありました。それが抗戦派の大きな動機にもなっていたと言ってよいでしょう。

そうした重苦しい不安のなかで、昭和天皇はすこしのためらいもブレもなく、まっすぐに「敗戦」の判断を下されたのです。

「自分はいかになろうとも、万民の生命を助けたい」

という天皇のご発言は、さきにふれた、敗戦が君主制の滅亡をもたらすのが通例だった事実も考慮すれば、けっして口さきだけのことではありませんでした。

それは「捨て身」の、あるいは「無私《むし》」の聖断だったと言っても、あえて言いすぎではないだろうと思います。

占領下において、「勝者の正義」をふりかざし、連合国が日本の「戦争犯罪」をさばくと称しておこなった極東国際軍事裁判（いわゆる東京裁判）で、裁判長をつとめたオーストラリアのサー・ウィリアム・F・ウェッブは後年（1969年）、インタビューで昭和天皇について聞かれたとき、こうこたえています。

「神だ。あれだけの試練を受けても帝位を維持しているのは、神でなければできぬ。そうじゃないか」と（児島襄氏『天皇と戦争責任』）。

ウェッブとしては、あれほど大がかりな戦争に敗北し、国民の犠牲もきわめて大きく、連合国側のすさまじい憎悪の標的とされながら、君主制がほろびるどころか、退位すらしなかった昭和天皇は、驚異以外のなにものでもなかったでしょう。だから一神教文化圏の人物でありながら、おもわず「神」などという通常つかわないはずの比喩《ひゆ》をつかってしまったのでしょう。

これはぎゃくに言えば、敗戦にさいし、昭和天皇はそれだけ苛酷な「試練」に直面しておられたということでもあります。

昭和天皇は「イエス・キリスト」

ウェッブは昭和天皇を「神」にたとえました。ほかに「イエス・キリスト」にたとえた人物がいます。それは誰か？

日本占領の最高責任者、連合国軍最高司令官ダグラス・マッカーサーその人です。キリスト教文化圏の人物が生身《なまみ》の人間を「イエス・キリスト」にたとえるなんて。

しかも彼は、占領が解除されるか、彼じしんが任務をはなれるまでのあいだ「天皇および日本国政府」を従属させうる立場にありました。どうしてそんな比喩がでてきたのでしょう。

2つの背景がありました。

ひとつは、昭和天皇との第1回会見（昭和20年9月27日）のさいの「感動」。

もうひとつは、占領行政の最高責任者としての「打算」。

こう言っただけではわかりにくいでしょうから、まずマッカーサーがどんな文脈で昭和天皇をイエス・キリストにたとえたのかを見ておきます。

マッカーサーの副官だったフォービアン・バワーズは、昭和天皇との会見のあとマッカーサーが猛烈に感動していたことを、くり返し証言しています。

「元帥《げんすい》（マッカーサー）は本当に感動した様子でぐったりイスにもたれていた」（『サンケイ新聞』昭和50年8月15日付朝刊）

「私は、彼が怒り以外の感情を外に出したのを見たことがなかった。その彼が、今ほとんど劇的ともいえる様子で感動していた」（『読売新聞』昭和62年10月26日付夕刊）などと。

で後日、総司令部への行き帰りの自動車のなかで、マッカーサーは最初、昭和天皇が自身の命乞《いのちご》いにきたのかと思っていたが、まったくそうではなく、ぎゃくに「わたしを好きなようにしたまえ」という発言をしたとのべて、「あの若い方（昭和天皇）はなんとすばらしい！」と称讃していたといいます（青木冨貴子氏「『天皇・マッカーサー会見』を追って」）。

そしてアメリカ本国の天皇の処刑をもとめる意見にたいして、こうのべたそうです。

「天皇を殺すことは、イエス・キリストを十字架に架けることと同じだ。日本人は立ち上がり、大反乱を起こすだろう」――と。

では、マッカーサーとのご会見で、昭和天皇はじっさいにどんな発言をされたのでしょう。

「責任はすべて私にある」

まずGHQの政治顧問だったジョージ・アチソンが会見から1か月後の10月27日付で本国の国務省へ打電した「極秘」電にこうありました（1974年に「極秘」指定解除）。

（マッカーサーから聞いたところでは）「天皇は、日本国民の指導者《リーダー》として、臣民《しんみん》のとったあらゆる行動に責任を持つつもりだと述べた」と（秦郁彦氏『歪められる日本現代史』）。

また昭和天皇の侍従長だった藤田尚徳《ふじたひさのり》が会見後、外務省でまとめた記録を見ています。それは宮内省《くないしょう》の用箋《ようせん》5枚ほどのもの。そこには、つぎのような昭和天皇のご発言が書かれていたといいます（『侍従長の回想』）。

「敗戦に至った戦争の、いろいろの責任が追及されているが、責任はすべて私にある。文武百官は、私の任命するところだから、彼らには責任はない。

私の一身はどうなろうと構《かま》わない。私はあなたにお任せする。このうえは、どうか国民が生活に困らぬよう、連合国の援助をお願いしたい」

さらにマッカーサーじしんの『マッカーサー回想記』。

「天皇の口から出たのは、次のような言葉だった。

『私は、国民が戦争遂行にあたって政治軍事両面で行なったすべての決定と行動に対する全責任を負う者として、私自身をあなたの代表する諸国の裁決にゆだねるためおたずねした』

私（マッカーサー）は大きな感動にゆすぶられた。死をもともなうほどの責任、それも私の知り尽くしている諸事実に照らして、明らかに天皇に帰すべきではない責任を引受けようとする、この勇気に満ちた態度は、私の骨のズイまでもゆり動かした。私はその瞬間、私の前にいる天皇が、個人の資格においても日本の最上の紳士であることを感じとったのである」

昭和天皇のじっさいのご発言がどのようなものであったか――は、以上の史料をつきあわせれば、だいたい想像できるはずです。また、マッカーサーがなぜ「劇的ともいえる様子で感動していた」か、も。そもそもマッカーサー本人が「骨のズイまでもゆり動か」されたと告白しているわけです。

昭和天皇が終戦の「聖断」をくだすさいに口にされた――

「自分はいかになろうとも、万民の生命を助けたい」

をここでも実践されたということにほかなりません。

なお現在、公開されている、このとき通訳だった奥村勝蔵《おくむらかつぞう》が外務省の用箋にまとめた記録には、該当部分がみえていません。これは「天皇が一切の責任を一身に負われる旨の発言は、通訳に当たられた奥村氏によれば、あまりの重大さを顧慮し記録から削除した」ためでした（第8回以降の会見の通訳にあたった外務省政務局第5課長、松井明氏の証言。『朝日新聞』平成14年8月5日付）。

そうすると、ご会見の記録は2種類あったようです。ひとつは藤田侍従長（当時）が目にした、昭和天皇のご発言をすべて忠実に記録した宮内省の用箋をつかったもの（藤田によれば、これはそのまま昭和天皇のお手もとにとどめられたという）。もうひとつは、いま公開されている該当部分を「削除した」外務省の用箋をつかったものです。

「畏怖」するマッカーサー

マッカーサーがふかく「感動」したことはまちがいありません。

でも彼は占領行政の最高責任者です。もういっぽうに冷徹な「打算」がはたらいて当然です。マッカーサーは昭和天皇を処刑することが、占領行政に決定的なマイナスになると確信していました。そのことは「終戦」の翌年（昭和21年）1月25日にアメリカ参謀総長にあてて、つぎのような機密の電報をうっている事実からあきらかです（武田清子氏『天皇観の相剋』）。

「天皇はすべての日本人を統合するシンボル（象徴）です。彼を滅ぼすことは（日本の）国を崩壊させることになります。実際にすべての日本人は彼を国家の社会的首長として尊敬していますし、また彼らは……ポツダム協定は彼を日本の天皇として保持する（「国体」の護持）ということを意図していたと信じています。（天皇を排除するならば）彼らは連合国の行動を自国の歴史における裏切りと見なし……復讐《ふくしゅう》のためのあだ討ちが何世紀ものあいだ繰り返されることになるでしょう。

日本全体が消極的手段、あるいは、半活動的手段によって、抵抗運動を行なうことを予期しなくてはならないと考えます。……近代的な民主主義の方法を導入するすべての望みは消滅し……占領軍を大きく増強することは絶対に必要となるでしょう。最小限に見ても百万人の占領軍の不特定期間の駐留がおそらく必要となるでしょう。さらに、それに加えて何十万人かの外国人文官を導入することが必要になるかもしれません」——

マッカーサーは占領行政をスムーズにすすめるには「天皇の地位」を保持することが不可欠であると判断していました。もしそこに手をつけようとするなら「最小限に見ても百万人の占領軍の不特定期間の駐留」が必要であるという認識です。

彼は、日本に2発の原爆を投下し、さらに日本各地への空襲によって国土を焼け野原と化した連合国軍の最高司令官として日本に乗り込みながら、天皇の存在にほとんど「畏怖《いふ》」の念をいだいていたようにみえます（最初の会見のとき、マッカーサーは昭和天皇に「陛下」His majestyという敬称をつかっていなかったが、のちは終始「陛下」というようになった。奥村「通訳」より)。

こうした占領行政の最高責任者としてのクールな認識と「打算」が、さきの「イエス・キリスト」発言のもうひとつの背景だったでしょう。

それにしても、(GHQが草案をつくった)日本国憲法にでてくる「シンボル(象徴)」ということばを、マッカーサーがここでものすごく重い意味でつかっていた事実は、見おとしてはならないでしょう。

「国体」は変更されたか、否か

では、終戦時の国民の多くが(阿南個人とか陸軍とかにかぎらず)強くこだわっていた「国体」はどうなったのでしょう?

けっきょく昭和22年5月3日に施行された日本国憲法によって変更されてしまった——と主張したのが憲法学者の佐々木惣一《ささきそういち》氏でした(『天皇の国家的象徴性』)。

明治憲法に規定された天皇の国家統治の権限が否定されてしまったから、というのがその論拠です。

これに反論したのが倫理学者の和辻哲郎《わつじてつろう》氏でした(『国民統合の象徴』)。

明治憲法に規定された権限の否定は「政体」の変更にすぎない、という意見です。明治よりまえの天皇は、はたして明治憲法下のような権限を、十分なかたちでもっていただろうか。

憲法がかわっても、「国民の全体性の表現」という天皇の本質に根本的な変更はなかった。

こんな反論でした。

すこし直接、引用しておきましょう。

「（日本国憲法において）主権の存するのは『国民の全体性』であって国民を形成する個々人ではない。……もちろん個々の国民も全体意志の形成に参与する限り主権に参与している。しかし個別意志と全体意志とは次序の異なったものである。国民の全体意志に主権があり、そうしてその国民の統一を天皇が象徴するとすれば、主権を象徴するのもほかならぬ天皇ではなかろうか」（傍点は原文のママ）

さて、じっさい「国体」は変更されたのかどうか？

これって、ようは「国体」の定義のモンダイなんですね。

国体をどう定義するか。どんな定義が説得力をもつのか。――ってこと。

ならば、国体について「その国の起源および歴史を通じて形づくられた基本的特性」という一般的な理解にたてば、どういう結論になるでしょう？

江戸時代と明治時代では「国体」がかわったとか、明治時代になってはじめて「国体」ができたというのもヘンですよね。

アメリカのグルーらがいっていた「現在の皇統下での立憲君主制」も、結果として維持されています。

GHQが用意した憲法の草案にも「天皇」のことをEmperorと表記していますから、まさか新憲法下の天皇が「君主」ではないなんて考えていなかったはずです。そのことは、アメリカの国務省と陸海軍が協力してまとめた「天皇制の取り扱い」と題する覚書《おぼえがき》(1946年4月13日)に「平和的で信頼しうる立憲君主制」がのぞましいとしている点からもあきらかでしょう。

というより、「現在の皇統下の立憲君主制」を根本的に否定することは、「最小限に見ても百万人の占領軍の不特定期間の駐留」を必要とするとの判断から、とてもそんな〝蛮行《ばんこう》〟には踏みきれなかったと言うべきでしょう(立憲君主制としてのデザインの変更はありえても)。

ならば——昭和天皇が阿南に「私には国体を護れる自信がある」とおっしゃったとおり、国体そのものの変更はなかったと見るのが自然ではないでしょうか。

いまも天皇は元首

日本国憲法下の天皇は「元首《げんしゅ》」であり、「君主」です。

それがイヤなら憲法をかえればいい。事実から目をそむけて、「元首」や「君主」ではなく、「象徴」にすぎないと思いこもうとしても、はたして「元首」でもなくて、「日本国の象徴」であったり、「日本国民統合の象徴」などという重大この上ない地位でありうるかを考えれば、ムリだとわかるはずです。

毎年、1月1日に皇居の宮殿で天皇の国事行為としておこなわれている「新年祝賀《しんねんしゅくが》の儀《ぎ》」。この儀式ひとつを見ただけで、天皇が元首であることはわかります。そこで何がおこなわれているのか？

行政・立法・司法三権の代表者らが順番に、天皇陛下に新年のお祝いのご挨拶《あいさつ》を申し上げているのです。

国制上、天皇が三権より「上位」に位置づけられていることを、目に見えるかたちで端的に表現していますね。

さらにそれにつづいて、日本に派遣されている各国の大使らが、天皇陛下にご挨拶を申し上げます。

これは、天皇こそがわが国を対外的にもっとも高い立場で代表する存在であることを、明確にしめしています。

その国を対外的に代表し、三権の上位にある立場――といえば、まさに元首以外にありませんね。

元首がその地位を世襲する場合、「君主」といいます。

天皇の地位が「世襲」されることは、憲法にさだめられています（第2条）。したがって天皇が君主であることも、うたがう余地がありません。

つまり「立憲君主制」は維持されているんですね。

ゆるがぬ国民の支持

しかも、国民の支持率がハンパでなく高い。日本世論調査会（共同通信と加盟新聞社で構成）が大がかりな世論調査をここ30年ほどつづけてきています。その結論はどうか？

「天皇の制度（天皇制）はどうあるべきだと思いますか」という質問にたいし、「今のままでよい」「少し政治的な力を与える」「戦前のような主権者にする（ただし正確には明治憲法下では主権は国家にあり、天皇はその最高機関とみるのが通説だった）」の合計がつぎのとおり。

昭和50年12月……87・5％
昭和62年12月……91・0％
平成元年1月……90・3％

平成元年12月……91・3％
平成4年12月……90・8％
平成10年4月……89・6％
平成13年6月……89・0％
平成15年6月……89・4％
平成17年6月……88・7％

さらにクロス・チェックする意味で『朝日新聞』の世論調査もみておきましょう。ひとまず、昭和53年〜平成9年の期間について。

「天皇は今と同じ象徴でよい」「天皇の権威を今より高める方がよい」との回答の合計は、このようになっていました。

昭和53年12月……88％
昭和57年12月……89％
昭和61年3月……88％
平成元年1月……87％
平成9年4月……88％

どれもきわめて高い数字です。

あのケネディ以来の熱狂的な支持をあつめたとされ、アメリカ史上初の黒人大統領になったオバマ大統領でさえ、ピーク時でも（いわば〝瞬間最大風速〟で）70％弱の支持率でした。ところがどうでしょう。天皇の地位への支持は、90％前後という異常に高い数字が、しかも長年にわたって維持されているのです。一般の「常識」にてらして、おどろくべきことと言わねばなりません。

マッカーサーの昭和天皇への「畏怖」は、天皇ごじしんの無私の人柄とともに、歴史を背負った天皇の地位への、こうした国民のゆるがぬ支持にたいする直覚にもとづくものだったのではないでしょうか。

二・二六事件のエアポケット

――と、ここまでのべてきて、もうひとつの場面もとりあげておくべきだと思いつきました。それは昭和11年（１９３６）の「二《に》・二《に》六《ろく》事件」のときのこと。当時、昭和天皇は34歳でした。

二・二六事件は日本近代史上、最大の「反乱」とされています。

2月26日、陸軍の第1師団の歩兵第1・第3連隊を主力とした将校以下１４８５人が、岡田《おかだ》啓介《けいすけ》首相、斎藤実《さいとうまこと》内大臣、高橋是清《たかはしこれきよ》大蔵大臣、鈴木貫太郎侍従長らを襲撃（岡田は生存、斎藤・高橋即死、鈴木重傷）。以後、29日までの４日間にわたり日本の政治・軍事上の中枢部

（首相官邸・陸相官邸・警視庁など）を占拠しました。

決起将校らにとって当時の指導層は「国体破壊の元凶《げんきょう》」にほかならず、そうした「奸賊《かんぞく》」を一掃《いっそう》し、天皇親政《しんせい》（天皇がみずから政治をとること）による「国体の擁護《ようご》開顕《かいけん》」をめざす（「蹶起《けっき》趣意書《しゅいしょ》」）というクーデター計画でした。

陸軍内の「皇道派《こうどうは》」（国家改造をめざす将校らの派閥《はばつ》）による行動で、かれらのリーダー格だった真崎甚三郎《まざきじんざぶろう》大将を首班とする暫定《ざんてい》内閣をうちたてようとしたのです。

その背景には、当時の政党の堕落、財閥《ざいばつ》の横暴、農村の疲弊《ひへい》へのいきどおりがありました。

かれらが「社会大衆の生活の安定」を目的のひとつにしたことについては、この事件を当時、勇気をもってもっともはげしく批判した自由主義者の河合《かわい》栄治《えいじ》郎《ろう》（東京帝国大学教授）も、「時代の要求に適中した」と評していました（『中央公論』昭和11年6月号）。

政府は岡田首相の所在が不明のうえ副首相格の内務大臣なども不在で、しばらく機能不全におちいります。いっぽう、軍上層部も積極的な討伐《とうばつ》にはしりごみをしていました（北博昭氏『二・二六事件　全検証』ほか）。

にわかに生じたエアポケット的状況のなかで、天皇の「親政」的な行動がもとめられることになります。

このとき、昭和天皇はどのような対応をされたのでしょうか。

「みずから鎮圧しよう」

26日当日、当直の侍従、甘露寺受長《かんろじおさなが》が午前5時40分ころに就寝中の昭和天皇をおこし、事件の第1報をつたえます。

天皇は「とうとうやったか。まったくわたしの不徳のいたすところだ」とつぶやき、無言で立つ天皇の目には涙が光っていたといいます（甘露寺『背広の天皇』）。

一説には、しばし呆然《ぼうぜん》とする昭和天皇に侍従歴20数年のベテラン甘露寺が「陛下、ご試練《しれん》でございますぞ」と声をかける場面があったとも（秦氏『昭和史の謎《なぞ》を追う』）。

軍人として天皇のそばちかくつかえる侍従武官長の本庄繁《ほんじょうしげる》陸軍大将は終始、反乱軍の肩をもとうとします。

これにたいし、昭和天皇ははやくから断固《だんこ》討伐の立場で、それをつらぬきました（『本庄日記』）。

たとえば、本庄が反乱軍にたいし――

「陛下の軍隊を勝手に動かしたことは、もちろん許すべきではないが、決起の〝精神〟は祖国を思う至情によるのだから、かならずしもとがめるべきではない」

といった趣旨のことを申し上げると、天皇は――

「わたしがたのみにしている重臣《じゅうしん》をころすような凶暴な将校らに、精神においても大目《おおめ》にみてやる余地などない」

と、はげしく叱責《しっせき》しておられます。

反乱の鎮圧にてまどっていることに業《ごう》をにやした昭和天皇は、

「みずから近衛師団《このえしだん》（皇居の守衛部隊）を指揮して鎮圧しよう」
とまで激語されています。

川島義之《かわしまよしゆき》陸軍大臣が、真崎から吹きこまれたらしい暫定内閣案をとりついでも、もちろん相手にもしていません。

暫定内閣拒絶、反乱軍鎮圧――つまり反乱軍に一歩も譲歩しないという完全「ゼロ回答」の線で、昭和天皇はまったくブレませんでした。

ただし、さきにものべたように明治憲法下の天皇は、けっして独裁君主ではありません。ですから、天皇がくり返し鎮圧を主張しても、それがそのまま国家意志として実行にうつされるわけではないのです。

このあたりの事情については、つぎのような言及があります。

「天皇は激怒し〝暴徒〟をただちに鎮圧せよという命令をくり返した。しかしこれは単に、天皇の個人的意向を示す言葉の上だけの指示であり、国務大臣の副署のある勅命ではなかった。したがって川島（陸相）は、この天皇の指示を受け入れず、政治情勢がはっきりするまで、待つことができた」（ベン＝アミ・シロニー『日本の叛乱』）――と。

立憲君主の「直接行動」

しかし、天皇ごじしんが上記の線をまもり、毅然《きぜん》としてまったくブレなかったことじたいが、「政治情勢」を大きく引っぱる力になりました。

当初、反乱軍に好意的な姿勢をしめしていた陸軍の首脳部も態度をかえます。

こうして二・二六事件は、昭和天皇の「親政」的リーダーシップにより、すみやかに収束をみることになりました。

皮肉な話ですが、決起将校らがのぞんだような「天皇親政」がもし実現していたら、はじめの1日のうちに鎮圧されておわっていたはずです。

坂野潤治氏などは「皇道派や青年将校の『天皇親政』の企ては、『親政天皇』のがんばりでかろうじて抑止できた」と比喩的にのべています（『昭和史の決定的瞬間』）。

だがもちろん、昭和天皇は明治憲法の制約下にありました。そうした制限のもとにありながら、事件の鎮定に最大限の影響力を行使したのです。

ちなみに事件当時、阿南惟幾は東京陸軍幼年学校の校長でした。

阿南は事件について、生徒たちにつぎのような訓話《くんわ》をしたようです。生徒だった木村茂《きむらしげる》氏の証言から――。

「天皇の御信任の厚い重臣を殺害し、軍人の本分《ほんぶん》を越えて政治に干渉《かんしよう》した非合法な青年将校を烈《はげ》しく責める訓話は、勅諭《ちよくゆ》、憲法、国体から説き起こされて、論理を感じさせない論理の正しさをもって、また、それ以上に深く揺がない信念をもって、われわれに迫るものがあった」（沖修二氏『阿南惟幾伝』）

ただし、内心ではつねに将校らにたいし「気の毒なり」と同情していたようです（角田房子氏『一死、大罪を謝す』）。

――昭和天皇は、やむをえない事情があり、またギリギリ憲法のワク内での措置であって、けっして法規を逸脱《いつだつ》したものではなかったとはいえ、「二・二六事件」と「終戦」のときのごじしんの対応は、立憲君主として異例のことと自覚されていました（『昭和天皇独白録』、岸田英夫氏『侍従長の昭和史』）。

「自分は立憲君主たることを念願してきたが、2回だけ非常に切迫した緊急事情のため直接行動をとった。その1つが二・二六事件であり、もう1つが終戦の時である」と（昭和46年秋、訪欧を前に外国人記者団に対して）。

しかし、もしこの「2回」のときに、昭和天皇が「直接行動」にでておられなかったとしたら、わが国はどうなっていたでしょう。

終戦のときについては、くり返すまでもありません。二・二六事件のさいも、こととしだいによっては暫定内閣から憲法停止、議会解散へというながれも、100パーセント排除できなかったでしょう。もしそうなれば、わが国の立憲君主制のかたちも大きくくずれたにちがいありません。

昭和天皇のリーダーシップによって、ともに最悪の事態におちいらずにすんだのです。

「国民統合の象徴」の立場

ひとつ、つけくわえておくことがあります。

それは、二・二六事件の青年将校らが昭和11年7月に処刑されたあと、その年のお盆《ぼん》に昭和天皇が宮中で処刑された将校らの数だけ盆提灯《ぼんちょうちん》をともして、ひそかに供養されたとつたえられることです（影山正治氏『天皇論への示唆』）。

これは事件当時の果断な討伐の主張と、とくに矛盾する事実ではないでしょう。

事件の渦中にあって、目的や動機のいかんにかかわらず、軍を勝手にうごかし、あまつさえ政府要人を襲撃するようなふるまいを、天皇ごじしんが黙認するようなことは、まったくありえないことです。

まして政府が機能せず、軍当局も反乱をなかば容認する姿勢だったのですから、天皇が断固討伐をつらぬいたのはじつに見事なお態度と言うほかありません。

しかし、決起将校らは私利私欲のために兵をあげたのではありません。かれらの意図においては、あくまで天皇のため、日本のため、貧困にくるしむ民衆のためにほかなりません。自由主義者の河合栄治郎でさえ「時代の要求に適中」と評価した側面をふくんでいたのです。阿南も心中で「気の毒」と同情していた事実もあります。

ならば、すでに処刑もすんだ段階で、ひそやかにこうした「供養」がなされても、べつに奇異なことではないはずです。むしろ昭和天皇らしいと言うべきかもしれません。

かえりみると終戦のときも、昭和天皇はけっして阿南ら「抗戦派」を切りすててはいませんでした。抗戦派の心情を十分くみとったうえで、終戦の決断をしているのです。

そのことは、昭和20年8月14日の天皇のおことばを読みかえせばあきらかでしょう。「阿南、阿南、お前の気持ちはよくわかっている」とお声をかけられたのも、もちろん口先《くちさき》だけのことではありません。

抗戦派も、自分らの思いを昭和天皇はしっかり受けとめてくれていると信じることができたからこそ、素直に「聖断」にしたがえたのでしょう。

まさにこれこそ、憲法以前からある「国民統合の象徴」の立場、というものではありませんか。

「敗戦」の昭和天皇が最長「在位」

昭和天皇は晩年にいたるまで、かわることなく終戦時の「思い」をいだきつづけておられました。

そのことは、たとえば昭和61年4月29日（当時の「天皇誕生日」）に東京・両国の国技館でおこなわれた政府主催の昭和天皇のご在位60年を記念した式典でのおことばからも察することができます。

それは「お祝い」の席でのものであったにもかかわらず、開口一番こうおっしゃったのでした。

「今ここに昭和の60年の歳月を顧み、先の戦争による国民の犠牲を思うとき、なお胸が痛み、改めて平和の尊さを痛感します」と。

これはまさに終戦の「聖断」のさいのおことばとピタリとかさなります（さらに終戦の詔書とも）。

この式典のさなか、昭和天皇が一条の涙をながしておられたのを写真誌が報じました。その胸中に去来していた「思い」はいったい、どのようなものだったのでしょう。

さらに、昭和天皇がむかえられた最後の終戦記念日、昭和63年8月15日のこと。

昭和天皇は那須《なす》（栃木県）の御用邸《ごようてい》でのご静養をきりあげて、侍医らの制止もきかず8月13

日にヘリコプターで帰京され、無理を押して日本武道館での全国戦没者追悼式典に例年どおり出席されました。

このときの痛々しいお姿こそ、国民が最後に目にした昭和天皇のお姿でした。そこで昭和天皇は戦没者をふかく悼《いた》み、遺族にやさしくお気持ちをよせられました。

この日の天皇の和歌がのこされています。

やすらけき　世を祈りしも　いまだならず
くやしくもあるか　きざしみゆれど

いまだ平安な世がおとずれていないことを「くやしくもあるか」とのはげしい表現でお詠みになりました。昭和天皇の平和への「祈り」のふかさを、あらためて痛感させます。

その昭和天皇の「聖断」によって秩序ある終戦をむかえた日本は、戦後めざましい復興をとげました。

この「ドン底《ぞこ》」からのみごとな復活にも、天皇の存在が社会の安定した中心となっていた事実が、すくなからぬ寄与をしていたと見なければなりません。

世界史の通例にてらせば、総力戦の敗北は君主制への最大の「試練」だったはずです。

ところがその「敗戦」を経験した昭和天皇が、ぎゃくに年代のたしかな歴代の天皇のなかで、もっとも長い在位期間と最長寿を達成しています。

いかにも日本の皇室らしいできごと——と言うべきでしょうか。

これからも国民の安定した「統合」は、国家の独立を維持し、人々が幸せにくらしていくための、欠かせない前提でありつづけるでしょう。その国民統合の中心に、権力をもたない「公」の体現者である天皇を位置づけることは、社会の解体をふせぎ、国家の専制独裁化をおしとどめる、日本人のすぐれた知恵ではないでしょうか。

ますます人・モノ・情報の全地球的《グローバル》な交流がふかまるなか、いっぽうで「日本らしさ」も継承されるべきであるならば、神話に由来し、古代以来の血筋と祈りを受けつぐ天皇は、そのためのトリデとしての意味も、もちうるはずです。

しめくくりに、昭和天皇が終戦のさいに詠まれた和歌から一首だけ——。

身はいかに　なるともいくさ　とどめけり
ただたふれゆく　民をおもひて

おわりに――東日本大震災と天皇

皇后《こうごう》陛下は平成8年のお誕生日にさいし、記者団からの質問にたいして文書回答を公表された中で、つぎのようにのべておられます。

「(国民の皇室への関心につき、また、今後、皇室と国民の絆《きずな》を強めるために、どのような努力が必要だとお考えか、との質問にたいして) 常に国民の関心の対象となっているというよりも、国の大切な折々に、この国に皇室があって良かったと、国民が心から安堵し喜ぶことのできる皇室でありたいと思っています」――と。

そのために、平素から努めたいとのお考えをしめされたのです。

で、今まさに日本は東日本大震災によって「国の大切な折」をむかえています。

この局面で、天皇陛下は異例のビデオメッセージを発表されました (3月16日)。

天皇が録音・録画などを通じて直接、すべての国民にむけてメッセージを発信するというのは、まったく稀有《けう》なこと。

昭和20年8月15日の、あの終戦をつたえる「玉音放送《ぎょくおん》」以来のできごとです。

これは天皇陛下が、大震災によって今、日本が直面している難局を、敗戦以来の国難と受けとめておられることをしめしているでしょう。

そのメッセージの主眼のひとつは――

「被災者のこれからの苦難の日々を、私たち皆が、様々な形で少しでも多く分かち合っていくことが大切であろうと思います」

――という点でした。

そして、陛下はみずから「苦難を分かち合」う先頭に立とうとされています。

これまで（4月上旬の時点で）知られているいくつかの例をあげましょう。

皇居の宮殿は当分、閉鎖。外国大使の信任状捧呈式や閣僚などの認証式など、国事行為関係の案件にかぎって使用する。

御所でも、東京電力による計画停電の対象外であったにもかかわらず「自主停電」を実施された。

那須御用邸《なすごようてい》（栃木県）の職員用浴場を避難者の方々に開放。

御料牧場《ごりょう》の卵や野菜、カンヅメなどを避難所に送られました。

東京都内や埼玉県の避難所を訪れ、被災者をくまなく回って、床に膝をつき、直接お声をかけて、慰め、励まされています（3月30日、4月8日。その後、被災地へも）。いっぽうで、3月末に予定されていたご自身のご静養は見送られ、4月末の園遊会も中止されました――等々。

この難局にあたり、被災者の方々に懸命にお心を寄せようとされる天皇陛下のお姿に、つよい印象を受けた人もいらっしゃるでしょう。

世論調査では、国民の圧倒的多数が「日本はかならず復興できる」と回答しています。わが国は過去、何度も惨澹《さんたん》たる窮境《きゅうきょう》から立ち直ってきた実績があるので、それも当然でしょう。

日本人は、あの敗戦とそれにつづく被占領という未曾有《みぞう》の悲境からさえ、みごとに甦《よみがえ》った不屈の民族です。

しかも古代以来、数多くの政変や内乱を経験しても、国家、社会の基底にある公共の秩序そのものは長く維持され、かつて断絶し、破壊されつくしたということが、ありません。だから、日本人の心の奥底には、公共の秩序にたいする揺るがぬ信頼感があります。

このたびの震災の被災者の方々が、最悪の苦境にありながら、冷静さをたもち、周囲を思いやる優しさをうしなわず、節度ある態度で、世界の人々から驚異の目で見られたのも、そうした公共の秩序への信頼を、自然な形で共有できていたからでしょう。

その公共の秩序の中心として長く存続してきたのが、まさに天皇という地位にほかなりません。

ただし、基底的な公共の秩序への信頼感そのものが、ふだんはほとんど人々に自覚されないように、天皇という地位についても、平素はあまりかえりみられないのが実情でしょう。でも「国の大切な折」をむかえた今、天皇という存在にあらためて注意がそそがれようとしているのかもしれません。

本書が、そうした関心にすこしでもこたえられたら、著者としてとても幸せです。

この本が世に出ることになったのは、もっぱら幻冬舎編集局のすぐれた編集者であるS氏の着想と寛容、そして忍耐のおかげです。準備に手をつけてからすべてを仕上げるまで、本当に気持ちよく仕事をすることができました。

平成二十三年四月十三日

高森明勅

【天皇系譜】　1代から37代

※＝女帝　□＝本書で取りあげた天皇

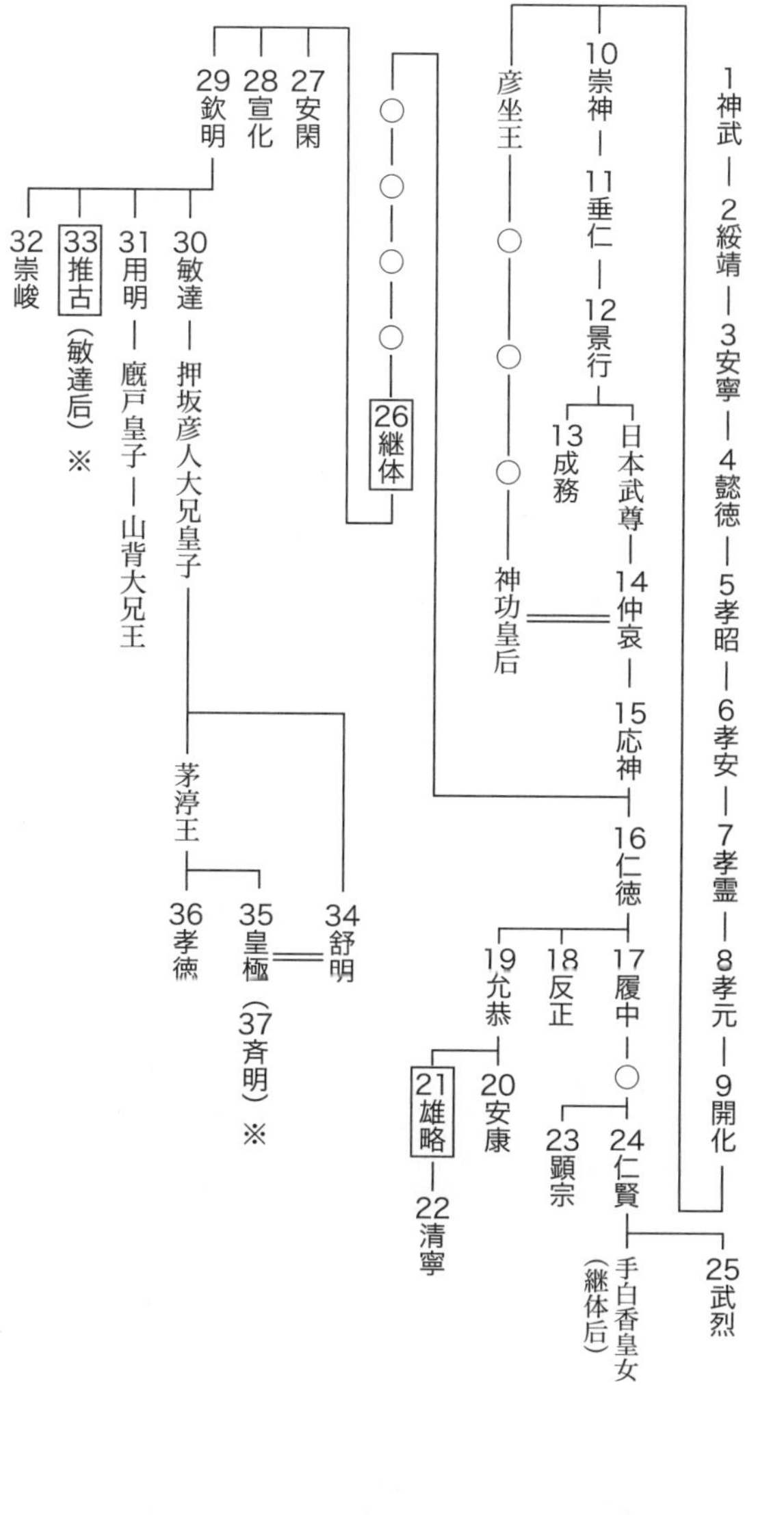

【天皇系譜】37代から80代

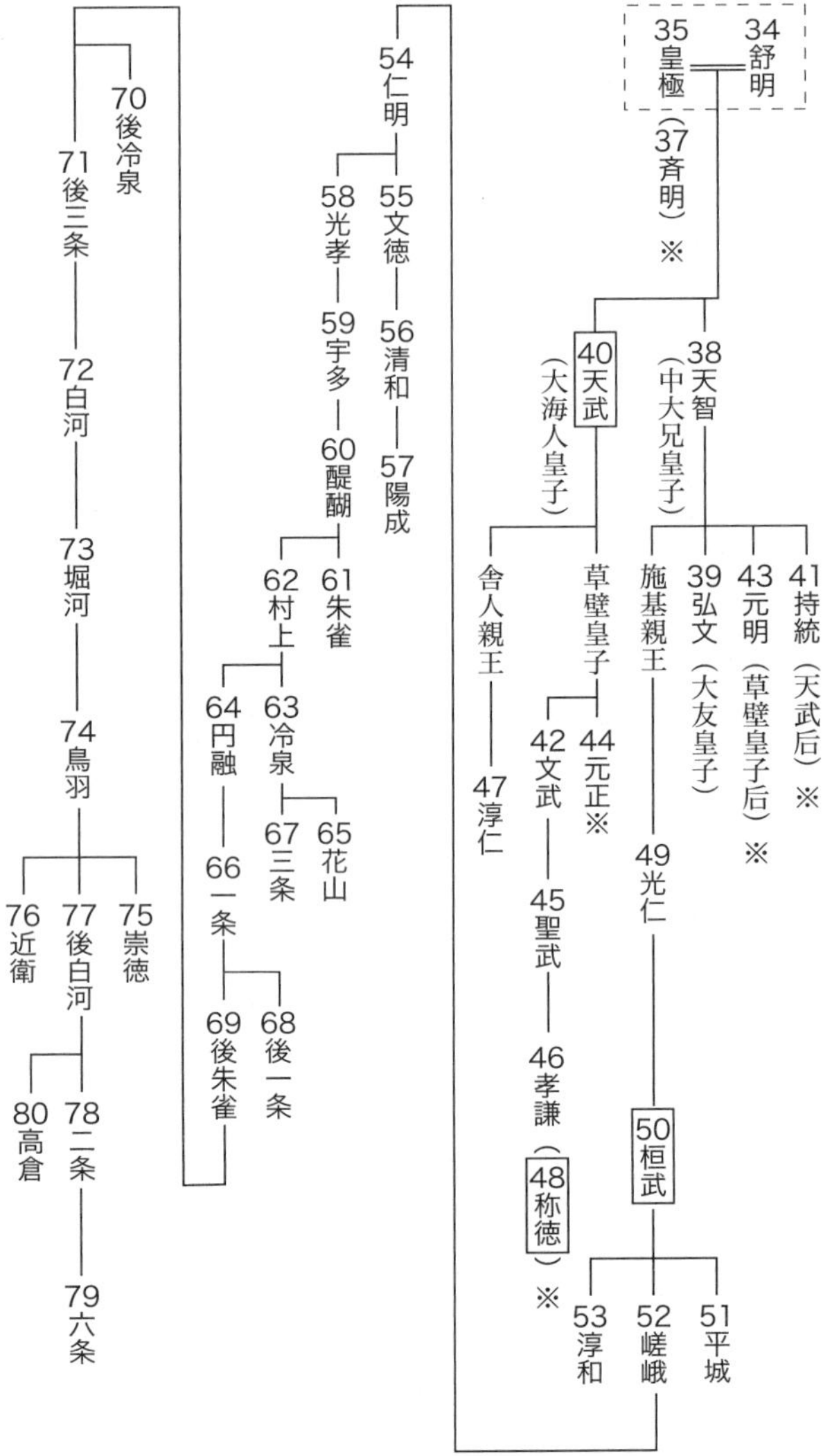

34舒明
35皇極（37斉明）※
38天智（中大兄皇子）
40天武（大海人皇子）
41持統（天武后）※
43元明（草壁皇子后）※
39弘文（大友皇子）
施基親王
草壁皇子
舎人親王
44元正※
42文武
47淳仁
49光仁
45聖武
46孝謙（48称徳）※
50桓武
51平城
52嵯峨
53淳和
54仁明
55文徳
58光孝
56清和
59宇多
57陽成
60醍醐
61朱雀
62村上
63冷泉
64円融
65花山
67三条
66一条
68後一条
69後朱雀
70後冷泉
71後三条
72白河
73堀河
74鳥羽
75崇徳
77後白河
76近衛
78二条
80高倉
79六条

【天皇系譜】 80代から125代

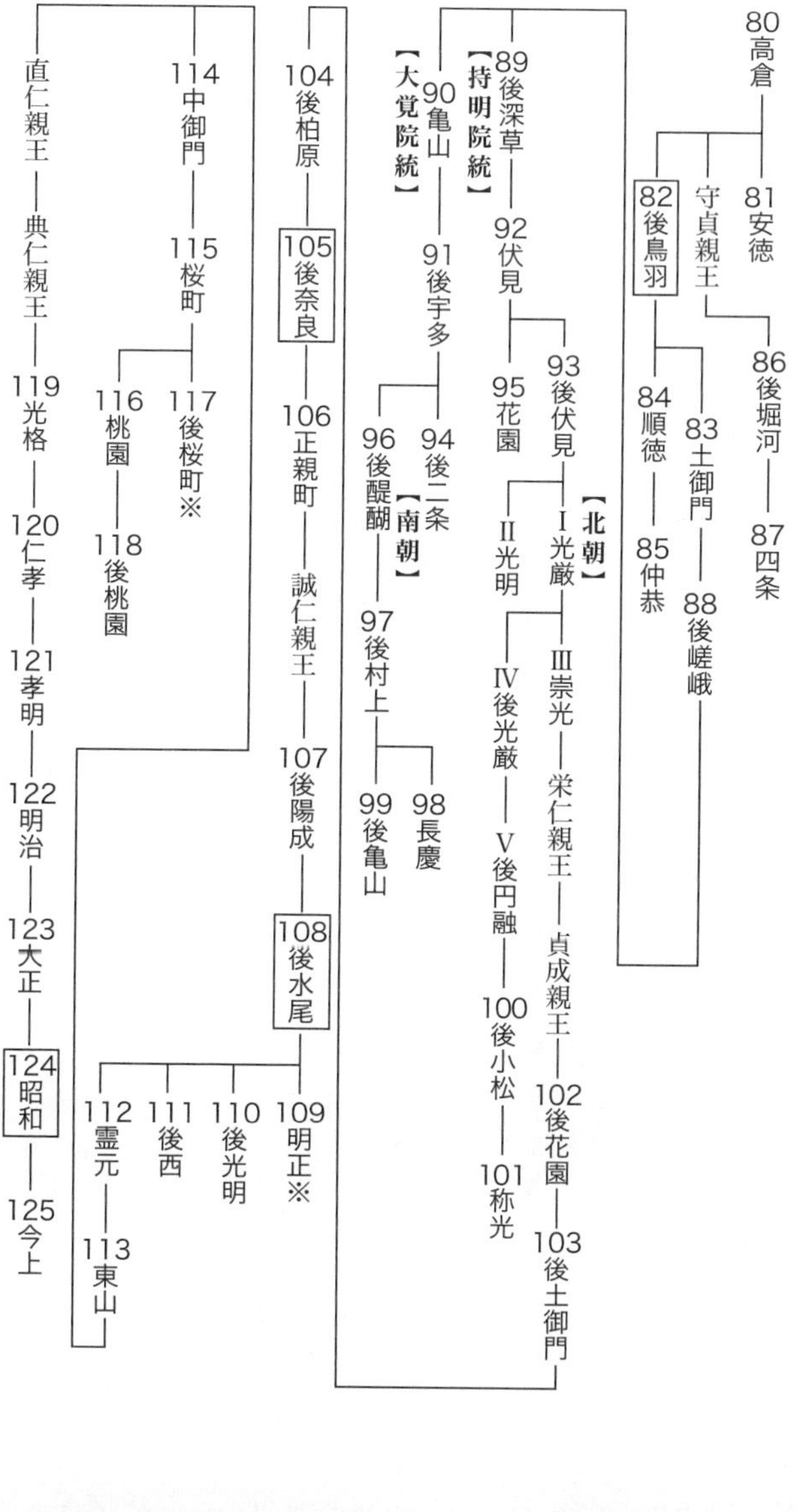
80 高倉
81 安徳
守貞親王
82 後鳥羽
86 後堀河
87 四条
83 土御門
84 順徳
85 仲恭
88 後嵯峨
89 後深草
【持明院統】
90 亀山
【大覚院統】
92 伏見
91 後宇多
93 後伏見
95 花園
94 後二条
96 後醍醐
【南朝】
【北朝】
I 光厳
II 光明
III 崇光
IV 後光厳
97 後村上
98 長慶
99 後亀山
栄仁親王
V 後円融
貞成親王
100 後小松
101 称光
102 後花園
103 後土御門
104 後柏原
105 後奈良
106 正親町
誠仁親王
107 後陽成
108 後水尾
109 明正※
110 後光明
111 後西
112 霊元
113 東山
114 中御門
115 桜町
117 後桜町※
116 桃園
118 後桃園
直仁親王
典仁親王
119 光格
120 仁孝
121 孝明
122 明治
123 大正
124 昭和
125 今上

【関連年表】

107年	倭国王、漢に朝貢。倭国の史料上の初見
3世紀後半～4世紀前半	伊勢神宮の創祀
471年	稲荷山鉄剣銘に「治天下」「大王」（辛亥年）
478年	倭国王武、南朝宋から倭王に任じられる。以後、属国的地位を解消
6世紀初め	応神天皇5世の孫の継体天皇が即位
608年	第3回遣隋使、国書に「天皇」
645年	大化改新はじまる
672年	壬申の乱
674年	「倭」国号が確認できるのはこの年まで
690年	伊勢神宮の第1回式年遷宮（内宮）
691年	持統天皇の大嘗祭
701年	大宝律令の完成、「日本」国号の初見
710年	平城京遷都
752年	東大寺大仏の開眼
769年	道鏡事件
781年	桓武天皇、剣璽をうけて即位
784年	長岡京遷都
794年	平安京遷都
802年	坂上田村麻呂、胆沢城を築く。アテルイら処刑
866年	藤原良房、臣下で初の摂政に
1086年	白河上皇、院政を開始
1167年	平清盛、太政大臣に
1185年	平氏滅亡。源頼朝、全国に守護・地頭を設置
1192年	頼朝、征夷大将軍に
1221年	承久の変
1242年	後鳥羽天皇の孫の後嵯峨天皇が即位
1252年	後鳥羽天皇の曾孫の宗尊親王、征夷大将軍に
1333年	鎌倉幕府滅亡、建武の新政へ

1336年	足利尊氏、室町幕府を開設
1392年	南北朝の合一
1467年	応仁の乱(以後、大嘗祭、伊勢神宮の式年遷宮など中断)
1540年	後奈良天皇、飢餓・悪疫に対し、 宸筆の般若心経を25か国の一宮に奉納
1568年	織田信長、入京
1582年	本能寺の変
1585年	伊勢神宮、123年ぶりの式年遷宮
1588年	刀狩令
1600年	関ヶ原の戦い
1615年	大坂夏の陣、豊臣氏滅亡。禁中並公家諸法度
1627年	紫衣事件
1629年	後水尾天皇、譲位。明正天皇即位(859年ぶりの女帝)
1687年	東山天皇、221年ぶりの大嘗祭
1853年	ペリー、浦賀に来航
1858年	安政の5か国条約
1867年	大政奉還、王政復古の大号令
1871年	廃藩置県
1889年	大日本帝国憲法発布
1894-5年	日清戦争
1904-5年	日露戦争
1911年	条約改正の完成、関税自主権を回復
1923年	関東大震災
1931年	満州事変
1936年	2・26事件
1937年	シナ事変
1941年	大東亜戦争開戦
1945年	ポツダム宣言受諾
1947年	日本国憲法施行
1952年	サンフランシスコ講和条約発効
1989年	昭和から平成へ

著者略歴

高森明勅《たかもりあきのり》

昭和32(1957)年、岡山県生まれ。神道史家、評論家。國學院大學文学部卒、同大学院博士課程単位取得、神道学・日本古代史専攻。

皇位継承儀礼の研究から出発し、日本史全体に関心を持ち、現代の問題にも発言する。現在、日本文化総合研究所代表。國學院大學、麗澤大学講師。著書に『謎とき「日本」誕生』『天皇から読みとく日本』『はじめて読む「日本の神話」』『この国の生いたち』『天皇と民の大嘗祭』などがある。

ホームページ「明快!高森型録」のURLはhttp://takamori-akinori.com

幻冬舎新書 216

日本の10大天皇

二〇一一年五月三十日 第一刷発行

著者 高森明勅
発行人 見城 徹
編集人 志儀保博
発行所 株式会社 幻冬舎
〒一五一-〇〇五一 東京都渋谷区千駄ヶ谷四-九-七
電話 〇三-五四一一-六二一一(編集)
〇三-五四一一-六二二二(営業)
振替 〇〇一二〇-八-七六七六四三
ブックデザイン 鈴木成一デザイン室
印刷・製本所 株式会社 光邦

Printed in Japan ISBN978-4-344-98217-8 C0295
た-8-1
幻冬舎ホームページアドレス http://www.gentosha.co.jp/
*この本に関するご意見・ご感想をメールでお寄せいただく場合は、comment@gentosha.co.jp まで。

幻冬舎新書

小林よしのり［編］
日本を貶めた10人の売国政治家

ワースト3位＝小泉純一郎。ならば2位、そして1位は!? 国民の財産と生命をアメリカに売り渡し、弱者を切り捨てた売国奴。こんな日本になったのは、みんなこいつらのせいだ！ 凶器の言葉を投げつけよ。

小谷野敦
日本の歴代権力者

聖徳太子から森喜朗まで国家を牽引した一二六名が勢揃い!! その顔ぶれを並べてみれば日本の歴史が一望できる。〈真の権力者はNo.1を陰で操る〉独特の権力構造も明らかに。

島田裕巳
日本の10大新宗教

創価学会だけではない日本の新宗教。が、そもそもいつどう成立したか。代表的教団の教祖誕生から社会問題化した事件までを繙きながら、日本人の精神と宗教観を浮かび上がらせた画期的な書。

佐伯啓思
自由と民主主義をもうやめる

日本が直面する危機は、自由と民主主義を至上価値とする進歩主義＝アメリカニズムの帰結だ。食い止めるには封印されてきた日本的価値を取り戻すしかない。真の保守思想家が語る日本の針路。

幻冬舎新書

古田隆彦
日本人はどこまで減るか
人口減少社会のパラダイム・シフト

二〇〇四年の一億二七八〇万人をもって日本の人口はピークを迎え〇五年から減少し続ける。四二年には一億人を割り、百年後には三分の一に。これは危機なのか？　未来を大胆に予測した文明論。

石原慎太郎
真の指導者とは

現代社会の停滞と混迷を打開できる「真の指導者」たる者の思考、行動様式とはいったい何か。先達の叡智、言動、知られざるエピソードをもとに、具体的かつ詳細に説き明かす究極のリーダー論。

浅羽通明
右翼と左翼

右翼も左翼もない時代。だが、依然「右―左」のレッテルは貼られる。右とは何か？　左とは？　その定義、世界史的誕生から日本の『右―左』の特殊性、現代の問題点までを解明した画期的な一冊。

久坂部羊
大学病院のウラは墓場
医学部が患者を殺す

医者は、自分が病気になっても大学病院にだけは入りたくない――なぜ医療の最高峰・大学病院は事故を繰り返し、患者の期待に応えないのか。これが、その驚くべき実態、医師たちのホンネだ！

幻冬舎新書

副島隆彦
なぜ女と経営者は占いが好きか

近年、金融・経済の近未来予測を当て「予言者宣言」をした著者が、占い・呪いに魅せられた。四柱推命、九星術を研究し、山伏修行を実体験。未来を見通す重要性を体当たりで説く革新的な書。

中条省平
マンガの教養
読んでおきたい常識・必修の名作100

かつて読むとバカになるとまで言われたマンガが、いまや教養となった。ギャグから青春、恋愛、歴史、怪奇、SFまで豊饒たるマンガの沃野への第一歩に最適な傑作100冊とその読み方ガイド。

森功
血税空港
本日も遠く高く不便な空の便

頭打ちの国内線中心の羽田空港。米航空会社に占められ新規参入枠がない成田空港。全国津々浦々99の空港のほとんどが火の車で、毎年5000億円の税金が垂れ流し。そんな航空行政を緊急告発。

守誠
ユダヤ人とダイヤモンド

「ヴェニスの商人」の高利貸しで有名な彼らは疎まれたこの仕事へどう追いやられ、ダイヤモンド・ビジネスに参入し覇者となったか。度重なる迫害でダイヤモンドが離散民族をいかに助けたか。